应用型法学人才培养系列教材
编辑委员会

主　　　任　刘晓红

副 主 任　郑少华

秘 书 长　杨　华

编委会委员　(按姓氏笔画顺序)

　　　　　　　卫　磊　　王　康　　王丽华　　王志亮

　　　　　　　王祥修　　汤玉枢　　杨向东　　肖光辉

　　　　　　　何艳梅　　张进德　　陈海萍　　胡戎恩

　　　　　　　黄芹华　　曹　阳　　彭文华　　谭小勇

应用型法学人才培养系列教材
总 主 编 刘晓红
副总主编 郑少华 杨 华

监狱法学
理论与实务

王志亮 著

图书在版编目(CIP)数据

监狱法学理论与实务/王志亮著.—北京:北京大学出版社,2022.8
应用型法学人才培养系列教材
ISBN 978-7-301-33260-3

Ⅰ.①监… Ⅱ.①王… Ⅲ.①监狱法—法的理论—中国—高等学校—教材 Ⅳ.①D926.7

中国版本图书馆 CIP 数据核字(2022)第 144697 号

书　　　名	监狱法学理论与实务
	JIANYU FAXUE LILUN YU SHIWU
著作责任者	王志亮　著
责 任 编 辑	孙维玲　李小舟
标 准 书 号	ISBN 978-7-301-33260-3
出 版 发 行	北京大学出版社
地　　　址	北京市海淀区成府路 205 号　100871
网　　　址	http://www.pup.cn　新浪微博:@北京大学出版社
电 子 信 箱	sdyy_2005@126.com
电　　　话	邮购部 010-62752015　发行部 010-62750672　编辑部 021-62071998
印 刷 者	河北滦县鑫华书刊印刷厂
经 销 者	新华书店
	730 毫米×980 毫米　16 开本　20.25 印张　319 千字
	2022 年 8 月第 1 版　2022 年 8 月第 1 次印刷
定　　　价	68.00 元

未经许可,不得以任何方式复制或抄袭本书之部分或全部内容。
版权所有,侵权必究
举报电话:010-62752024　电子信箱:fd@pup.pku.edu.cn
图书如有印装质量问题,请与出版部联系,电话:010-62756370

总序

党的十八大以来,中国特色社会主义法治建设发生历史性变革,取得历史性成就。在《中共中央关于全面推进依法治国若干重大问题的决定》中,有一条贯穿全篇的红线是坚持和拓展中国特色社会主义法治道路,在中国特色社会主义法治道路上,以习近平同志为核心的党中央,将马克思主义法治基本原理与中国实践相结合,形成了"习近平法治思想"。

习近平法治思想具有鲜明的实践品格、磅礴的实践伟力,实践性是习近平法治思想的源头活水。习近平法治思想科学回答了建设中国特色社会主义法治体系以及到2035年基本建成法治国家、法治政府、法治社会的实践路线图。

法律的生命在于实践。法学本身就是一门实践性很强的学科,在坚持和拓展中国特色社会主义法治道路上,高校担负着社会主义法治体系的理论研究、法治宣传、人才培养等方面的重任。

上海政法学院立足"应用型"办学定位,紧紧围绕培养学生的专业应用能力和综合素质,不断优化专业结构,创新人才培养模式,建立协同育人机制,提升人才培养质量。根据社会需要、行业需求和新"文科"建设要求,学校积极调整优化法学专业的应用型人才培养模式建设,从教材建设着手,编写法学实务类教材。

本套教材有如下几个特色:

一是坚持以习近平法治思想为指导。本套教材以习近平法治思想为指导，把博大精深的思想观点转化为法治中国建设者和接班人的知识体系和学术体系，引导他们坚定中国特色社会主义法治的道路自信、理论自信、制度自信和文化自信。

二是坚持以应用型人才培养为目标。为回应中国特色社会主义新时代的法治建设新要求，培养理论与实践相结合的法学人才，本套教材的每一部均以鲜活、生动的案例为引导，坚持理论联系实际、坚持应用型人才培养导向。上海政法学院的办学定位是建设具有鲜明政法特色的一流应用型大学，其人才培养方案，尤其是教材建设，紧紧围绕法学应用能力的培养。所以，在一流本科建设项目资金的支持下，学校组织编写了本套应用型法学人才培养系列教材。

三是主干课程与特色课程相结合。根据教育部法学专业建设的指导意见，在法学核心课程"10＋X"的基础上，本套教材还体现了上海政法学院在监狱法、人工智能法、体育法等方面的专业特色。在编写《宪法学理论与实务》《行政法学理论与实务》《民法学理论与实务》《经济法学理论与实务》等法学主干课程教材的基础上，还编写了《监狱法学理论与实务》《人工智能法学理论与实务》《体育法学理论与实务》等特色教材。

踏上全面建设社会主义现代化国家的新征程，面向全面建成法治国家、法治政府、法治社会的新时代，学校不断推进特色发展，持续深化内涵建设，创新人才培养模式，坚持错位竞争和特色发展，争取早日建成具有鲜明政法特色的一流应用型大学，为国家经济社会发展和法治建设做出新的更大贡献！

上海政法学院
应用型法学人才培养系列教材编委会
2021 年 9 月

序

上海政法学院立足"应用型"办学定位，紧紧围绕培养学生的专业应用能力和综合素质，不断优化专业结构，创新人才培养模式，建立协同育人机制，提升人才培养质量。为应对社会需要、行业需求和新"文科"建设要求，学校积极调整优化法学专业的应用型人才培养模式建设。杨华教授从教材建设着手，主持编写法学实务类教材，其中就包含本教材——《监狱法学理论与实务》。

从法学的角度来看，有一个部门法，就应有与该部门法直接对应的一门法学，即对该部门法进行研究而形成的该法的知识体系。"监狱法学"就是以《中华人民共和国监狱法》（以下简称《监狱法》）为研究对象形成的关于监狱法的知识体系，《监狱法学理论与实务》则是以监狱法学为基础，侧重于阐述和研究《监狱法》的内容及其实践和发展趋势。从监狱学专业来看，《监狱法》是监狱学列为法学门类专业的相对应的唯一法依据，因而需要从法学的角度来学习和研究《监狱法》的内容及其实践。在此意义上，《监狱法学理论与实务》与"监狱法学"的旨趣是一致的。从监狱实务工作来看，监狱实务工作是以《监狱法》为规范基础的，《监狱法》给监狱实务工作提供了法的依据；监狱实务工作是落实《监狱法》具体内容的实践工作，《监狱法学理论与实务》正是阐述和研究监狱法的落实实务工作。以法学的视角，立足于《监狱法》，审视监狱实践工作，是本教材——《监狱法学理论与实务》的初衷与目的，以期起到抛砖引玉的作用，供同仁共同研讨并批评指正。

王志亮

2022 年 5 月 6 日

目录

第一章　导论 / 001
　　第一节　监狱立法沿革 / 001
　　第二节　监狱法的构成要素 / 029
　　第三节　监狱法的本质和特征 / 037
　　第四节　监狱法学的研究价值 / 041

第二章　监狱法的实施 / 054
　　第一节　监狱法的效用 / 054
　　第二节　监狱法的落实 / 066
　　第三节　监狱法的价值 / 091

第三章　监狱法律关系 / 119
　　第一节　监狱行刑法律关系 / 119
　　第二节　监狱行刑管教关系 / 149

第四章　监狱运行保障制度 / 169
　　第一节　监狱组织保障制度 / 169

第二节　监狱物质保障制度 / 174
第三节　监狱人事保障制度 / 177

第五章　监狱执行刑罚制度 / 184
第一节　行刑效力 / 184
第二节　刑务制度 / 187
第三节　行刑警戒监管制度 / 206

第六章　监狱行刑紧急处置 / 220
第一节　监狱行刑安全 / 220
第二节　监狱行刑紧急处置预案 / 226

第七章　监狱行政管理制度 / 247
第一节　生活卫生制度 / 247
第二节　劳动管理制度 / 255
第三节　教育改造制度 / 260

第八章　监狱法的修改完善 / 271
第一节　监狱法的修改原因 / 271
第二节　监狱法的修改方向 / 284

参考文献 / 316

第一章 Chapter 1

导论

在中国，惩罚犯罪人的刑狱、监狱及其实践操作由来已久，但监狱法学长期以来几乎无人问津，直至晚清全面效仿西方，实行新政并创办新学。晚清政府实行新政，其中就包括狱政，创办新学，其中就包括监狱学，监狱学中则有监狱法学。从此，针对监狱，才有了从法学规范层面进行研究的监狱法学。

第一节 监狱立法沿革

一、监狱立法的萌芽

（一）"诸法合体，以刑为名"时期

1. 报复刑主义

我国原始社会后期逐渐形成了国家，以夏禹之子启建立夏朝为标志，从此进入国家时代。人类形成社会，建立国家，使原始社会中的某些危害行为发生了根本性的变化，成为危害统治阶级意志和利益而被严厉打击的犯罪行为。

夏朝、商朝、周朝刚刚脱胎于原始社会，当时人们的认识能力极其有限，仅能将原始社会的某些习惯及原始宗教、血缘管理方式直观地、感性地整合于国家的管理活动中，从而形成了普遍采取的神权、政权、族权相结合的国家管

理手段。刑本来是原始社会虐杀敌对异族人和俘虏的常用手段，而到了夏商周时期，就成了统治者罚罪的措施。

2. 报复刑法律渊源的演化

报复刑的法律渊源起先是习惯法，逐渐发展到了制定法，主要是国王的命令如诰、训、誓等，以及某些习惯，总体上表现为"民刑不分，以刑为主""实体与程序不分，诸法合体"的形式。所谓习惯法，是指国家赋予社会上的习俗以法律效力的那些社会规范。就报复刑时期而言，随着国家的逐渐形成，原始习惯演变为体现统治阶级意志的习惯法。所谓制定法，是指由国家机关制定、表现为成文形式的社会行为规范，如"夏有乱政，而作《禹刑》""商有乱政，而作《汤刑》""周有乱政，而作《吕刑》"。基于诸多因素制约，当时的制定法并不公布。至于刑罚，在制定法中依附于各类条文，是各种行为的直接报复形式，是条文的组成部分，而不表现为直接的条文形式。夏商周时期适用刑罚，不由法律规定，而由君王秉承天命而行，临时议罪，不依常法，法不成文，则不公诸于众，刑制设于官府，用之则行，不用则藏。报复刑的刑种主要包括：大辟、宫刑、劓刑、刖刑、墨刑。

从执行的角度看，在执行方法上，不论是大辟的执行，还是宫刑、劓刑、刖刑、墨刑的执行，均属于动作刑；在执行时间上，以稍纵即逝的动作开始并结束，瞬间完成刑罚；在执行场所上，基本在犯罪地执行。报复刑的执行与监狱几乎没有关系，监狱的职能仅仅是关押以候审和候刑。所以，夏之《禹刑》，商之《汤刑》，周之《吕刑》，这些刑典的内容，采取以刑统罪的表述方式，无所谓民事、刑事的性质区分，没有监狱含义的条文。监狱仅仅是羁押未决犯以待审讯和关押待刑犯以待行刑的监禁场所，而且还关押诉讼双方当事人、证人甚至邻居，也用作政治斗争的工具用以囚禁政治对手，如夏桀曾将商汤囚禁于夏台、商纣曾将周文王囚禁于羑里。

（二）"诸法合体，以律为名"时期

1. 威慑刑主义

到春秋战国时期，刑罚逐渐摆脱原始复仇习惯的遗风，威慑刑主义开始取代报复刑主义。威慑刑主义在春秋战国时期逐渐形成，经过秦汉、魏晋南北朝

的磨炼，到隋唐宋正式定型，直至元明清，其用意在于突出强调重刑的作用，主要不在于刑罚的对象，而在于由此产生的社会影响。"重一奸之罪而止境内之邪"，刑罚以严酷为显著特征，而且还有诸多律外之刑罚。

实践证明，在中国历朝历代的皇权专制统治下，阶级矛盾日趋尖锐、复杂，反抗统治阶级的活动不断出现，压迫愈残酷，反抗愈强烈，刑罚愈严酷，"犯罪"愈严重。随着社会的发展，统治者统治经验的积累和统治技术逐步提高，统治者对刑罚有了进一步的认识，开始依赖"以猛服民"的高压政治。与报复刑相比，威慑刑更适合于统治需要，奉行的基本都是"以刑去刑，以杀去杀"的刑罚威慑主义。

2. 威慑刑法律渊源的演化

威慑刑时期，社会的文明程度有所发展，法律虽然仍为"民刑不分，以刑为主""程序与实体不分，诸法合体"的形态，但几乎都以"律"为名，普遍地出现了制定法形式，并经历了从不公布到公布的发展过程。

春秋末期郑国铸的刑典，是我国最早的制定法，此后晋国铸的刑典只在朝廷使用，"未尝宣示下民"。对于王权统治者来说，制定法便于"事断于法"；不向百姓公布，则是为了收取"刑不可知，威不可测"之效。

随着社会文明的发展，人类认识程度提高，把刑与法逐渐等同起来，从提倡"刑不上大夫"逐渐过渡到了"君臣上下贵贱皆以法"（《管子·法法》）、"法者，编之于图籍设置于官府，而布之于百姓"（《韩非子·难亡》），使百姓知刑法之可畏，而防止犯罪于未然。秦朝实行"繁法严刑"，从生活到生产、从思想到行为，莫不"皆有法式"，并且"乐以刑杀为威"。[①] 此后，中国历代王朝都有较为集中的成文法典，基本上采取律的形式。威慑刑的刑种，最终发展成以笞、杖、徒、流、死为主的五刑。

威慑刑早期，刑罚体系与报复刑的刑罚体系没有什么不同，仍然由生命刑、肉体刑、耻辱刑、财产刑所构成，生命刑、肉体刑占主导地位。例如，秦朝不仅继承了奴隶制的五刑，还大量施用徒刑、髡刑（剃光头发）、耐刑（剃

---

① 参见《史记·秦始皇本纪》。

光须髦)、赀刑等,髡刑、耐刑是耻辱刑,徒刑的施用说明产生了自由刑的萌芽。到了隋唐,墨、劓、膑、宫、大辟五刑被笞、杖、徒、流、死五刑所取代,并用至清朝晚期。笞刑是用荆条或竹板抽打犯人,杖刑是用木棍捶打犯人,杖刑比笞刑重,两者都属身体刑,这比残毁人肢体的肉体刑要轻。徒刑是把犯人发配到边远地方居住生活,流刑是把犯人及其配偶子女全家人流放到边远地区居住生活。

从执行的角度看,在执行方法上,死刑、杖刑、笞刑的执行属于动作刑,把人处死或笞完、杖完即可,最为简单;而徒刑、流刑的执行较为复杂,分为三步,第一步押送到配所,第二步由配所解送目的地,第三步在目的地服刑并生活。在执行时间上,死刑、杖刑、笞刑的执行以稍纵即逝的动作开始并结束,瞬间完成刑罚;而徒刑、流刑的执行,具有从起始时间至结束时间的过程期限要求。在执行场所上,死刑的执行地称为刑场,一般较为固定,各地不尽一致,有的在校场,有的在城西门外。清朝京师处死民犯在菜市口,处死官犯则在德胜门外。徒刑、流刑的执行场所就是生活劳作场所;杖刑、笞刑的执行场所,一般是在衙门公堂。

从实际来看,威慑刑的"笞、杖、徒、流、死"新五刑的执行与监狱几乎没有关系。监狱的职能普遍仍旧仅仅是关押以候审和候刑。所以,秦之《秦律》、汉之《汉律》、晋之《晋刑》、隋之《隋律》、唐之《唐律》、宋之《刑统》、元之《大元通制》、明之《明律》、清之《清律》,这些律典的内容,仍采取以刑统罪的表述方式,仍保留民刑不分的样态,虽然仍没有监狱方面的条文,但有了涉及监狱的规定。《唐律》十二篇中的《断狱律》和《捕亡律》,在系囚制度、悯囚制度、居作制度、录囚制度等方面,虽然不以监狱冠名,但实际上涉及监狱方面的内容,基本上一直延续到晚清。

上述内容实际上属于对未决犯、待刑犯的管理规范,在性质上属于看守规范而非行刑规范。这是因为,监狱仍旧仅仅是羁押未决犯以待审讯和关押待刑犯以待行刑的监禁场所,而且还关押诉讼双方当事人、证人甚至邻居;也用作政治斗争的工具,用以囚禁政治对手,如慈禧太后囚禁顾命八大臣、戊戌六君子。刑罚经过漫长的发展演变,在威慑刑时代形成了由生命刑、肉体刑、自由刑、耻辱刑、财产刑构成的刑罚体系,其中生命刑、肉体刑、自由刑的地位较为突出,反映了肉体刑逐渐退出历史舞台、自由刑逐渐发展的趋势。

二、晚清监狱立法

(一) 西方国家监狱立法的影响

1. 西方国家监狱教育刑的兴起

随着社会文明的进步,人类逐渐认识到,社会的犯罪现象是不可避免的,怎样对待犯罪人是个极其复杂且深奥的问题,不可能仅靠报复、威慑就能解决,经过长期的磨合,最终选择了教育刑。教育刑是指在监狱执行自由刑的过程中对犯人进行教育矫正,使之养成遵纪守法的行为模式,重返社会过正常的社会生活,从而达到预防犯罪的目的。教育刑思想或称教育刑主义,也称教育刑论、目的刑论、预防刑论,是指在对犯罪人执行自由刑的过程中伴之以教育改造,使之出狱后不再犯罪,以达到预防犯罪和保卫社会目的的行刑思想。

2. 西方国家监狱教育刑立法的倡行

在教育刑思想的指导下,当今世界各国的刑法都把自由刑作为一种主要的刑罚方法,确立其为刑罚体系中的主导部分,在罪与刑的规定中也居于主导地位。在自由刑的种类上,各国的规定不尽一致,可归纳为徒刑、禁锢、拘役三种。徒刑是把犯人监禁于监狱中强制劳动,禁锢是把犯人监禁于监狱不强制劳动,拘役一般在拘役所执行。可见,自由刑基本上是由监狱执行的。自由刑带来了行刑方式上的革命,由以前生命刑、肉体刑的即时性行刑方式转变为监狱执行自由刑的过程性行刑方式,监狱行刑的过程成为教育改造犯人的过程,反映了行刑发展的一般趋势。

在教育刑时代,世界各国先后制定实施了行刑法,规定监狱行刑过程中对罪犯进行教育改造。英国率先在 1778 年通过了《监狱教养法》,美国在 1817 年通过了《善时法》,德国于 1870 年公布了《监狱法》,日本在 1871 年颁布了《监狱规则》,比利时在 1877 年颁布了《监狱法》,荷兰在 1886 年制定了《监狱法实施细则》,芬兰于 1889 年颁布并实施了《刑事执行法》。

(二) 清末《监狱律草案》

1. 制订《监狱律草案》

鸦片战争后,随着中西方文化的交流,西方国家的监狱立法或行刑立法对清末的监狱立法起了示范作用。清末监狱改良以前,各朝从未制定过专门的监狱法典。在清末监狱改良过程中,被议准的有关诸多奏折虽满足了一时执行刑罚的需要,但各种奏折涉及的内容彼此缺乏呼应和衔接,内容既不系统也不统一。因此,有必要制订一部正规的具有独立部门法地位的监狱法典。

鉴于中国与日本毗邻,两国在文化传统、风土人情等方面甚为相近,因此清政府选择日本模式作为改良范本。1908 年,清政府聘请日本监狱学家小河滋次郎为顾问,由他主持起草监狱法典。1910 年,《监狱律草案》成稿递交法律馆审查,但未及颁行,清政府便在辛亥革命的打击之下退出政治舞台。

《监狱律草案》分总则、分则两个部分,分 14 章共 241 条。第一章为总则,其余为分则:第二章收监,第三章拘禁,第四章管束,第五章作业,第六章教诲及教育,第七章给养,第八章卫生与医疗,第九章出生及死亡,第十章接见及书信,第十一章赏罚,第十二章保管,第十三章特赦减刑及假释,第十四章释放。

2. 《监狱律草案》的特点

《监狱律草案》虽然没有被清政府颁布实施,但也具有重大意义。它采用资产阶级法典结构模式,打破了中国几千年来"诸法合体,以刑为主"的立法传统,成为我国历史上第一部独立的监狱法典。在监狱规范的整体形式方面,《监狱律草案》不仅突破了中国传统立法"诸法合体,民刑不分"的框架,而且突破了"实体程序不分"的藩篱,形成了具有独立行刑部门法地位的监狱律,是我国历史上监狱立法成典的初步尝试。《监狱律草案》的条文及其内容,是小河滋次郎以日本《监狱规则》为蓝本,吸收当时西方国家的监狱立法成果,加以自己的学理认知,综合草拟而成,特色鲜明。

第一,具有综合性。《监狱律草案》以内容综合为特点,得益于监狱修律"以日为师"。继打开中国国门之后,西方列强也踏上了日本的国土,西方人亲身经历或耳闻了"日本多窃贼"的犯罪现象,囚徒作奸犯科与越狱之事层见叠出。日本刑狱残酷的现实，引起了西方诸国的关注。例如，美国人多克花耳白里指责日本监狱弊害，陈说治狱当为之道，英国驻日公使更是劝说"日本国学英国治狱"。

日本朝野上下莫不深感领事裁判权足以亡国，且欧美国家常借口"若不改良监狱，就不撤废领事裁判权"，于是发起明治维新。而锐意革新，要取消不平等条约、撤废领事裁判权，非先改良监狱不可。因狱司权正小原重哉被派赴东亚英领香港、新加坡等地，调查刑狱，在归国后颁布《监狱规则》及《监狱图式》，并派员分赴欧美考察狱制以资取法。尤其是小河滋次郎担任司法省监狱事务官，出席第五次万国监狱会议，报告监狱改良现状并调查各国狱制详情，日本遂形成了博采众长的监狱学理论。

日本学习欧美，晚清学习日本，特别是小河滋次郎起草《监狱律草案》，将平生研究所得见诸事实，因而《监狱律草案》具有综合性。首先，监狱律综合了德国、日本、英国、美国、意大利等国监狱立法的内容。其次，拘押对象统称为在监人，包括未决犯和已决犯，未决犯即犯罪嫌疑人，已决犯包括死刑犯、徒刑犯和拘役犯，此外还有无力缴纳罚金刑的人。最后，羁押机关场所统称为监狱，分为徒刑监、拘留场和留置所三种。徒刑监拘禁处徒刑者，拘留场拘禁处拘留刑者，留置所拘禁刑事被告人，附属于警察官署的拘禁所拘禁处两个月以下徒刑者。此外，还有附设于监狱以关押罚金刑无力缴纳而易科刑或易役者的监禁所。

第二，具有先进性。《监狱律草案》以理念先进为特点，这主要表现在刑罚上。当时，各国刑法规定的自由刑种类非常烦琐，既有禁锢及惩役之分，又有轻重之别，名目甚多，但毫无实义。冈田朝太郎有鉴于此，决定把《大清新刑律》中的自由刑规定为徒刑和拘留两种，自由刑种类非常简单。这是当时晚清刑律最先进之处，为各国学者所公认。

采用自由刑的多数国家，虽把自由刑分成数种，但实用上没有区别，如惩役和禁锢两种，其区别轻重的标准只不过是惩役有劳动而禁锢无劳动，说有劳动的比无劳动的尤苦，其实不然。无劳动不足以矫正怠惰而起人振作之气，且受禁锢的犯人往往自请劳动。因此，《大清新刑律》只规定自由刑为徒刑和拘留两种，且都要求劳动，最为妥当。在以犯罪服刑人为标准的前提下，监狱分为男监、女监、未成年监最为合理先进。

《监狱律草案》对防治传染病作了专门规定。预防传染病，必须实施隔离、消毒等一切合适的方法。有急性传染病流行征兆的时候，应该严格实行预防措施。从流行地来的或途经流行地的入监人必须与其他人隔离至少一个星期以上，对其携带的物品必须实施消毒。急性传染病流行时，出入监狱的人和寄给在监人的物品，基于预防的需要，必须进行限制。监狱的人患急性传染病或急性传染病患者进入监狱时，必须立即实施隔离、消毒，并将其情形向上级管理机关汇报，向监狱所在地的警察机关通报。对传染病患者必须严格实施隔离，不得使其接触健康人及其他病人，但是被指令充当看护员徒刑囚犯则不包括在内。传染病或其他疾病患者，监狱不能对其进行相应医治的时候，根据其病情，经监狱管理部门同意，可以交付给其亲属或移送至医院治疗。

《监狱律草案》还规定了在监者的义务，日本《监狱规则》则无此规定。《监狱律草案》在本律之外另订章程，使在监者遵守，每监房各置一编，使之自阅，初入监者由监狱官与之讲述；在监者的一举一动都必须经由监狱官命令或许可，否则为违反纪律，即照监狱规则加以惩罚。该条规定是惩罚的根据，凡受惩罚者都是不遵守该条规定的人。相比之下，日本《监狱规则》有惩罚的规定，却无相关规定为根据，欧洲各国大都如此，这也是一个缺点。这是因为，"欲规定不遵守者之惩罚，必先规定遵守之义务，此为一定之顺序，而法理亦始能一贯"①。

在监者非有监狱官之许可不得私自持有物件。据此，在监者之物件，自己带进者或家中寄与者，皆不得私自持有，必得监狱官之许可而后可。日本《监狱规则》无此规定，但不先规定禁止的条文，据何理由没收呢？"中国《监狱律草案》先规定禁止后规定没收，是则优于日本者也。"②

第三，具有虚设性。《监狱律草案》以难以操作为缺点，主要表现为机关、

---

① 薛梅卿等辑：《清末民初监狱法制辑录》，中国政法大学出版社2017年版，第210页。
② 同上。

对象、事项繁杂，难以落实。小河滋次郎把监狱分为徒刑监、拘留场和留置所三种，此外还有附设于监狱以关押因罚金刑无力缴纳而易科刑或易役者的监禁所。从理论上讲，监狱法与刑法相表里，因而分徒刑监与拘留场两种。因徒刑与拘留的性质不同，行刑与服刑的内容也不同，其机关也不可不区别，不应将拘留场附设于徒刑监内。他认为，以监狱性质为标准，监狱可分为实质监狱和法制监狱。① 实质监狱是指有执行机关性质的监狱，如徒刑监及拘留场，法制监狱是指具有非执行机关性质但在刑罚制度上被视作一种监狱，如未决监、感化场、民事场。

此外，《监狱律草案》还直接照搬日本《监狱规则》原文及其说明，如本律"不适用于陆海军之监狱"②。从犯罪情况来看，不仅有普通公民犯罪，而且有军人犯罪，当时日本只有陆军、海军两个军种。普通公民犯罪适用《刑法》；陆军、海军则有特别刑法、特别审判，执行机关也有特别机关。因此，日本在普通《监狱规则》外另订有《陆军监狱条例》《海军监狱条例》。按小河滋次郎的话说，就是中国将来亦必仿照此办法，所以"依陆海军刑律或徒刑或拘留，而依律令不拘禁于海陆军监狱者，则拘禁于监狱"③。

《监狱律草案》将监狱拘押的人统称为在监人，包括未决犯和已决犯，未决犯即犯罪嫌疑人，已决犯包括死刑犯、徒刑犯和拘役犯，此外还有无力缴纳罚金刑的人。这些法律地位不同、适用不同刑罚种类的人涉及的事项不尽相同且繁杂，由一部法来规定并由监狱落实，势必丁卯难合。主要是小河滋次郎的一己之见已与晚清现实相脱节，如他主张监狱应隶属民政部门管辖④。

总之，晚清《监狱律草案》没有公布实施与其难以操作落实肯定脱不了干系，如后人评价："《监狱律草案》系以分房拘禁为原则，法理事实不相符合。"⑤

---

① 参见薛梅卿等辑：《清末民初监狱法制辑录》，中国政法大学出版社2017年版，第199页。

② 同上书，第216页。

③ 同上。

④ 同上书，第204页。

⑤ 孙雄编著：《监狱学》，商务印书馆1936年版，第70页。

三、民国监狱立法

(一) 民国北京政府的监狱立法

1. 监狱基本法

1913年12月1日,民国北京政府司法行政部在清末《监狱律草案》的基础上删减修改,制定并颁布了中华民国《监狱规则》,由此架构了民国北京政府的监狱法体系。《监狱规则》是中国历史上正式颁行的第一部比较完备的监狱法规,具有重大历史意义,以后被南京国民政府所承袭。《监狱规则》分为总则、分则、附则三部分,共有15章103条,是规范监狱行刑活动的基本法规。第一章总则,第二章收监,第三章监禁,第四章戒护,第五章劳役,第六章教诲及教育,第七章给养,第八章卫生及医治,第九章接见及书信,第十章保管,第十一章赏罚,第十二章赦免及假释,第十三章死亡,第十四章死亡,均为隐式分则的内容,第十五章附则。

1917年,民国北京政府修订并颁布了新的《监狱规则》,其意义和特点可以从王元增编述的《监狱规则讲义》一书中看到。在该书的序中,时任民国司法部监狱司司长的王文豹作了非常中肯的评价:"理论事实融会贯通,起而行之,易如反掌。""于狱政前途更多裨益。"[①]《监狱规则讲义》之所以获得如此殊荣,是与其制定者王元增分不开的。王元增曾留学日本,专攻监狱学专业,悟到了监狱学的真谛;曾游历欧美,经历丰富、视野开阔、放眼世界,使中国监狱学理与实务融入世界。他以改良监狱为己任,数年来执掌京师监狱,成绩嘉良,尤为中外所称许,"曾以该监经过事实编作报告纪实即《京师监狱纪实》,各省多奉为指南"[②]。王元增管理京师监狱的理念与实务,成为当时中国监狱界的楷模。

王元增指出,从我国监狱规范成型来看,我国古时刑制遣军徒流判决后分别发配,又有监候待质及斩绞监候人犯,其性质为刑事被告人、待执行者,当

---

① 王元增编述:《监狱规则讲义》,1917年6月京师第一监狱发行,"绪言"第2页。
② 同上。

时之所谓监狱，其实就是今天的看守所罢了。1903年（光绪二十九年），山西巡抚赵尔巽向朝廷上了《奏军流徒酌改工作》一折，于是京外习艺所相继而起，其组织虽不能尽与监狱学理相吻合，但也可视为改良监狱的开始；1905，法部尚书戴鸿慈考察宪政回国，改刑部为法部，设典狱司；1908年，京师法律学堂附设监狱学专修科，聘日本小河博士为教习，兼订监狱律草案。1909（宣统元年），戴鸿慈奏设京师模范监狱，并令各省一律筹办，限三年完成。1911年，法部改为司法部，典狱司改为监狱司，掌理全国监狱，同年11月北京监狱即京师模范监狱开办；1912年1月《监狱图式》颁布，同年12月《监狱规则》颁布，至此我国监狱规范成典稍备。

从规则效果来看，王文豹指出："国家的重要任务，是为民国培亿载深故之基，首在为国民谋百年久远之计，只是民国建立几年来变故纷呈，敷衍维持，根本无法落实宏远国策，以致多数民众综合素质未见提高，而生计却日渐破落，并且有为饥寒所迫，犯罪而陷囹圄的人每年下数万。各县旧监黑暗，如果不是改弦更张，这数万人，不因疾疫而死亡，即为罪恶所传染，其为害于深，幸与海内专门名家实行逐渐改良之策。根据规则实行以来之经验表明，法理事实一以贯之。"①

《监狱规则》仍然以依附性为特点，主要是依附于日本。从文本制订者来看，《监狱规则》由中国人王元增亲自执笔拟就，他早年留学日本学习监狱学专业，师从日本监狱学大家小河滋次郎，师生关系决定了他的监狱学思想必然会受小河滋次郎的影响，当然这与由小河滋次郎直接起草《监狱律草案》有着天壤之别：日本人拟就属于借鸡下蛋，中国人拟就只能是受其影响即依附性。从文本内容来看，在编述《监狱规则讲义》的绪言中，王元增明确写到："《监狱规则》起草之处，以小河《监狱律草案》为蓝本，故编述即以小河原案为据，或者直录全文或者节取大意，参加己意，以其不背立法之本旨。"② 也就是说，王元增拟定《监狱规则》，是以小河滋次郎拟就的《监狱律草案》为蓝本的，在成文方式上，一是采用原文直接表述，二是节取大意间接表述，加入

---

① 王元增编述：《监狱规则讲义》，1917年6月京师第一监狱发行，"绪言"第2页。
② 同上。

了自己的理念，以此不违背立法的本旨。从规则的内涵来看，王文豹指出，正因为"规则条文，而引据日本小河博士之名言大义，以讲解而说明之间，复参以精确之意见，理论事实融会贯通，起而行之，易如反掌。直接可知监狱规则之精神，间接得闻小河博士之学说"①。直接来看，《监狱规则》的精神鲜明；间接来看，《监狱规则》奠基的学说深厚，即小河滋次郎的监狱学理昭然若揭。

2. 监狱专项规范

民国北京政府接续清末的监狱改革事业，从1912年至1927年，制定并颁布了诸多监狱专项规范。这些监狱专项规范，既有法律层面的，也有规章层面的，在内容上可分为六个方面，即一机关人事、二监管、三作业、四教育、五社会辅助、六其他。

第一，机关人事规范主要分为图式、官制、考试、训练、任用、审查、待遇、奖惩等。图式是指监狱作为机关的建筑式样，其规范主要是1913年1月16日民国北京政府以第一三号训令发布的《拟定监狱图式通令》。官制的法规主要有：1913年10月22日司法行政部以第二百四十号训令公布的《监狱看守服务规则》，1913年公布的《监狱报告规则》，1914年9月17日公布的《监狱官制》，1921年10月1日公布的《狱务研究所章程》。考试训练的法规主要有：1912年12月公布的《监狱看守考试规则》《监狱看守教练规则》，1919年6月26日公布的《监狱官考试暂行章程》，1920年5月8日公布的《监狱官考试暂行章程施行细则》，1920年7月2日公布的《监狱官考试事务处章程》，1921年4月1日公布的《监狱员补习所章程》，1913年6月12日公布的《监狱学校规程》。任用审查的主要法规有：1919年4月2日公布的《监所职员任用暂行章程》，1921年9月26日公布的《修正监所职员任用暂行章程》，1913年6月12日公布的《监狱学校规程》。待遇的主要法规有：1912年12月公布的《监狱看守使用公物规则》，1915年6月4日公布的《监狱官服制》，1919年9月4日公布的《监所职业员官等法》《监所职员官俸法》。奖励的法规主要有：1919年4月8日公布的《监所职员奖惩暂行章程》，1917年1月23日公

---

① 王元增编述：《监狱规则讲义》，1917年6月京师第一监狱发行，"绪言"第2页。

布的《县知事疏脱人犯扣分修监章程》，1913年5月21日公布的《监狱看守点检规则》。

第二，监管规范主要有管束、假释保释保外服役等事项。管束的法规主要有：1912年司法行政部公布的《看守所暂行规则》，1913年3月16日公布的《旧监狱改良办法》，1916年12月27日公布的《实行司法会议议决改良监狱事项令》，1916年12月29日公布的《改良监狱办法》，1923年2月23日公布的《各县监所对于收押人犯应切实注意令》。假释保释保外服役的法规主要有：1913年2月15日公布的《假释管理规则》，1914年12月31日公布的《旧监呈请假释办法》，1920年12月7日公布的《监犯保释暂行条例》。

第三，作业法规主要有：1915年7月28日公布的《颁示办理监狱作业条饬》，1919年7月29日公布的《监狱出品陈列处入览规则》，1920年4月14日公布的《监狱作业规则》。

第四，教育规范只有一个，即1924年6月公布的《监犯未满18岁者须施教育令》。这是中国历史上监狱对囚犯实施教育的第一个命令，以未成年犯为对象，标志着监狱执行刑罚奉行教育行刑思想的操作性确立。

第五，社会辅助规范可分为出狱人保护、社会协助二项。出狱人保护的法规主要有1913年司法行政部公布的《出狱人保护事业奖励规则》，社会协助的规章主要有1912年12月司法行政部公布的《监狱协会章程》。

第六，其他规范主要有：1913年1月15日公布的《监狱参观规则》，1913年1月22日公布的《视察监狱规则》，1913年11月22日公布的《解剖规则》，1926年5月24日公布的《枪毙规则》，既涉及监狱管辖，又涉及监狱与社会的关系，还涉及死刑犯的处决及善后。

上述这些法规，标志着中国监狱制度逐渐走上了规范化建设的道路，从不同角度补充了民国北京政府《监狱规则》的内容。

（二）南京国民政府的监狱立法

1. 监狱基本法

南京国民政府继承了清末法制改革所确立的引进大陆法系的原则，吸取了从清末法制改革到南京临时政府及历届民国北京政府法制建设的成果和经验，不仅构建了以宪法、民法、刑法、民事诉讼法、刑事诉讼法、行政法六大类法为主体的六法体系，也非常重视监狱法体系的建设。

1928年，司法行政部公布了中华民国《监狱规则》，这基本上是1913年民国北京政府《监狱规则》的翻版，在原文本十五章不变的基础上，将原条文103条增加到了109条。

1936年，国民党政府通过但并未颁布实施《监狱法草案》，该草案采取总则、分则、附则的架构体例，第一章总则，第二章收监，第三章监禁，第四章戒护，第五章作业，第六章教诲与教育，第七章给养，第八章卫生医治，第九章接见与书信，第十章保管，第十一章赏罚，第十二章累进处遇，第十三章假释，第十四章释放，第十五章出生与死亡，第十六章附则，共有195条。

1946年1月19日，国民党政府颁布《监狱条例》，以22条的篇幅，规定了监狱内部行政划分及其权限，规定了监狱内部行政岗位设置及其权限，规定了监狱建制及规模标准，规定了监狱的非行刑事务及工作人员配置。同时，国民党政府颁布了《监狱行刑法》。该法共16章98条，第一章通则，第二章收监，第三章监禁，第四章戒护，第五章作业，第六章教化，第七章给养，第八章卫生及医治，第九章接见及书信，第十章保管，第十一章赏罚及赔偿，第十二章假释，第十三章释放及保护，第十四章死亡，第十五章死刑之执行，第十六章附则。1946年3月6日，国民党政府颁布《行刑累进处遇条例》等法规，作为监狱法体系的有机组成部分。

这些监狱基本法不仅规定了从监狱一般原则到收监、监禁、戒护、作业、教化、给养、卫生、医疗、接见、通信、赏罚、死亡、释放以及释放后的保护等各项管理制度，而且增加了维护犯人权益、改善犯人生活待遇的条款。在法规层面上，不仅内容更加完备，而且符合当时的国际要求，表现了法规层面监狱管理制度的进步性、人道性。从历史作用和意义角度来看，1928年《监狱规则》仅仅是起过渡作用的，而1936年《监狱法草案》可谓是理论与实践的集大成者，但由于抗日战争全面爆发，国家的工作重心全面转向抗击日寇入侵，因此也没有必要颁布执行。抗日战争胜利后，1946年1月19日颁布的《监狱行刑法》成为监狱基本法中的核心法律，并于1949后在我国台湾地区一直实施至今。

2. 监狱专项规范

南京国民政府继续在监狱立法上做了大量工作，制定了诸多监狱专项规范。这些监狱专项规范主要包括八类：监狱机关人事规范，行刑监管规范，在监人生活卫生规范，作业规范，行刑变更规范，社会预防规范，教诲及其他规范，特种监狱规范。

第一，监狱机关人事规范主要包括监所建设、经费制度、官制、考试训练、任用审查、待遇和奖励七个方面。

(1) 监所建设规范主要有：1940年5月3日司法行政部颁布的《修建县监所注意事项》，1943年8月11日司法行政部训令《各省法院监所动支修建费办法》，1943年11月15日司法行政部训令《修建法院监所及动支修建费办法》，1944年4月10日司法行政部发布的《捐款改良监所奖励办法》，1947年5月17日司法行政部发布的《修建法院监所工程竞赛办法》，1948年12月31日司法行政部发布的《修正捐款改良监狱奖励办法》。

(2) 监狱经费制度规范主要有两个方面：其一是国家拨付经费规范，其二是捐款管理规范。前者主要有1928年9月21日司法行政部公布实行的《监狱经费保管规则》、1939年8月18日司法行政部训令《各级法院监所领解经费及造报收支计算书类办法》；后者主要有1932年1月1日颁布的《监狱慈善费管理办法》。

(3) 监狱官制规范主要集中在两个方面：其一是监狱工作人员业务分类，如1928年9月21日司法行政部公布的《监狱教诲师、教师、医士、药剂士处务规则》；其二是监狱系统机构设置，如1932年4月行政院公布的《狱务研究所章程》，1936年1月31日司法行政部训令《新监所改进办法》。

(4) 考试训练规范主要集中在两个方面：其一是考试规范，其二是训练规范。考试规范主要有：1930年12月27日考试院公布的《普通考试监狱官考试条例》，1932年1月考试院公布的《高等考试监狱官考试条例》，1935年8月5日考试院公布的《修正高等考试监狱官考试条例》，1935年9月3日考试院公布的《修正普通考试监狱官考试条例》。训练规范主要有：1932年2月29

日公布的《监所看守训练规则》，1932年4月20日行政院令第七号《监狱官练习规则》，1936年2月21日司法行政部公布的《监狱官练习规则》，1936年11月23日司法行政部公布施行的《新监所看守考绩规则（附表式）》，1938年9月30日公布的《监所看守训练规则》，1947年10月司法行政部公布的《监狱官练习规则》。

（5）任用审查规范主要有：1932年2月12日公布的《法院监狱看守所办理司法统计考成规则》，1932年6月13日司法行政部公布的《监狱官任用暂行标准》，1932年7月26日公布的《审查监狱官资格及成绩办法》，1932年7月20日公布的《监狱官审查委员会规则》，1932年8月5日公布的《县监所职员审查委员会规则》，1932年8月5日公布的《审查县监所职员资格及成绩办法》，1940年3月1日公布实施的《监所职员任用审查暂行办法》，1941年10月21日公布的《修正监狱官审查委员会制》，1944年5月31日公布的《各省监所及其监督机关工作竞赛办法》，等等。

（6）待遇规范主要有：1928年4月6日司法行政部公布的《监所职员官俸暂行条例》，1928年5月11日司法行政部公布的《监所委任待遇职员津贴暂行规则》，1930年1月14日公布的《修正监所委任待遇职员津贴暂行规则》，1932年12月7日司法行政部公布的《监所看守薪资规则》，1936年8月4日司法行政部公布的《新监所职员给假规则》，1940年5月9日司法行政部公布的《修正监所委任待遇职员津贴暂行规则》，1943年3月1日司法行政部公布的《监所委任待遇职员俸给规则》，1943年12月1日司法行政部公布的《监所看守薪资规则》。

（7）奖励规范主要有：1928年5月16日颁布的《战地各县县法院监所职业奖惩章程》，1937年3月27司法行政部公布实施的《监所戒护事项奖惩办法》，1943年12月1日司法行政部公布实施的《监所职员奖惩办法》。

第二，行刑监管规范主要集中在管束方面，例如1927年7月12日颁布的《管束条例》，1927年7月12日颁布的《管束条例实施细则》，1928年8月25日颁布的《特别刑事法令等计算标准条例》，1934年司法行政部训字二七七二号训令各法院监所知照《监狱待遇犯人最低限度标准规则》，1943年1月21

日司法行政部颁布的《改善监所办法令》，1948 年 11 月 3 日颁布的《修正改良旧监狱最低限度办法》，1948 年 11 月司法行政部颁布的《受刑人成绩计分标准》《我国训政时期改进监狱制度工作大纲》《监狱累进处遇办法》。

第三，在监人生活卫生规范主要包括财物管理规范、囚粮管理规范、健康卫生规范三个方面。

（1）财物管理规范主要有：1932 年 1 月 1 日实施的《在监人金钱保管办法》和《在监人物品保管办法》，1948 年 3 月 1 日颁布的《受刑人金钱物品保管办法》。

（2）囚粮管理规范主要有：1932 年 11 月 23 日司法行政部训令《稽核各省监所囚粮办法》，1942 年 3 月 5 日司法行政部训令《各省监所普通司法人犯囚粮领报办法》，1942 年 6 月 9 日司法行政部训令《稽核监所囚粮办法》，1944 年 1 月 1 日行政院公布的《寄押寄禁军事人犯口粮及用费支给办法》，1945 年 4 月 13 日司法行政部颁布的《自购司法囚粮办法》，1945 年 5 月 31 日司法行政部颁布的《稽核监所囚粮办法》，1946 年 5 月 27 日司法行政部训令《各省监所请拨逾额及溢支囚粮支报办法》，1946 年 8 月 8 日司法行政部颁布的《监所囚粮采购办法》，等等。

（3）健康卫生规范主要有：1947 年 6 月 12 日司法行政部颁布的《监所人犯卫生注意事项》，1947 年 8 月 19 日司法行政部颁布的《受刑人健康检查规则》，涉及监所人犯卫生和受刑人健康检查的内容。

第四，作业规范主要有：1928 年 5 月 7 日司法行政部训令《旧监狱作业办法》，1930 年 4 月 12 日颁布的《监犯外役实施细则》，1931 年 5 月 21 日公布的《监狱作业规则》，1934 年 6 月 16 日司法行政部公布施行的《监犯外役规则》，1934 年颁布的《监狱工厂管理法》，1942 年 3 月 26 日司法行政部公布的《看守所附设监狱作业暂行办法》，1943 年 2 月 24 日司法行政部颁布的《监所扩充工厂注意事项》，1943 年 2 月 26 日司法行政部公布的《旧监所扩充工厂注意事项》，1943 年 11 月 24 司法行政部公布的《监所作业管理人员奖励办法》，1943 年 12 月 24 日司法行政部颁布的《监犯协助出征抗敌军人家属农作服务规则》，1947 年 11 月 1 日司法行政部颁布的《受刑人监外作业实施办法》。

第五，行刑变更规范主要包括：行刑变更的原则规范，假释、保释、保外服役、减刑、赦免等规范，调服军役规范，监犯移垦规范。

（1）行刑变更的原则规范主要有：1935年7月15日司法行政部颁布的《疏通监狱暂行条例》，1937年9月27日司法院公布的《非常时期监所人犯临时处置办法》，1945年8月10日国民政府军事委员会公布的《疏通军事犯办法》，1946年3月25日公布的《清理各监所已未决军事人犯实施要点》，1947年9月25日行政院命令颁布的《绥靖区各县监所人犯临时处理办法》，1948年11月25日公布的《战乱时期监犯临时疏通办法》。

（2）保外服役规范仅有1932年3月21日公布的《监犯保外服役暂行办法》。

（3）假释规范主要有：1935年12月司法行政部颁布的《假释出狱注意事项》，1929年4月29日司法行政部令《假释管束规则》，1938年3月20日司法行政部训令《释放已决吸食烟毒人犯办法》，1948年10月20日司法行政部训令《假释审查规则》。

（4）保外服役规范主要有：1936年12月15日行政院颁布的《监犯保外服役暂行办法》，1936年12月19日司法行政部公布的《修正监犯保外服役暂行办法》，1937年3月18日军政部公布实施的《军事犯保外服役暂行办法》，1938年1月30日司法行政部令《修正监犯保外服役暂行办法》。

（5）减刑规范主要有：1944年6月17日国民政府公布的《减刑办法》，1944年7月17日公布的《减刑办法实施后司法院呈请减刑案件处理办法》，1944年7月18日司法行政部训令《司法机关办理减刑案件注意事项》，1947年2月4日司法行政部颁布的《罪犯减刑办法》。

（6）赦免规范主要有：1932年6月24日公布的《大赦条例》，1940年7月2日公布的《赦免减刑条例》，1943年11月19日公布的《大赦条例》，1947年1月1日公布并同日实行的《罪犯赦免请刑令》。

（7）调服军役规范主要有：1937年8月16日军事委员会公布、1938年4月修正的《战时监犯调服军役办法》，1939年9月9日公布的《非常时期监犯调服军役条例》，1943年5月18日军政部修正公布并同日实施的《非常时期监犯调服军役调拨管训办法》。

（8）监犯移垦规范主要有：1940年7月15日司法行政部公布同日实施的《徒刑人犯移垦实施办法》，1940年7月15日司法行政院公布的《移垦人犯减缩刑期办法》，1940年7月15日司法行政部公布的《移垦人犯累进办法》。

第六，社会预防规范主要包括再犯预防、出狱人保护、社会协助三个方面。

（1）再犯预防规范主要有：1932年7月9日司法行政部公布的《再犯预防条例》，1940年7月2日公布的《再犯预防条例》，1943年11月19日公布的《再犯预防条例》。

（2）出狱人保护规范主要有：1930年2月5日司法行政部公布的《出狱人保护事业奖励规则》，1932年10月18日司法行政部训令《出狱人保护组织大纲》，1945年7月公布的《出狱人保护会组织规程》，1945年7月14日公布的《办理出狱人保护事业奖励办法》。

（3）社会协助规范主要有：1931年10月14司法行政部修正公布的《县监所协进委员会暂行章程》，1935年6月26日公布的《修正县监所协进委员会暂行章程》，1948年2月9日司法行政部颁布的《监所协进委员会组织规程》。

第七，教诲教育规范极其稀少，而有些监狱规范难以明确具体归类，因而会将两者归为一类。教诲规范只有1927年9月8日《监所教诲规程》。其他规范主要有：1928年12月铁道部公布的《罪犯乘车减价暂行办法》，1929年1月9日铁道部公布的《罪犯乘车减收半价凭证暨押送人员回程乘车减价凭证填用办法》，1933年1月公布的《监狱门卫规则》，1939年12月25日司法行政部公布的《监所枪支保管规则》，1943年9月30日公布的《解送犯人办法》，1948年司法行政部公布的《受刑人申诉办法》《执行死刑规则》《受刑人接见规则》《参观监狱规则》，涉及押解和交通、监狱门卫和枪械、受刑人申诉和接见、执行死刑和参观监狱。

第八，特种监狱规范主要包括少年监狱、军人监狱两方面。少年监狱方面主要是 1934 年公布的《少年犯健康诊查规则》。军人监狱方面主要有：1930 年 4 月行政院公布的《军法官及军人监狱职员任用标准》《军人监狱看守士兵录用标准》，1930 年 8 月军政部令《军人监狱组织大纲》《军人监狱规则》《军人监狱处务规则》，1934 年 12 月 25 日公布的《军法及监狱人员任用暂行条例》。

四、新中国监狱立法

（一）监狱立法的孕育和萌芽

1. 中华苏维埃共和国《劳动感化院暂行章程》

1921 年 7 月，中国共产党成立，从此中国革命的面貌为之一新。1924 年国共合作，在中国革命历史上掀起了轰轰烈烈的大革命。1927 年，蒋介石和汪精卫控制的国民党右派发动了"四·一二""七·一五"反革命政变，公开叛变革命，致使第一次国共合作破裂。大革命失败后，中国共产党立即领导人民开展了推翻帝国主义、封建主义和国民党政府反动统治的斗争，直至 1937 年抗日战争全面爆发。

1931 年 11 月 7 日，中华苏维埃第一次全国工农兵代表大会在瑞金召开，宣告中华苏维埃共和国成立。1932 年 8 月 10 日，中华苏维埃共和国颁布施行《劳动感化院暂行章程》，以 16 个条文，规定了劳动感化院的行为规范，主要包括五个方面的内容：其一是劳动感化院的管理体制，其二是劳动感化院的内部组织，其三是劳动感化院的外部工作，其四是劳动感化院的内部管理，其五是其他内容。《劳动感化院暂行章程》的出台，既有国际因素的影响，也有国内因素的影响。

从国际形势来看，第三国际于 1919 年在莫斯科成立，当时俄国无产阶级已经革命成功，建立了苏维埃政府。第三国际本名"共产国际"，以别于第二国际的本名"社会主义国际"。第三国际初成立时各国支部差不多都是从第二国际原有的支部分裂出来的，即第二国际中的革命派发展为第三国际，正式抛弃改良主义，而号召世界革命。中国共产党成立前后始终得到了共产国际的支持，1922 年 7 月，中国共产党第二次全国代表大会决定参加共产国际，成为它的一个支部。同时，中国共产党的革命得到了苏联的支持，因而中央根据地取名为"苏维埃"。由此可见，《劳动感化院暂行章程》或许也受到了苏联监狱制度的影响。1924年至1933年，苏联完成了第一部《劳动改造法典》的编撰工作，行刑法称为《劳动改造法典》，有的行刑机关称为"感化院"。[①]

从国内因素来看，1930年12月，蒋介石调集10万兵力，对中央革命根据地进行围攻。中央革命根据地军民粉碎了国民党军队进攻，红军在毛泽东、朱德的指挥下，诱敌深入，俘国民党总指挥张辉瓒以下9千人，中国工农红军第一次反"围剿"战争取得胜利。国民党就赎回张辉瓒与共产党达成一致意见，1931年1月28日，苏区政府在吉安县东固召开了反"围剿"胜利的群众祝捷大会，国共双方的高层领导当时谁都不曾想到，正是这个群众大会使事情陡然间发生了急剧的变化——张辉瓒被批斗群众打死，这个事件对根据地的监所立法与监所建设起到了一定的促进作用。

就《劳动感化院暂行章程》本身而言，它仅仅属于工农民主政权的监所规范之一。在第二次国内革命战争时期，工农民主政权中央司法人民委员部有力地指导了根据地的监所工作，并形成了统一的苏维埃监所法规，在中华苏维埃共和国统一领导下，制定了《中华苏维埃共和国裁判部暂行组织及裁判条例》《中华苏维埃共和国劳动感化院暂行章程》等有关法规。工农民主政府的监所管理法规强调建立严格的收押、开释手续，防止非法关押或非法开释，建立严格的看守制度，以防串供、逃跑、暴动、自杀等意外事件发生，对犯人财物只能依法处理，不许非法侵占。1933年4月16日，司法人民委员部发布的《关于没收犯人的财产和物件的手续》强调了两个原则：一是收押犯人时必须严格搜身检查，防止把违禁品、危险品及其他不许带入的物品带入监内，以免发生意外及非法活动；二是对于犯人的财物，必须详细登记，妥善保管。监所初步建立起了犯人的生活管理、政治思想与文化教育以及生产劳动制度，实行八小时劳动制，广泛开展工余文化活动，利用读报、上政治课的形式坚持时事政治学习制度等。

[①] 参见劳改专业教材编辑部翻译组：《苏联犯罪学劳改学发展史》，1986年1月内部发行，第67—72页。

《劳动感化院暂行章程》的内容较为单一，仅规定了劳动感化院的行为规范，感化院也只是根据地监所的一种，此外当时工农民主政权设置的监所主要还有看守所、监狱、苦工队。在马克思主义国家学说的理论指导下，工农民主政府把监所变为教育改造犯罪分子的机关，提出了用共产主义思想和生产劳动对罪犯进行教育、感化和改造的无产阶级狱政思想，从而确定了革命根据地新型监狱制度建设的方向。工农民主政权统一了各地监所的设置，明确了对犯人进行感化教育的基本工作任务。

2. 陕甘宁边区监狱立法

从1931年"九一八"事变爆发，到1945年8月，中国人民经历了14年的抗日战争。在抗日战争时期，以国共合作为基础的抗日民族统一战线艰难运行，共产党的陕甘宁边区政权得到了国民党政府的承认，并且颁布施行了一系列监所规范。这些监所规范可以分为三类：第一类冠名为规则，第二类冠名为条例，第三类冠名为办法。相比较而言，规则的效力较高且适用范围较大，办法的效力较低且操作性更强，而条例介于二者之间。

规则类的规范主要有：1945年5月2日陕甘宁边区政府发布的《陕甘宁边区高等法院监狱管理规则》，同日陕甘宁边区政府颁布实施的《陕甘宁边区监狱守法规则》《看守所规则》《看守所检查规则》《延安市地方法院看守所在押人犯接见规则》《在所人犯财物保管规则》《看守所参观规则》《课堂规则》。条例类的规范主要是1948年2月草定的《监外执行条例》。办法类的规范主要有：1942年10月20日发布的《陕甘宁边区高等法院在押人犯服役奖惩办法》《监狱劳动生产第一所（工业）奖惩办法》，1942年9月9日发布的《高等法院监狱人犯保外服役暂行办法》。

《陕甘宁边区高等法院监狱管理规则》共有14条，规定了陕甘宁边区高等法院监狱的行为规范，主要包括七项内容：其一是本规则制定目的，其二是守法人自治组织，其三是守法人的物品管理，其四是对看守人的要求，其五是看守人的职责，其六是守法人违规处分，其七是生效时间。《陕甘宁边区高等法院监狱管理规则》在内容上，除了延续当时的教育刑思想之外，以简要单一为特点：其一是把在监狱服刑的人一律称为守法人，这无疑是出于维护最广泛的抗日民族统一战线需要的考虑；其二是仅仅规定了监狱的行为规范。

《陕甘宁边区监狱守法规则》共有13条，规定了监狱守法人的行为规范，主要包括八项内容：其一是规则制定目的，其二是意见表达，其三是检讨，其四是汇报，其五是治病，其六是信件物品，其七是禁止行为，其八是本规则的生效。《陕甘宁边区监狱守法规则》最大的特点是专一性，只专注于守法人的行为，既包括守法人的常规行为，如意见表达、检讨、汇报、治病、信件物品，又包括守法人的违规行为，如假病、守法中的禁止行为、禁止传递案情信息、夜间禁止行为、男女守法人之间的禁止行为，最后落实到处罚上。而它的不足之处也是非常明显的：一是条文之间的逻辑顺序不连贯，跳跃性突出；二是禁止行为的分类标准不统一，有的作为条文，有的作为条文中的项。

陕甘宁边区政府《看守所规则》共有25条，规定了看守所的行为规范，主要包括九项内容：其一是适用对象，其二是对在押人的期望，其三是物品管理，其四是住宿卫生，其五是学习检讨，其六是生活要求，其七是禁止行为，其八是看守所事项，其九是本规则生效。在内容上，《看守所规则》规定的事项非常具体，操作性强，这是其优点，但规定的事项之间逻辑性较差，这是其缺点。

《看守所检查规则》共有13条，规定了看守所检查的行为规范，主要包括四项内容：其一是入所检查，其二是信件发受检查，其三是物品检查，其四是其他规定。《看守所检查规则》在称谓用语表述方面名副其实，在条文顺序上逻辑性强，在内容上明确具体详细，在效力上操作性强，但在某些方面仍有不足，如"在所人"的称谓用语不够鲜明准确。

《延安市地方法院看守所在押人犯接见规则》共有70条，规定了延安市地方法院看守所在押人犯接见行为规则，主要包括六项内容：其一是本规则制定目的，其二是接见人的范围，其三是接见程序，其四是接见时的要求和停止接见，其五是接见时物品的处理，其六是接见地点时间。《延安市地方法院看守所在押人犯接见规则》在称谓用语表述方面名副其实，在条文顺序上逻辑性强，在内容上明确具体详细，在效力上操作性强，标志着监狱立法技术趋向成熟。

《在所人犯财物保管规则》共有 11 条,规定了看守所人犯财物保管的行为规范,主要包括三项内容:其一是财物保管,其二是金钱的保管,其三是保管物的发还和没收。《在所人犯财物保管规则》在称谓用语表述方面名副其实,在条文顺序上逻辑性强,在内容上明确具体详细,在效力上操作性强,标志着看守所立法技术趋向成熟。

《看守所参观规则》共有 5 条,规定了看守所参观的行为规范,主要包括两项内容:其一是参观的手续,其二是参观者须遵守的规则。《看守所参观规则》在称谓用语表述方面名副其实,最为准确,在条文顺序上逻辑性强,在内容上明确具体详细,在效力上操作性强,在看守所立法方面最为成熟。

《课堂规则》共有 7 条,规定了监所教育的行为规范,主要包括两项内容:其一是上课前要求,其二是上课时要求。《课堂规则》在称谓用语表述方面名副其实,最为准确,在条文顺序上逻辑性强,在内容上明确具体详细,在效力上操作性强,在监所课堂教育立法方面最为成熟。

(二) 监狱立法的诞生和发展

1. 1954 年《劳动改造条例》

1949 年 10 月 1 日中华人民共和国成立后,在中国共产党的领导下,开始创建监狱工作。1954 年 9 月 7 日,政务院公布实施了《中华人民共和国劳动改造条例》(以下简称《劳动改造条例》),至 1994 年 12 月 29 日《中华人民共和国监狱法》(以下简称《监狱法》)颁布实施,《劳动改造条例》共施行 40 年时间,是新中国成立之初颁布实施的法律、法规中适用时间最长的法律。

《劳动改造条例》采用总则、分则、附则的体例结构,共分九章,共有 77 条,规定了我国的劳动改造制度,第一章总则,第二章劳动改造机关,第三章劳动改造和教育改造,第四章劳动改造生产,第五章管理犯人制度,第六章监督管理委员会,第七章奖惩,第八章经费,第九章附则。《劳动改造条例》是我国在 20 世纪 50 年代颁布实施的少有的几个条例之一,满足了当时的实践需要,具有明显的时代特征。从指导思想来看,中国共产党始终以马克思主义为指导思想,尤其是把马克思主义关于劳动的论述作为我国劳动改造工作的思想理论指导,马克思主义经典著作指出:"在一个一般的工人纲领里面……无论如何应该说明，工人们完全不愿意由于担心竞争而让一般犯人受到牺畜一样的待遇，特别是不愿意使他们失掉改过自新的唯一手段即生产劳动。"①

从国际形势来看，1917年俄国十月革命成功后，以列宁为首领导的俄国苏维埃国家，把马克思主义改造罪犯的思想作为劳动改造罪犯工作的指导思想，把罪犯改造的思想落实在实际工作中，建立了劳动改造罪犯制度，把劳动改造罪犯制度纳入到法规建设上，于1918年6月颁布了《关于监狱制度的暂行细则》，1920年11月公布了《俄罗斯苏维埃社会主义共和国监狱条例》，1924年10月制定了苏俄第一部《劳动改造法典》，1933年8月通过了第二部《劳动改造法典》。苏联劳动改造罪犯的理论制度和法律实践，对我国《劳动改造条例》的制定产生了重要影响，在新中国刚刚诞生的50年代，苏联曾派出专家顾问来到我国指导劳动改造工作和劳动改造条例的制定。例如，苏联劳改工作顾问曾到上海提篮桥监狱调查劳动改造条例起草工作，"1957年2月至4月苏联劳改工作顾问普高福根到广西、湖南、河南、山东考察、调查劳改工作"②。

从国内形势来看，新中国成立前夕，1949年2月发布的《中共中央关于废除国民党的六法全书与确定解放区的司法原则的指示》庄严宣布："在无产阶级领导的工农联盟为主体的人民民主专政政权下，国民党的六法全书应该废除。人民的司法工作，不能再以国民党的六法全书为依据，而应该以人民的新的法律为依据。在人民新的法律还没有系统地发布以前，应该以共产党政策以及人民政府与人民解放军所已发布的各种纲领、法律、条例、决议作依据。目前，在人民的法律还不完备的情况下，司法机关的办事原则，应该是：有纲领、法律、命令、条例、决议规定者，从纲领、法律、命令、条例、决议之规定；无纲领、法律、命令、条例、决议规定者，从新民主主义的政策。"这一指示为新中国劳改工作及其立法奠定了政策基础。新中国成立初期，急需巩固革命成果、肃清国民党政权的残余势力，在客观形势上旧政权人员的反革命犯罪活动猖獗，巩固新生政权的需要压倒一切，劳改机关无疑发挥了关押反革命

---

① 《马克思恩格斯选集》（第三卷），人民出版社1972年版，第25页。
② 晏乐斌：《1957年公安部整风反右运动》，载《炎黄春秋》2013年第2期。

犯的监禁作用；在指导思想上坚持阶级斗争论对镇压反革命活动发挥了积极的指导作用，也给劳改监管、阶级定性提供了理论支持；在方法论上采取"实证主义"，恰好印证了对劳改机关的实践需求。

从立法依据来看，1949年9月29日通过的《中国人民政治协商会议共同纲领》（以下简称《共同纲领》）确立了总的政策纲领。《共同纲领》起临时宪法作用，其其第7条规定："中华人民共和国必须镇压一切反革命活动，严厉惩罚一切勾结帝国主义、背叛祖国、反对人民民主事业的国民党反革命战争罪犯和其他怙恶不悛的反革命首要分子。对于一般的反动分子、封建地主、官僚资本家，在解除其武装、消灭其特殊势力后，仍须依法在必要时期内剥夺他们的政治权利，但同时给以生活出路，并强迫他们在劳动中改造自己，成为新人。假如他们继续进行反革命活动，必须予以严厉的制裁。"《共同纲领》成为一切立法、一切国家机关共同遵守的最高法律规范，成为《劳动改造条例》的制定依据。对阶级敌人必须关押改造，劳改机关定性为"人民民主专政机关"，符合当时新中国政治形势的需要，符合《共同纲领》和《劳动改造条例》的规定，这是由当时的政治形势和人们的认识能力所决定的，具有明显的时代特征。在没有宪法、刑法、刑事诉讼法的情况下，新中国先出台《劳动改造条例》，足见"劳动改造工作"之急迫和重要。劳改机关定性为"人民民主专政机关"的理论与实践，一直持续到1994年《监狱法》的公布。

从《劳动改造条例》的内容来看，它规定了我国的劳动改造制度，围绕劳动改造，从劳动改造机关到劳动改造和教育改造、劳动改造生产、管理犯人制度、监督管理委员会、奖惩、经费，作出了较为全面的规定，为实践提供了操作依据。应该承认，由于这是新中国的第一部监狱立法，难免存在一些不足，如在体系结构上不尽合乎逻辑要求，有些部分之间前后联系不紧密，在内容上有所缺项，如没有规定戒具种类，有的用语表述不确切，如"通讯"应为"通信"。这与新中国的立法技术不成熟有关，当时立法人才稀少，百废待兴，难以倾注全力关注立法。然而，瑕不掩瑜，新中国的劳改工作在经历了成立之初的创建过程后，从1954年开始进入稳步发展时期，其标志就是《劳动改造条例》的颁布实施，这个稳步发展时期从1954年开始至1965年前后约十年。这期间，我国的劳改工作不仅在创建的基础上得到了巩固，而且得到了长足发展，是我国劳改工作取得经验和成就最多的历史时期之一。

新中国成立初期的劳改工作，主要是依靠政策对监狱行刑工作中的各种社会关系进行调整，《劳动改造条例》的颁布实施，使我国劳动改造工作由主要依靠政策调整劳动改造工作中的各种社会关系转变为主要依靠行政法规调整劳动改造工作中的各种社会关系。《劳动改造条例》对行刑改造罪犯的各项工作都加以规范，使劳动改造罪犯工作有法可依，对于推动我国劳动改造罪犯工作的法制进程起到了极为重要的作用。因此，《劳动改造条例》可以说是我国劳改工作法制建设历史上的里程碑。

2. 1994 年《监狱法》

1994 年 12 月 29 日，第八届全国人民代表大会常务委员会第十一次会议通过了《监狱法》。《监狱法》在结构上是由章、节、条、款、项构成的，在总体上分为总则、分则、附则三大部分，分为 7 章，共有 78 条，规定了监狱执行刑罚的行为规范，第一章总则，第二章监狱，第三章刑罚的执行，第四章狱政管理，第五章对罪犯的教育改造，第六章对未成年犯的教育改造，第七章附则。《监狱法》的颁布实施，是监狱工作存在的社会环境发展变化的要求，是建设、完善我国刑事法体系的要求，是监狱工作改革发展的要求，是国际司法交流合作与国际人权斗争的要求。

《监狱法》是规定监狱执行一定刑罚惩罚改造罪犯、确保罪犯合法权益的行为规范的总称，具有实体性、程序性、组织性、行政性、行为性的特点。《监狱法》是独立的部门法，因为它有独立的调整对象及相应的调整方法。《监狱法》的颁布实施，标志着我国的监狱行刑改造罪犯工作主要由监狱行政规范调整转变为主要由监狱行刑法律进行调整，使我国监狱行刑改造罪犯的法制建设进入了一个新的发展阶段。立法历史发展过程表明，法典在法律制度文明中具有重要地位，其价值是巨大的，其功用是广泛的。比之于法的其他形式和制度形式，法典具有明显的优势，是记载并固化一定的统治秩序、社会秩序和社会改革成果的最有效形式。

法典是制度文明的显豁篇章。[①] 在法律制度文明中，居于核心地位的是法典文明，法典是国家、社会、公民个人行为规范的集大成者，法典架构了人类社会几千年法律制度文明的基本框架，汇成了法律制度文明的主流。

法典是法的形式的最高阶段。[②] 人类社会的法律制度依托于法的多种多样形式的存在，在所有法的形式中，法典对国家生活和社会生活的影响作用最为突出。法典往往是制度文明的里程碑，法典对制度的规制具有更为集中、系统的优势，更有利于形成和维护法制统一，有更大的引导作用，更具有普遍性、主动性和超前性。在相当程度上，法典产生的过程必然要对诸多因素进行选择、借鉴、移植、吸纳，因而法典具有极强的会通性能和沟通性能，蕴含的理性、正义等法的价值，更具有穿越时空并跨越地区、国界的潜力。

监狱立法的法典化，有积极的价值蕴意。第一，确定性，这是指《监狱法》提供行为的可预见性后果的特性。《监狱法》规定一定行为与一定后果之间稳定的对应关系，为罪犯提供固定化、法律化的行为模式。第二，制度性，这是指《监狱法》以固定的逻辑结构调整某一种类的法律关系，法律规范使监狱行刑模式法律化，预先规定并引以为准则就是制度。总之，监狱立法的法典化，不仅是行刑机关的行为规范的集大成者，也是服刑罪犯服刑生活的行为规范的集大成者，还是司法机关的行为规范的集大成者。

当然，《监狱法》也不是尽善尽美的，例如第59条"罪犯在服刑期间故意犯罪的，依法从重处罚"的规定明显形同虚设。其一，由于监狱对服刑罪犯在服刑期间的犯罪行为具有侦查权，根据就近原则，仍然对该罪犯进行监管，而不必将其移交公安局看守所关押；其二，监狱对该罪犯无权从重处罚，因犯罪而有权做出处罚即定罪量刑的机关是法院；其三，监狱对该罪犯在不移交公安局看守所的前提下，有权做的仅仅是严格监管。对于劳动的规定，《监狱法》没有设立专章专节，而是在第五章对罪犯的教育改造以条文形式规定了五条。

[①] 参见封丽霞：《法典编纂论——一个比较法的视角》，清华大学出版社2002年版，第9页。

[②] 同上书，第25页。

第二节 监狱法的构成要素

一、监狱法中的概念

(一) 监狱法中的概念释义

1. 监狱法中的概念理解

"概念是法律思想的基本要素,并是我们将杂乱无章的具体事项进行重新整理归类的基础。"[1] 概念本身并不能将一定的事实状态和法律后果联系起来,但它是适用法律规则和原则的前提。只有把某人、某事、某行为归入某一具体法律概念所指称的范围时,才谈得上法律的适用问题。以具体的法为标准,法律概念无疑可分为各个法的法律概念,其中就包括监狱法中的概念。监狱法中的概念,是对监狱行刑工作中有关人、有关行为、有关事务的高度理性抽象,是监狱法中用于表述条文规范的术语。

监狱法中的概念可以从几个方面理解。从表现方式来看,监狱法中的概念必须存在于监狱行刑法律制度中,如果概念没有进入监狱行刑法律制度领域,它就不是监狱法中的概念。从指称对象来看,监狱法中的概念指称的对象必须是监狱法所调整的,也就是说具有监狱法意义的人及其行为或关系、事、物的概念。从内涵来看,监狱法中的概念反映的是监狱法所调整对象的特有属性,而非其他法所调整对象的属性。从监狱法适用来看,监狱法中的概念具有权威性,监狱法是靠国家强制力保证实施的,作为构成监狱法要素的概念,其内涵和外延通常具有明确的界定,有明确具体的定义和适用范围,不应随意更改,如监狱、监狱警察、监狱服刑犯罪人。监狱法中的概念,虽然大量地来源于社会日常生活,与日常生活用语中的概念不同,但又以监狱行刑实践为基础。

---

[1] 《牛津法律大辞典》,光明日报出版社1988年版,第533页。

第一,监狱法中的概念具有专业性。无论是对监狱行刑中事物的直接认识进而被赋予监狱法意义的概念,如行刑监管,还是对犯罪服刑公民服刑生活的规范、期望进而具有监狱法意义的概念,如服刑生活管理,它们都是对监狱行刑实践的反映。监狱法中的概念专业性,主要表现为其含义在监狱法上相对固定,且较日常语言更为精确,非法律专业人士往往难于理解,如行刑监禁。即使监狱法中的概念与日常概念是由同一词汇表达的,但是两者也有不一致的内涵,如劳动,监狱法中的概念体现了监狱法规范的目的,而不仅是对监狱行刑中具体社会生活的描述。

第二,监狱法中的概念具有时代性。监狱法中的概念在历史沿革中并非固定不变。例如,在抗日战争时期《陕甘宁边区高等法院监狱管理规则》使用了"守法人"的概念来表述犯罪服刑人。因为监狱法中的概念要体现一定时期的社会生活要求,当时维护抗日民族统一战线是最大的社会要求,各行各业都要服从。随着时代日新月异地向前发展变化,社会生活的内容和要求也随着发生变化,如监狱行刑中的"违禁品"也增加了新成员"手机"。

第三,监狱法中的概念含义具有相对的稳定性。在监狱法中的概念核心圈内,其内容基本确定,但是在边缘地带,其内容就很难确定了。例如,监狱行刑中的安全管理,在三大现场中是一项极其重要的管理内容,涉及防范犯人自杀的措施,既有相对稳定的内容,如严格的物品、工具管理、厨房炊具无刃化处理,又有相对难以确定的内容,如罪犯撞墙自杀、跳楼自杀、用衣服自杀。再讲求防范也不能把监狱内的所有墙壁拆除、把楼房拆掉、不给囚犯穿衣服。也就是说,由于犯人自杀具有相当不特定的因素,因而安全管理的概念一方面具有相对稳定性,另一方面也具有难以确定性。

2. 监狱法中的概念分类

与其他法的概念一样,监狱法的概念是借助于词汇来表达的,因此就引出了词汇选择的问题。监狱法在表达概念时所使用的词汇,有的属于专业用语,这些词汇的优点是含义较为精准,但缺点是不易被专业人士之外的普通民众所理解,如假释;有的属于日常用语,这些词汇的优点是易于被普通民众理解,但缺点是词汇含义的精准度较低，容易出现误解或歧义，如劳动。

同时，不同的国家民族语言中，由于受不同国度的语言习惯、法律传统等因素的影响，有时用来互相对译的同一对用语，在不同国家法律制度中常常有不尽相同或相近的含义。如果对这个事实现象不加区分，那么也容易引起误解或歧义，如英文"correct（动词、形容词），correction（名词）"含义包括："①改正、纠正，修改，矫正；校正；【数】补植②（对罪犯的）教养③责备；惩罚④制止；中和⑤（市价上涨后的）回落。"① 由此可见，"correction"有五类含义，其中第一类又有多个含义，与"矫正"不是一一对应关系。如果一定要翻译成行刑领域的含义，则可译为"（对罪犯的）教养""责备、惩罚"，而"惩罚"更为合适，译成"矫正"则不够精准。

依照法律概念的分类标准，监狱法中的概念属于部门法的概念。也就是说，监狱法中的概念是指仅适用于监狱法领域的概念，其涵盖面仅仅围绕监狱、犯罪服刑人、刑罚执行而展开。为便于准确理解监狱法中的概念种类，可以按照一定标准对其进行分类。按照监狱法中的概念所涉及的因素，可将其分为五类：

第一，主体概念。这是用以表达在监狱行刑过程中各种法律关系主体的概念，如国家、监狱、监狱警察、犯罪服刑公民等。

第二，关系概念。这是用以表达法律关系主体之间权力权利、职务义务关系的概念，如刑罚执行权、行刑管教权、服刑接受管教的义务等。

第三，客体概念。这是用以表达各种权利、义务所指向的对象的概念，如服刑表现、违禁品、生活必需品等。

第四，事实概念。这是用以表达各种事件和行为的概念，如服刑表现、离监探亲、自杀等。

第五，其他概念。以上四种概念不可能穷尽所有监狱法中的概念，如正义、公正等。

---

① 《新英汉词典》（增补本），上海译文出版社1978年版，第259页。

(二) 监狱法中概念的作用

1. 交流功能

正如美国法学家博登海默所言:"没有概念,我们便无法将我们对法律的思考传达给他人。如果我们试图完全摒弃概念,那么整个法律大厦就会化为灰烬。"[①] 监狱法中的概念是对监狱行刑现象所进行的一种具有法律意义的表达,如犯罪服刑人或公民、行刑监管等概念。通过此类概念把监狱行刑的特定社会现象表达出来,人们才得以非常清晰地把不同的社会现象或者近似的社会现象区分开来,不仅区别于刑事侦查,而且区别于刑事审判,更区别于释放后。

监狱法中的概念以共同的认识作为思维的起点,有助于减轻重复思维的烦琐,而起到"直捣黄龙"般路径分明、目标明确的指示作用。它使人们得以认识、理解监狱法,并进行监狱法交流,对监狱法事实状态进行定性以及确定人物、事件、行为的监狱法性质。同时,监狱法中的概念也对监狱法原则、监狱法规则的适用作出了限制。

2. 促进功能

监狱法中的概念有利于提高监狱法的确定性。在监狱立法过程中,立法者使用的监狱法中的概念,可以使监狱法所规定的监狱执行刑罚的实体内容、程序内容、落实内容以及相应的犯罪服刑公民权利和义务更加确定。为了使监狱法更具有确定性,立法者应使用定义性的规范。概念一经被立法确定下来之后,就具有相对的稳定性。不论是监狱警察还是犯罪服刑人,在实施某类行为时,就可知道该行为在监狱法及其他法上的意义,如狱内犯罪等。

监狱法中的概念有助于提高监狱法科学化程度。监狱法中的概念是监狱法文本中"独立"存在的一个要素。要提高监狱法的科学化程度,必须以正确的、丰富的监狱法中的概念为基础。因为正确的、丰富的监狱法中的概念,可以提高监狱法的明确化程度,使监狱法成为专门的行为规范,使监狱法的落实工作成为独立的职业。

---

① 〔美〕E. 博登海默:《法理学:法律哲学与法律方法》,邓正来译,中国政法大学出版社1999年版,第470页。

二、监狱法规则和原则

(一) 监狱法规则

1. 监狱法规则的含义

在法律规则中，监狱法规则是构成监狱法的基本要素之一，是规定监狱执行刑罚的职权职责和犯罪服刑公民服刑权利义务及其后果的准则，或者说是对执行刑罚事实状态赋予明确的法律意义的各种规定。监狱法规则是调整监狱行刑行为和关系的主要凭借，也是监狱法实施的主要依据，同时还是监狱警察行刑管理活动直接适用的对象。

第一，监狱法规则的特点。对于监狱法规则，可以从其普遍性和确定性来理解。所谓普遍性，一则表现为对象的普遍性，即监狱法规则针对的是监狱行刑中抽象的犯罪服刑人而不是具体的特定人；二则表现为适用的普遍性，即监狱法规则可以反复适用，而不是只适用一次，只要未失效，就能适用。所谓确定性，即监狱法规则具有相对确定性，否则现代监狱法治无从确立。监狱法规则以书面形式表达出来，对监狱行刑事实状态和法律后果加以明确规定。

第二，监狱法规则的作用。监狱法规则的作用主要表现为指导功能、预见功能和操作功能。所谓指导功能，即监狱法规则在其所覆盖的相对有限的行刑事实范围内，通过对有关权利义务的规定，为服刑人的行为提供了确定的标准方向和范围，从而对他们的行为产生明确的指引作用。所谓预见功能，即监狱法规则以书面的法律条文形式公布出来，表达了国家对犯罪服刑公民的合法行为或违法行为所持的不同态度。由此，在作出行为之前，服刑人就可知道自己和他人的权利义务以及行为的法律后果。所谓操作功能，即监狱法规则的规定明确具体且逻辑结构完整，监狱法工作人员可以直接依据其规定，对服刑公民的具体行为作出判断，从而行使其职务。

第三，监狱法规则的构成。监狱法规则的构成是指其逻辑结构，即从逻辑的角度对监狱法规则的组成要素进行划分，回答监狱法规则由哪些要素组成以及要素之间联系的问题。按照法律规则逻辑结构的通论来说，监狱法规则由假定、行为模式、法律后果三要素组成，该三要素内在地统一于法律规则，均是法律规则不可或缺的组成部分。

（1）假定。假定是监狱法规则中指出适用这一规则的前提、条件或情况部分，表述在什么情况下该规则发挥效应。监狱法规则的适用不是无限的，而有时间、空间以及规则调整的行为和主体的限制。在监狱法生效的前提下，只有当一定的情况具备时，该监狱法规则才能对人的行为产生约束力，而这些"一定范围""一定情况"就是由监狱法规则中的假定部分来明确表述的。

（2）行为模式。行为模式是从众多监狱行刑过程中的实际行为中抽象出来的行为范式，规定了应如何行为的准则。从行为模式规定的内容来看，可以分为三种：其一是许可行为模式，即监狱法允许为一定行为，在监狱法条文中往往用"可以""有权"等语词表达；其二是必须行为模式，即监狱法要求必须作出一定行为，在监狱法条文中往往用"必须""应当"等语词表达；其三是禁止行为模式，即监狱法禁止作出一定行为，监狱法条文中由"不得""禁止"等语词表述。从行为模式规定的主体来看，可分为单位和个人两大类：单位主要包括监狱、法院、公安局、检察院及社会其他单位；个人主要包括监狱警察、犯罪服刑公民及社会其他公民，尤以监狱、监狱警察和犯罪服刑公民为基本主体。

（3）法律后果。法律后果是监狱法规则中对遵守或违反监狱法的行为予以肯定或否定的评价，分为肯定性法律后果和否定性法律后果两类。如果行为符合监狱法规则规定的模式，监狱法规则将给予其积极的、肯定性的评价，体现为表扬、物质奖励或者记功、提请减刑或假释；如果行为不符合，监狱法规则将给予其消极的、否定性的评价，体现为警告、记过或者禁闭。

2. 监狱法规则的分类

根据法律规则的行为模式不同，监狱法规则可以分为授权性规则、义务性规则、职权性规则。授权性规则即权利性规则，是指规定有关主体为一定行为或不为一定行为，以及要求他人为一定行为或不为一定行为的规则。授权性规则承认有关主体具有一定的选择自由，人们可以根据该规则选择行使、转让甚至放弃一定的事项，在监狱法条文中常常表述为"有权""可以""有……自由"。随着监狱法的发展，授权性规则日益增加，在现代监狱法中居于首要地位。义务性规则是指规定有关主体不得为或必须为一定行为的规则。相对而言，义务性规则没有选择的自由，而具有一定强制性。根据其内容，义务性规则可进一步具体细化，分为禁止性规则和命令性规则：禁止性规则是指规定人们不得为一定行为的规则，在监狱法条文中常常表述为"禁止""严禁"；命令性规则是指规定人们必须为一定行为的规则，在监狱法条文中常常表述为"必须""有……义务""应该"等。职权性规则是指关于监狱的组织和活动的规则，如机构组成规则、会议规则、决定规则、执行规则等。职权性规则的特点在于，一方面规定监狱的行为自由，另一方面规定相关社会主体承担义务，滥用规则也要承担责任，确定的选择自由是不可放弃的，否则为失职，同时选择自由受到严格限制。

以法律规则的强制性程度不同为标准，可以将监狱法规则分为强制性规则和任意性规则。强制性规则即强行性规则，是指规定的权利义务内容具有绝对确定、具体、强制的特性，不允许人们对规则的事项进行选择或自行变更。任意性规则是指规定的权利义务内容具有相对肯定形式，允许人们在一定范围内通过自主选择、协商确定而作出一定行为。

以法律规则内容的确定性程度为标准，监狱法规则可分为确定性规则、委任性规则和准用性规则。确定性规则是指监狱法规则内容本已明确肯定，无须再援引或参照其他规则来确定其内容的规则。确定性规则以结构完整、内容明确为特色，因而可以直接适用。监狱法条文中规定的绝大多数规则应属于此种规则。委任性规则是指内容尚未确定，只规定某种概括性指示，而由相应国家机关通过相应途径或程序加以确定的监狱法规则。在监狱法规则中，委任性规则应尽量减少，才能突出其操作性。准用性规则是指内容本身没有规定人们具体的行为模式，而是可以援引或参照其他相应内容规定的监狱法规则。在监狱法规则中，准用性规则主要针对监狱中存在的社会事务，如关于劳动的规定。

（二）监狱法原则

1. 监狱法原则的释义

监狱法原则是指监狱法的基础性真理或原理，为其他规则提供基础性或本源的综合性原理。在监狱法的诸要素中，监狱法原则是监狱法不可缺少的基本要素之一，最直接体现监狱法精神和行刑活动规律，在创制、适用和遵守监狱法过程中具有不可替代的宏观指导作用。监狱法原则为监狱法规则提供普遍价值根据，同时也是人们进行监狱法推理的逻辑起点。

需要强调的是，由于监狱法原则与监狱法规则均属于监狱法的要素，因此必须明确监狱法原则与监狱法规则的区别。在内容上，监狱法原则不预设确定的事实状态和具体的法律后果，而监狱法规则的内容必须设定。在适用范围上，监狱法原则是监狱法部门通用的准则，适用范围大，但监狱法规则内容明确具体且只适用于一类行为。在适用要求上，监狱法规则的适用具有严格、稳定、准确等要求，而监狱法原则常有一定的弹性。在同类关系上，监狱法规则之间条块分割明显，而监狱法原则可以相互兼容。因为一个监狱法规则只能针对一个或一类行为或关系，这就意味着对其他行为和关系的调整无效；而监狱法原则可能对所有或多种行为或关系有效。在逻辑结构上，监狱法原则比较简洁，监狱法规则较为复杂。

相比较而言，监狱法原则具有抽象性、广泛性、稳定性的特点。

第一，监狱法原则具有抽象性。监狱法原则是对监狱法的精神和行刑事实的提炼，表达为一定精炼的、公理性的语言，反映了监狱法的本质和行刑活动规律。监狱法原则不对行为模式进行具体设计，因而不对行为操作环节作具体规定，只是对人们实际作出的行为提出基本要求。

第二，监狱法原则具有广泛性。监狱法原则是从广泛的监狱现实和行刑关系中抽象出来的，因而它所覆盖的事实状态及适用范围要大于监狱法规则。一条监狱法规则只能调整一类行为，而一条监狱法原则可调整几类行为，甚至可以涉及刑罚执行关系的各个方面。

第三，监狱法原则具有稳定性。在监狱法的诸要素中，监狱法原则最直接地体现了监狱法的本质，集中反映了一定时期内监狱行刑的社会利益和监狱法调整的目标，因而稳定性较强。只要监狱法的本质不变，监狱法原则就不会发生质的变化，公理性的监狱法原则最为突出。

2. 监狱法原则的分类

以产生基础为标准，监狱法原则可以分为政策性原则和公理性原则。政策性原则指监狱法在一定时期为实现经济与社会发展特定的目标任务，针对社会问题做出的决定。公理性原则是指从监狱行刑性质及行刑关系的本质中生成并得到社会广泛认同而被奉为公理的监狱法原则。严格地说，公理性原则才是真正的监狱法原则，它着眼于正义、公正、诚信等道德价值。如果说政策性原则具有明显的针对性、功利性，那么公理性原则具有极强的广泛性和普适性。

以调整行刑关系范围不同为标准，监狱法原则可以分为基本原则和具体原则。基本原则是整个监狱法体系中普遍适用的根本原则，体现了监狱法的精神和立法者的根本价值追求。基本原则贯穿于监狱法体系始终，决定了监狱法体系的统一和稳定，对所有的监狱行刑活动都具有指导性，如法治原则、人道原则及行刑法定原则等。具体原则是基本原则派生的，是在基本原则指导下适用于某一法律领域的原则，是基本原则在特定领域的具体化，如直接管理原则、自治原则。与基本原则相比，具体原则适用的范围要狭窄得多，它构成监狱法规则的基础。

以内容不同为标准，监狱法原则可以分为实体性原则、程序性原则、落实性原则。实体性原则是直接涉及实体性权利义务分配状态的监狱法原则，如行刑平等原则、行刑法定原则等。程序性原则是通过对监狱行刑活动程序进行调整而对实体性权利、义务产生间接影响的监狱法原则，如程序公正原则。落实性原则是在监狱法规则明确具体的基础上，补充以必要的解释和推理，补充监狱法规则漏洞，实施监狱法规则，发挥监狱法的调控力。

第三节 监狱法的本质和特征

一、监狱法的本质

（一）认识监狱法本质的方法论

1. 尽量排除主观因素的干扰

对法本质的认识是，人的主观意识通过法的现象对法的内在属性产生认识，而且认识结果无法用科学实验加以检验，由此主观因素就可能对认识法本质产生干扰。任何人都生活在具体的物质和精神条件下，任何人都往往只通过自身的思维去认识、解释法本质。所以，要完全摆脱主观因素干扰是不可能的，只能尽力而为，这也决定了任何对法本质的看法都难免有局限性。

2. 坚持实践是检验真理的标准

人类发展至今，经历过原始社会、奴隶制社会、资本主义社会、社会主义社会。除原始社会之外，不同的社会形态均有相应本质的法，这是人类社会的共性，不同社会形态的法本质也不尽相同，这是其个性。尤其是针对资本主义法本质和社会主义法本质应有不同的表述，因为资本主义法的定义决不适用于本质已经变化了的社会主义法，这是坚持实践是检验真理标准的必然要求。

党的十一届三中全会确立了解放思想实事求是的思想路线，法理学中的教条主义受到遏制。坚持实践是检验真理的唯一标准，必须反对教条主义，必须立足于我国的现实社会实践，来分析我国社会主义法的本质。我国重视法治建设，法律是治国之重器，良法是善治之前提。建设中国特色社会主义法治体系，必须坚持立法先行，发挥立法的引领和推动作用，抓住提高立法质量这个关键。要恪守以民为本、立法为民理念，贯彻社会主义核心价值观，使每一项立法都符合宪法精神、反映人民意志、得到人民拥护。

（二）监狱法的本质释义

1. 法的本质应是意志和理性的复合体

法的本质应是意志和理性的复合体，这就是所谓良法的必然要求。从法的实践来看，法是人类实践的积淀和理性思维的产物，用于设立正当的权力、规范人的行为、分配权利义务。从法的人为性来看，意志和理性都得到有机的体现，意志决定立法的启动，理性决定立法的效果。从理性对待社会来看，社会不是"天堂"，也不是战场，社会的主体是人，存在激烈竞争，有人身和财产安全保障的需要，从而决定了法必然有意志和理性成分。

从宏观上看，全部法构成的有机整体，是作为一个法体系整体存在的；从微观上看，任何一个部门法的存在是一个整体。任何法都是以一个整体存在的，即一体，涉及的主体是多元的，这些主体包括国家、社会公众和公民个人三个层面。以此逻辑，监狱法的本质，当然也体现为一体多层性，一体表现为国家性，多层性表现为国家的行为规则、社会公众的行为规则和公民个人的行为规则。

2. 监狱法的一体多层性本质

监狱法本质中,一体是指监狱法的存在是作为一个整体且体现为国家性,多层性表现为国家的行为规则、社会公众的行为规则和公民个人的行为规则。所谓监狱法的一体国家性,是指监狱法应是国家意志与理性的复合体,单纯将法归结为意志或理性均有失偏颇。意志是立法的动机起因或目的追求的利益驱动,"它只会助长立法的专横与武断"[①],这显然不符合现代法的要求。因此,立法的意志需要理性来把关,理性最根本的含义是尊重他人和约束己欲。

监狱法的制定主要由国家意志来启动,其内容要体现国家意志,同时也必须伴之以国家理性。监狱法的国家理性具体可分为三个层次:一是认识理性,科学认识社会治安形势和监狱行刑能力;二是实践理性,合理处理行刑关系能力,不能把犯罪服刑公民当作客体;三是技术理性,监狱法应具有实际操作性。

监狱法本质中,多层性表现为国家的行为规则、社会公众的行为规则和公民个人的行为规则。国家的行为规则表现为国家对监狱在人财物方面的投入和管理,这是监狱常态良性运行的前提基础。社会公众的行为规则要求社会各单位和公民积极支持并协助监狱的行刑工作,不得干预和干扰监狱行刑工作,不得侵犯监狱的财产。公民个人的行为规则包括三种人即监狱警察、监狱内的犯罪服刑公民和进出监狱的社会公民的行为规则,他们必须遵守监狱法规定的行为规则。需要强调的是,此处的公民个人非指社区服刑公民,更非指社会上的一般自由公民。

二、监狱法的特征

(一) 监狱法的行为规范性

1. 监狱法具有普遍约束力

法是社会规范的一种,以规则和原则的形式表现出来,即以文字表述的条文展示。区别于社会组织,法只能以无形的条文体现的规则和原则,借助人的行为,才能对社会发生影响;区别于一般意识形态,法直接影响人们的外部行为;区别于规律,法只能设定犯规的后果并人为追求罚则的实现;区别于命

---

① 周永坤:《法理学——全球视野》,法律出版社2000年版,第311页。

令，法针对事项而预设。总之，法是由国家制定或认可的，以正义为价值导向，调整社会关系。基于社会关系的无限多样性，监狱法必然具有普遍约束力。

2. 监狱法具有特殊约束力

监狱法是具体的部门法，其约束力有自己的独到特色，表现为特殊的约束力。从监狱法的内容来看，监狱法的条文及其表述的规则和原则，既有监狱机构体制隶属管辖方面的，也有监狱内部组织设置方面的；既有监狱人民警察职责方面的，也有服刑犯人权利义务方面的；既有刑罚执行事务方面的，也有犯人监管、劳动、教育方面的。

相对而言，监狱法的内容繁杂多样，由于是落实生效判决判处的刑罚的行为规范，总体上表现为刑罚执行的规范性，即刑罚执行的特殊约束力。监狱法的特殊约束力表现在四个方面：第一是对国家的特殊约束力，要求国家深化法治建设，设置管辖监狱，从人力、物力、财力上奠定监狱常态良性运行的保障体制。第二是对监狱的特殊约束力，要求监狱依法执行刑罚，建章立制规范刑罚执行的各项制度。第三是对监狱人民警察的特殊约束力，要求监狱人民警察恪尽职守，严格依法监管改造服刑罪犯。第四是对服刑罪犯的特殊约束力，要求他们服刑悔过，积极参加劳动学习，自觉改造，力争早日回归社会正常生活。当然，监狱法也要求全社会一体遵守，协助配合监狱执行刑罚。

（二）监狱法的国家强制性

1. 监狱法的正当性

古今中外，尽管时代不同、国度地域有异、标准宽严有别，但是法的正当性始终是存在的，人们对法的正当性要求是同样的，而且最低的、统一的法之正当内容也是存在的。实践中，只要有法存在，就会有讲理的地方——法院，从实体和程序上而言，法院不启动强制力，法官以理服人而非以力治人，否则法院完全可被决斗场或战场取代。

监狱法的正当性是指按照实质价值和某些道德考量监狱法是正当的或正确的。与法的正当性一样，监狱法的正当性包括三个方面的最低要求：其一是立法权来源正当，行使立法权的人是由社会民众选择或被民众认可的，即立法权的正当性是以民选等理论与实践体现出来的。其二是立法权行使正当，立法程序、立法内容、立法目的被社会民众所接受或默认为正当。其三是强制力使用正当,法的强制力不是压迫者的强制力,其来源或者以法定上级权力为依据,或者以上位法为依据,其行使应遵守法定程序。

2. 监狱法的强制性

强制本身意味着对他人自由的干预,在法治国建设中,监狱法是法中的底限法,违法犯罪人最终要由刑罚执行法之一的监狱法来规制。因此,相比较而言,监狱法的强制性更为突出,主要体现在三个层面:其一是以法的效力强弱为标准来看,监狱法属于强行法,强行法是指法所规定的事项有必要切实遵守的效力而无私人意愿选择的余地,违反强行法或者导致行为无效或者导致受处罚。其二是以法的基本内容为标准来看,监狱法以刑罚执行为内容,刑罚执行就是强制性地剥夺限制犯罪服刑人的人身自由,犯罪服刑人没有自愿选择的余地。其三是以监狱法的实施来看,监狱法的实施即确保执行刑罚的强制性具有正当性,而刑罚执行就是强制剥夺限制自由,势必遭到某些服刑人的抵制甚至反抗,因此监狱法也需要强制力来保障实施。

当然,监狱法执行刑罚的强制不是专横的,而是受到严格的限制。监狱法正是限制非正当强制的规范,本身即对"非正当强制"的强制,只有在监狱法这个范围内对服刑人的强制才是正当的。监狱内的强制启动、运行后,要受正当性的评价,被证明为正当性的强制,其效力将得到肯定,被证明为不正当的强制将受到抑制或否定。同时,正当性以"合理""适当""正当程序"等各种法律术语进入评价官方强制力的标准体系。

第四节 监狱法学的研究价值

一、监狱法学的地位

(一) 中国监狱法学的沿革

1. 晚清监狱法学的诞生

中国监狱法学诞生于晚清政府全面效仿西方,大办新政新学的热潮中,其原因在于晚清政府认识和效仿西方经历了从单项到全面的体验过程。1840年鸦片战争前后，来华的外国传教士始终强调，清政府应该全面学习西方文化，但是在战争胜败未见分晓之前，把西方视为蛮夷的清政府是不可能接受传教士的建议的，直至战场上的胜负完全无可争议后，清政府的态度才有所松动。在中西方文化碰撞交流中，最早发生的军事碰撞证实了西方"船坚炮利"的巨大威力，因而就有了"洋务运动"中最早的仿效西方军工技术的西学军工职业教育，拉开了西学东渐的大幕。

19世纪60年代初期，自誉天朝大国的清朝再一次被英法两国"蛮夷"打败。几经见证西方"船坚炮利"的强大威力后，清廷统治集团中一批掌握军政实权的大员力图"师夷之长技以治夷"，从"学制洋器"入手，求强求富，开始兴办洋务事业，以军事工业为中心扩展到民用工业，如纺织、铁路、炼钢等重要项目。在交涉洋务的过程中，他们普遍认识到"以外国交涉事件，必先识其性情""欲悉各国情形，必先谙其言语文字，方不受欺蒙"。于是，洋务派在1862年开办同文馆教学外文，开始了兴办洋务教育事业的活动，也拉开了创办西学的序幕。从1862年京师同文馆举办洋务教育到20世纪初清末改良教育制度，40余年里，除了派遣学生出国留学之外，洋务派还创办了大致四类学堂，即外国语学堂、普通学堂、专门技术学堂和军事技术学堂。实践证明，洋务教育意义重大，不仅首开了学习西方先进文化的先河，而且首开了中国职业教育的先河，更是首开了中国高等教育的先河，为中国现代教育积累了经验。

随着中西方文化的不断碰撞交流，西学东渐得以发展深化。中国近代教育始于1862年开办的京师同文馆。京师同文馆是一所专门学习外国语言文字以培养翻译人才的学堂，起初仅设英文、法文、俄文三班，后又增设德文、日文班，为满足开办洋务工业的需要，于1865年增设算学馆，增加了算学、化学、医学、生理、天文、物理等西方近代自然科学课程，由翻译学堂发展为高等学堂。1869年，美国人丁韪良被邀请讲授"万国公法"即国际法，这属于近代法学教育的科目，标志着近代法学教育的萌芽。在19世纪中国近代法学教育的萌芽期，具有代表性的学堂还有甲午战后出现的天津北洋大学堂、湖南时务学堂、京师大学堂。伴随西学东渐，监狱、监狱法和监狱实践在晚清的租界地率先问世了,日文版监狱方面的书籍也传入了中国,其中,第一本是小原重哉著《日本监狱则注释》(1882年出版),第二本是小河滋次郎著《日本监狱法讲义》(1890年出版)。

直至20世纪初,晚清政府才认识到西方文化的优越性,认识到需要学习的不仅仅是"器物"层面,更应深入到思想精神层面且包括各行各业,因而出现了全国性的大办新政新学潮流,新学中就包括有法学。在大办法学的同时,监狱学这门学科也呈繁盛之势,在监狱学专业的开办中也出现了监狱法或称监狱管理法这门课程,出版或引进了一些监狱法方面的著作,包括:李维钰著《独逸监狱法》(丙午社1900年版),司法省监狱局编《监狱法令类纂:全》(东京书院1901年版),佐藤信安著《日本监狱法》(博文馆1901年版),佐藤信安撰《日本监狱法》(商务印书馆1903年版),瞿世玖译《监狱法》(昌明公司1906年版),小河滋次郎讲演、柳大谧编译《独逸监狱法》(天津丙午社版1907年版),横江胜荣编《监狱法规:全》(东京书院1907年版)。就目前查到的资料来看,佐藤信安撰《日本监狱法》(商务印书馆1903年版),是中国出版社翻译出版的第一部监狱法方面的书籍。

2. 民国监狱法学的延续

1912年清朝覆灭,中华民国成立。民国承接了晚清政府的一切政府和社会管理制度,对于新政新学的未竟事业有所推进。从宏观背景来看,晚清政府的新政新学刚刚启动,属于开先河之举,收回领事裁判权的国家政治目的远没有达到。因此,民国成立以后,实施了诸多推进举措。从微观上看,晚清政府设置的监狱学专业处于起步阶段,监狱法学更是仅具雏形。民国监狱法学的延续,可分为两个时段:第一个时段是民国北京政府时期即北洋政府时期,第二个时段是南京国民政府时期即国民党政府时期。

中国监狱学初创时期,1914年教育部经过对各地政法学校调查发现,有的学校校风不良,有的滥收学生,有的教员缺席,有的管理欠佳。面对专门法政教育的这种混乱局面,教育部下令整顿,取缔不合规格的私立学校,仅江苏省就有13所法政学校被明令停办。由此推及,监狱学的情况也好不到哪去,为此专门颁布了《监狱学校规程》,用11个条文规定了监狱学校的办学条件。

根据《监狱学校规程》的规定，监狱学校以养成监狱人才为宗旨，修业年限二年。在程序方面，凡公立私立监狱学校呈请设立均须呈报司法总长得其认可，呈请时须开具下列各项：学校位置，学生定额，地基房舍之所有者及其平面图，经费及维持方法，开校年月，校长教职员之姓名履历。在课程设置方面，监狱学校之学科如下：法学通论，宪法，刑法，刑事诉讼法，法院编制法，监狱学，监狱法，监狱法施行细则，监狱实务，刑事政策，感化院制度，出狱人保护制度，民法大意，警察学，社会学，卫生学，心理学，统计学，建筑学，指纹法，体操。在监狱学、监狱法、监狱法施行细则、监狱实务这四门监狱类课程中，监狱法类就占有二门，即监狱法、监狱法施行细则，可见对监狱法教学的重视程度之高。这一期间，民国北京政府发布了一些监狱法规，为监狱实务操作和理论研究提供了现行规范依据，有关监狱法规的书籍也陆续出版，如《监狱规则》（1912年）、《监狱律草案》（1912年）、民国北京政府司法部监狱司编《监狱法令》（1916年），为监狱法的教学奠定了文本基础，因而进行注释讲授有了具体现实内容，以王元增编著《监狱规则讲义》（1917年京师第一监狱印行）最为典型。

南京国民政府把监狱学定为大学法科的必修课、法官的必考科目和警察学校的必设课程。1933年《司法部改良监所方案》指出，监狱改良对于培养人才尤为重要，担忧司法人员对行刑方面不关注、不了解，于是咨请教育部通令各省大学独立学院或法政专科学校内的法律学系增设监狱学科目。这个时期，南京国民政府颁布实施了一系列监狱法规，也汇编成册出版发行，如司法部编《监狱规则》（1928年）。这就为监狱法的教学提供了现实具体规范依据，因而出现了一些监狱法方面的著述，如陈祖浩编《监狱法实施细则讲义》（1934年广东公立警监专门学校讲义）、芮佳瑞编著《监狱法论》（商务印书馆1934年版），并且引进了日本监狱法论著，如正木亮著《监狱法概论》（东京有斐阁1936年版）。可见，监狱立法不仅为监狱实务提供了操作依据，而且积极促进了监狱学专业的教学，直接推动了监狱法学的教学和研究，涌现出了一批从事监狱法学教育研究的专家学者，出版了一批监狱法学方面的学术著作。

从监狱学专业看，不仅有监狱学，也有监狱法学；从作者来看，监狱学的作者较多，尤以王元增、赵琛等最为突出，其中王元增曾编著有《监狱规则讲义》、著有《监狱学》。如果说王元增的《监狱学》为中国监狱学的初创框定了基本内容，赵琛的《监狱学》为中国监狱学初创确立了在社会科学中的学科地位，那么芮佳瑞的《监狱法论》则为中国监狱学的初创增添了监狱规范研究内容，这三本著作结合成一体反映了中国监狱学初创时的学科体系内容和研究水平。芮佳瑞的《监狱法论》分为总论、各论、结论三编，书中各章节基本上是按照《监狱规则》体系内容为标准展开编排的，属于一部注释性监狱法学著作。从当时出版的监狱学专著和教材来看，其中有些虽然名为《监狱学》，但其主要内容仍属于对现行监狱规则的注释，只是外加了有关中外监狱史和监狱学理的一些内容，实际上与监狱法学没多大区别。需要强调指出的是，监狱学专业内，监狱法学的研究范围与监狱学基础理论是有区别的，因而也应截然分开。

3. 新中国监狱法学的发展

中国监狱现代转型时期，监狱学的教学呈现蓬勃发展之势。早在中华人民共和国成立之初的20世纪50年代，就举办了司法干部培训班、公安部劳改工作干训班培养劳改工作干部。1979年，公安部复办承担培训劳改劳教干部的公安干校（现中央司法警官学院），招收监狱和劳教系统成人大专生并试招本科四年制学生等，绝大多数省、自治区、直辖市建立了监狱警察学校，招收中专学生。20世纪80年代初期，普通政法高等学校开讲"劳动改造学"或称"劳动改造法学"课程，如中国政法大学开设"劳动改造学"选修课并于1983年首次招收劳动改造专业硕士研究生，西南政法学院、西北政法学院相继招收了劳改学专业本科生和硕士研究生（可惜的是，在20世纪90年代中期，由于毕业分配的因素，西南政法学院、西北政法学院撤销了本科劳改学专业）；以后，北京大学、中国人民大学也招收了劳动改造专业硕士研究生，从1994年起北京大学开始招收刑法学专业监狱学研究方向的博士研究生。这样就形成了由监狱警察学校、中央司法警官学院、普通高等学校组合而成的监狱学教学网，开展中专、大专、本科、硕士研究生、博士研究生几个层次的教学工作，规模之大前所未有，为监狱培养了大批基层工作人员、中层工作人员及领导干部，为监狱学造就了一批高层次研究人员。教学活动的普及提高了监狱学的学科地位，1984年国家教委把劳动改造学（监狱学）作为法律专业课程列入《综合大学法律系法律专业四年制教学计划》，邵名正主编《中国劳改法学理论研究综述》（中国政法大学出版社1992年版）出版，1993年国家教委《普通高等学校本科专业目录》把劳动改造学确定为法学学科门类五个专业名称之一并列为全国高等院校学习的专业课程。

1994年《监狱法》颁布实施，为监狱学教学研究提供了良好的法制条件，与立法相呼应，此后监狱学正式取代了"劳改学"的称谓，推动了监狱法学教学研究的发展繁荣，涌现出了一系列的监狱法学论著，如鲁加伦主编《中国监狱法概论》（中国人民公安大学出版社1995年版）、杨殿升主编《监狱法学》（北京大学出版社1997年版）、兰洁主编《监狱学》（中国政法大学出版社1999年版）以及乔成杰、宋行主编《监狱法学》（化学工业出版社2018年版）。1998年，国务院学位委员会与教育部《授予博士、硕士学位和培养研究生的学科、专业简介》把监狱学列为刑法学专业的一个研究方向。

2001年监狱学被司法部作为重点建设学科，由2002年成立的中央司法警官学院具体承担监狱学的司法部部级重点学科的建设任务。2003年教育部在高校招生目录上醒目地列上了"监狱学"这个几乎一个世纪前就已诞生的学科，标志着官方对监狱学的承认，促进了监狱学的教学发展。现在，形成了监狱学的专科、本科、研究生三个层面的教学框架结构，省、自治区、直辖市的司法警官职业学院从事监狱学的专科教学，主要有19所院校：黑龙江司法警官职业学院、吉林司法警官职业学院、河北司法警官职业学院、山东司法警官职业学院、河南司法警官职业学院、湖南司法警官职业学院、云南司法警官职业学院、江西司法警官职业学院、广东司法警官职业学院、四川司法警官职业学院、宁夏警官职业学院、青海警官职业学院、山西警官职业学院、陕西警官职业学院、安徽警官职业学院、浙江警官职业学院、武汉警官职业学院、新疆建设兵团司法警官高等专科学校、江苏省司法警官高等职业学校。中央司法警官学院、上海政法学院、山东政法学院、辽宁警察学院、甘肃政法学院（现已改称甘肃政法大学）、福建警察学院、广西警察学院、新疆警察学院、新疆政法学院从事监狱学的本科教学,有师资的几所普通高校从事硕士、博士研究生监狱学方向的专题教学。这些院校为监狱事业培养了一大批监狱学专业人才。相比较而言,本科监狱学专业毕业生较少,硕士研究生、博士研究生更是凤毛麟角,而且把监狱学专业塞进刑法学一门课中,如同把锅硬放进碗里,势必挂一漏万。

(二) 监狱法学的学科体系

1. 监狱法学的相对独立体系

从宏观上看,监狱学是现代法学教育门类中的一个专业,没有现代法学教育,就不会有监狱学的教育。可以说,现代法学教育是监狱学教育之母。从微观上看,在早期的大学法学教育中,监狱学的课程有监狱学、监狱法学;监狱学校的课程安排中,主要有法学通论、宪法、刑法、刑事诉讼法、监狱学、监狱规则、法院编制法院制度、出狱人保证制度、民法大意、警察学、卫生学、心理学、统计学、建筑学、指纹学、体操。早期的监狱学的这种课程体系,给了我们重要启示:监狱法学不仅是法学中的一门学科,也是监狱学中的一门学科,具有学科的双重性。

监狱法学是法学体系和监狱学体系中的一个分支学科,它本身有自己的学科体系。监狱法学的学科体系是指监狱法学在知识构成方面应当包括的内容及各项内容之间的内在联系和相互关系。当然,任何学科的体系都是由该学科的对象所决定的,是学科对象的系统化、具体化。为了全面深入地掌握监狱法学,不仅需要明确监狱法学的研究对象,而且还要认真研究监狱法学的科学体系。总体而言,监狱法学的体系与监狱法的体系是一致的,因为监狱法学以监狱法文本为研究对象。但是,监狱法文本仅仅是监狱法学研究的内容之一,监狱法学研究的对象范围远远超过监狱法文本的范围,因为监狱法学是监狱法及其实践的理论概括和经验总结。监狱法学的任务不仅是简单地注释监狱法的条文,而且要对监狱法实施的一般原理、原则和制度、方法等进行研究,并要对古今中外监狱法律制度进行比较研究。所以,监狱法学应当按照理论的内在联系,确定学科的结构体系。

目前,我国法学界和监狱学界对监狱法学学科体系还缺乏统一认识。所以，本书的体系是以研究我国《监狱法》为核心，对监狱法及其实践，从法理的角度进行比较全面系统的阐述，力求在知识内容体系上避免与监狱学基础理论、狱政管理学、罪犯教育学等具体学科的内容重复重叠，从而真正从法学的角度确立监狱法学的体系。本书共八章：第一章导论，第二章监狱法的实施，第三章监狱法律关系，第四章监狱运行保障制度，第五章监狱执行刑罚制度，第六章监狱行刑紧急处置，第七章监狱行政管理制度，第八章监狱法的修改完善。

2. 监狱法学与相邻法学学科的关系

监狱法学作为一门地位相对独立的学科，与法学门类中的其他法学学科的区别是不言而喻的，与监狱学专业中的其他同族学科的区别也是显而易见的。需要强调的是，应明确监狱法学与相近相关学科的关系，主要是与刑法学、刑事诉讼法学的关系。

第一，监狱法学与刑法学的关系。刑法学是以刑法规定的犯罪和刑罚为主要研究对象的学科，它的主要任务是依照刑法的规定从理论上阐述什么是犯罪、怎样适用刑法具体认定犯罪以及对犯罪人怎样判处刑罚等问题。刑法学的一些基本原理包括犯罪、犯罪构成、如何定罪量刑，尤其是关于刑罚的目的、刑罚种类，以及减刑、假释等制度的理论，对于监狱法学研究执行刑罚，对罪犯实施行刑惩罚与改造，适用假释、减刑等问题，有着直接的指导意义。

监狱法学对于刑法学研究同样具有重要的意义。例如，通过对依法执行刑罚关押改造罪犯定罪量刑情况的归纳、总结分析，对服刑改造好的罪犯实施减刑、假释的理论与实践的实证研究，为刑法学的研究提供比较系统的操作资料，有助于进一步完善和发展刑法学关于定罪量刑以及减刑、假释的理论和制度。通过对监狱依法执行刑罚、惩罚与改造罪犯基本理论的研究，有助于加深理解和丰富刑法学关于刑罚理论的研究。

第二，监狱法学与刑事诉讼法学的关系。刑事诉讼法学是对刑事诉讼立法以及刑事诉讼实践经验进行理论总结概括的学科。刑事诉讼法学关于公安机关、检察院、法院等处理犯罪案件活动程序的法律规范及诉讼实践的理论研究，对于监狱法学具有直接的指导意义。

这是因为，监狱法学不仅研究执行刑罚过程中的刑罚实体问题，而且研究刑罚程序问题，如服刑罪犯的申诉、减刑、监外执行、假释、又犯罪处理等问题，都涉及刑事诉讼程序。刑事诉讼法学关于这些方面的理论与研究成果，为监狱法学研究提供了素材和理论依据。监狱法学关于监狱依法执行刑罚过程中处理服刑罪犯申诉、减刑、假释、又犯罪处理以及监外执行等理论与实践，实体与程序、操作方面的研究成果，反过来为刑事诉讼法学提供了系统的实践资料和理论依据，对刑事诉讼法学的进一步完善和发展具有重要意义。

二、监狱法学的研究价值

（一）监狱法学的研究方法论

1. 坚持理论联系实际的原则

人文社会科学理论来自人的社会实践，又反过来指导人的社会实践。毛泽东在《实践论》中指出："判断认识和理论之是否真理，不是以主观上觉得如何而定，而是依客观上社会实践的结果而定。真理的标准只能是社会的实践。实践的观点是辩证唯物论的认识论之第一的和基本的观点。"[①] 理论联系实际是监狱法学研究必须坚持的基本原则。监狱法学是一门实践性很强的应用科学，学习和研究监狱法学必须从我国监狱立法和实施的客观实际出发，科学地总结监狱立法和实施的实践经验，升华为监狱法学理论，才能反过来以监狱法学理论为指导分析和解决监狱工作中出现的各种实际问题，并从监狱法学理论上加以说明或论证。只有这样，才能加深对监狱法学理论的理解，从而不断丰富和发展监狱法学的内容。

2. 坚持辩证发展和普遍联系的观点

社会处在永恒运动、变化和发展过程之中，监狱法作为社会的一种现象，也是不断发展变化的。因此，监狱法学研究必须坚持发展的观点，既要重视现行监狱法制度的研究，又要注意研究监狱法制度的发展演变过程及其规律，为监狱立法和实施提供理论依据。整个社会是一个相互联系着的统一体，任何事

---

① 《毛泽东选集》（第一卷），人民出版社1991年版，第284页。

物都不能脱离同其他事物的联系而孤立存在，监狱法学是一门综合性的法律科学，与法学乃至其他许多学科有着密切联系。监狱法学研究决不能孤立地进行，而应与其他学科联系起来研究，应在全面、系统地掌握本学科的理论知识的基础上，有目的地学习和研究相关学科的理论，广泛吸收其他学科的研究成果，使之相互补充、相互渗透，才能丰富监狱法学的内容，从而提高监狱法学理论水平。

3. 文本研究

文本研究主要是针对监狱法的立法文本资料进行分析，具有非常明显的间接性、无干扰性和无反应性，因而也称"非介入性研究"。作为独立的研究方式，文本研究的具体方法主要有内容分析方法、二次分析方法、统计资料分析方法。文本研究由于是针对具有刑罚内容的监狱法文本所展开的，因此比其他研究方式更节约成本。不过，应该考虑到，除了立法文本之外，文本研究的最大问题是所能得到的第二手资料基本上与他人的研究联系在一起，带有既成已然研究的目的和价值取向，应该注意客观分析。

4. 比较研究

有比较才有鉴别。比较研究的方法是人们认识事物的一种科学方法，研究监狱法学当然应当采用比较研究方法。监狱法学作为一个部门法学，应当以研究我国现行监狱法制度为主，但不能只局限于监狱法这个范围之内。还应当对古今中外的监狱立法及其制度进行比较研究，对中国历史上和外国历史上的监狱法制度及有关理论、学说，既不能不加分析地盲目照搬，也不能全盘否定，而应该采取科学的批判、借鉴态度，除其糟粕，取其精华，从中汲取有益的东西，以达到古为今用、洋为中用的目的。

（二）监狱法学的研究意义

1. 监狱法学研究有助于建立正确的监狱法学理论

古往今来，监狱始终是应对犯罪人的法定机关，并且常常表述为惩罚犯罪。要应对犯罪服刑人，除了对犯罪人应有正确的认识之外，还要建立正确的监狱法学理论。而要建立正确的监狱法学理论，就必须正确认识监狱法，研究监狱法。监狱法学把监狱法作为重要的研究对象，目的就在于探索监狱法的内容和作用，正确认识监狱法，建立正确的监狱法学理论。可以说，建立正确的监狱法学理论，就是要确立正确的监狱立法思想意识。

监狱法学产生之前，人类并不怎么注意监狱法学理论，多关注监狱的实际效应，即惩罚、威慑。监狱法学真正成为一门学科，始于对监狱法学理论的研究。在监狱法产生前，人类对待罪犯基本上靠直观认识、表象认识、经验认识；而监狱法的出现，使人类社会对待罪犯的行刑工作由经验向规范转变。当然，这个转变不是一蹴而就的，其过程极其艰难漫长，因为监狱行刑运行不仅与监狱法相关，更直接与监狱法学理论相关，需要深入、全面、具体地研究。监狱法实施以合理合情为发展趋势，监狱法学理论体系抽象程度高、解释范围广，对实践操作具有宏观指导作用。

2. 监狱法学研究有助于促进刑罚工作

刑罚工作是国家依据宪法开展的有关涉及刑罚的一系列工作，包括刑罚创制、刑罚裁量、刑罚执行。刑罚工作的具体内容不仅本身有刑罚创制、刑罚裁量、刑罚执行之分，而且这三大板块的刑罚工作也会随着时代的发展有不同的侧重。在不同的历史时期和同一时期的不同时间段，刑罚工作所依据的认识的理性程度也不尽一致，要想保证所有的刑罚都是合理的和有效的，就必须加大监狱法学研究的力度，因为刑罚工作的有效性在一定程度上取决于以规范监狱行刑为任务的监狱法，这就需要监狱法学研究应有理性高度。

刑罚工作的核心在于科学合理地构架、裁量、落实对罪犯的刑罚措施。监狱法学研究有助于发挥指导刑罚工作的功能。对于刑罚创制工作，需要理智地明确实质性的三项实务：其一是确定具体刑罚措施，其二是架构刑罚体系，其三是配置各罪的刑罚。对于刑罚裁量工作，需要理智地明确实质性的三项实务：其一是选定具体刑罚种类，其二是划定具体刑罚期限，其三是确定具体执行刑罚的方式。对于刑罚执行，需要理智地明确实质性的三项实务：其一是划定刑罚惩罚面改造面的宽窄，要明确惩罚什么、改造什么；其二是确定惩罚到何种程度、改造到何种程度；其三是设计惩罚改造的方式，要明确通过什么方式惩罚、改造罪犯。这些都与监狱法学对监狱行刑的认识研究有直接关系，监狱法学研究为监狱行刑工作提供理论依据。

3. 监狱法学研究有助于推动刑事法发展

任何事物的发展都是其内外合力作用的结果，刑事法发展的外部直接动力，源于刑事法之前的犯罪和犯罪学以及刑事法之后的行刑和监狱法学研究。就刑罚的立法而言，刑事法包括《中华人民共和国刑法》（以下简称《刑法》）、《中华人民共和国刑事诉讼法》（以下简称《刑事诉讼法》）、《监狱法》。监狱法学对刑事法的作用过程是，监狱法学研究促进监狱行刑观念思想变化，从而推动以刑罚为内容的刑事立法向前发展。正是基于对刑罚的关注、研究，促进了规定刑罚种类、刑罚体系、各罪配刑的《刑法》发展，促进了规定刑罚裁量程序的《刑事诉讼法》发展，促进了规定刑罚执行主干的《监狱法》发展。

在我国的刑事法体系中，没有《刑罚执行法》，只有《监狱法》和《中华人民共和国社区矫正法》（以下简称《社区矫正法》）。监狱法学研究提出的教育刑论，使刑事法思想发生了重大变革，相应地在刑事立法上确立了旨在教育犯人的教育刑体系与鼓励犯人自我矫正的缓刑、减刑、假释、累进处理等制度。任何国家在刑事法改革方面，侧重点都是刑罚改革，刑罚改革的基本走向是趋于人道化。我国监狱法学创立以来，学术上的理论研究繁荣促进了刑事法思想的向前发展，给刑事立法奠定了思想基础。由《刑法》《刑事诉讼法》《监狱法》《社区矫正法》构成的我国刑事法体系在结构上实现了一体化，在价值取向上实现了民主化，在内容规定上实现了现代化。

4. 监狱法学研究有助于推动社会预防犯罪

社会价值是检验一门学科地位的重要标准，而监狱法学研究具有重要的社会价值，有助于推动社会预防犯罪。监狱法学不仅以《监狱法》为研究对象，还要研究监狱在依法执行刑罚过程中对服刑罪犯实施惩罚与改造等行刑实践活动中的重大问题，特别是要从刑罚目的出发，着重研究监狱依法行刑惩罚改造犯罪服刑人的前提下，如何化社会消极因素为积极因素，促进他们养成遵纪守法、自食其力的行为习惯，如何发挥社会资源的教育作用，尤其是回归社会以后加强社会预防使他们不再重新违法犯罪。这是预防并减少社会犯罪现象、维护社会安定的重要内容。监狱法学是关于监狱执行刑罚惩罚和改造罪犯的法学规范的基本理论研究，不仅是监狱行刑工作的规范依据理论，而且对指导社会实践具有重要的社会价值。

第二章　监狱法的实施

Chapter 2

《监狱法》生效实施，才能发挥其规范作用和社会作用。而《监狱法》的规范作用和社会作用是以《监狱法》的效力为基础的。《监狱法》的效力是指国家制定、颁布、实施的规范性文件——《监狱法》所具有的约束力。

第一节　监狱法的效用

一、监狱法的效力

（一）监狱法的效力范围

1. 监狱法的时间效力

监狱法的时间效力即该法发生效力的时间段，起于生效时间，终于失效时间。适用具体部门法，先要考虑该法是否生效，未生效的法不得适用，确定法生效日期通常有三种方法：其一是法本身规定自公布之日起生效，如1997年3月14日通过、公布的《中华人民共和国国防法》第70条规定："本法自公布之日起施行。"这是较常用的方法。其二是法本身规定具体生效时间，如现行《刑法》第452条第1款规定："本法自1997年10月1日起施行。"其三是以特定事件的发生为标准确定生效时间，如《中华人民共和国企业破产法（试行）》第 43 条规定："本法自全民所有制工业企业法实施满三个月之日起试行……"

第一，监狱法的生效时间。《监狱法》是在 1994 年 12 月 29 日公布的，其第 78 条规定"本法自公布之日起施行"，即从 1994 年 12 月 29 日起生效。可见，监狱法的生效时间采取的是第一种方式"公布即生效"。那么，为什么不设置"知晓期"呢？从根本上讲，《监狱法》规定的刑罚执行内容与《刑法》规定的犯罪与刑罚内容以及《刑事诉讼法》规定的定罪量刑内容息息相关，《刑法》《刑事诉讼法》均在公布时设置了"知晓期"，社会大众可以知晓犯罪与刑罚的相关内容，判定的刑罚执行是自然而然的事情，因而规定刑罚执行的《监狱法》无须"知晓期"。

第二，监狱法的失效时间。法的失效是法失去效力，即永久停止该法的适用。法的失效包括两个层面：一是某个法律制度失去效力，二是某一具体部门法失去效力。在我国的法体系内，具体法依一定程序失效的情况通常有三种做法：其一是新法生效、旧法失效，如现行《刑法》于 1997 年 10 月 1 日生效，同时 1979 年《刑法》及其诸多刑事特别法失效；其二是新法宣布废除旧法；其三是具体法规定的特定事件发生，具体部门法失效，如战争结束战时法失效。具体到监狱法的失效时间，按照惯例，可能采取第一种方法，即未来全面重新修订《监狱法》，则 1994 年《监狱法》自然失效。

2. 监狱法的空间效力

基于《中华人民共和国香港特别行政区基本法》《中华人民共和国澳门特别行政区基本法》的规定，在香港特别行政区、澳门特别行政区，不适用《监狱法》；在我国台湾地区亦不适用。

3. 监狱法的对象效力

行刑权的行使，其中由监狱执行的，是由《监狱法》规定的，同时行刑权的行使以对象即犯罪服刑公民为落实点。那么，《监狱法》适用于哪些犯罪服刑公民呢？根据《刑法》《刑事诉讼法》《监狱法》的规定和刑事司法实践，首先，排除死刑立即执行犯、缓刑犯、监外执行犯、拘役犯和管制犯；其次，确定适用的犯罪服刑犯，《监狱法》适用的犯罪服刑犯包括死缓犯、无期徒刑犯、三个月以上的有期徒刑犯。

我国《刑法》第 30 条规定："公司、企业、事业单位、机关、团体实施的危害社会的行为，法律规定为单位犯罪的，应当负刑事责任。"现在，单位犯罪是不争的事实，对犯罪单位及其代理人定罪量刑的双罚制也是客观存在。由于单位不同于公民，这就导致《监狱法》不适用于犯罪单位。监狱依照《监狱法》执行刑罚，能把犯罪单位的被判处刑罚的代理人收监行刑，但不能把犯罪单位整体纳入监狱执行刑罚。

（二）监狱法的效力等级

1. 法效力等级的确定

在我国，所有的法必须是按严密的逻辑组成的体系，这些法调整的社会关系可以看作在同一平面上排列有序，而这些法本身形成不同的层级，此即为法的位阶制度。一个具体的部门法只有与上位阶的具体部门法协调一致才能有效。一个具体的部门法只有来自宪法、一项授权立法只有符合授权法的规定才是合理有效的法。为安排不同层级的法之间的效力关系，就需要法的位阶来确立法效力等级的制度。在一个统一的法秩序内，高位阶法的效力高于低位阶法。成熟的法秩序内必然存在法的位阶制度。按照我国的法学理论，法的位阶一般分为五级，第一级为宪法，第二级为法律，第三级为行政法规，第四级为地方性法规，第五级为部门规章。

法的效力等级亦称法的效力层次或法的效力位阶，是指一国法体系中不同的法效力等级。实践中有权创制法的国家机关很多，不同国家机关创制的法其效力是不同的。确定法的效力等级，不仅可以解决法冲突时的法适用问题，而且有利于保障国家法治的统一。确立法的效力等级需要遵循以下几个原则：

第一，上位法优于下位法的原则。上位法优于下位法的原则是指上一级法的效力均高于下一级任何法的效力，当上位法与下位法发生冲突时，优先适用上位法。法的效力等级取决于其制定机关在国家机关体系中的地位，制定机关的地位越高，该法的效力等级也越高。在我国，宪法的效力高于法律的效力，法律的效力高于行政法规的效力，行政法规的效力高于地方法规的效力。

第二，特别法优于一般法的原则。这原则是指当同一位阶的特别法和一般法产生冲突时，优先适用特别法。这个原则针对的是处于同一位阶法的适用问题，之所以采用这个原则，是因为特别法针对特别的人、特别的事、特别的地域，规定的内容是一般法没有的或者虽已有相关规定但仅是原则性的、抽象笼统的规定。特别法与一般法的区别表现在四个方面：在时间上，特定时期生效的法优于平时生效的法；在空间上，特定区域生效的法优于普通区域生效的法；在对人上，对特定人生效的法优于对普通人生效的法；在对事上，特定事项的法优于一般事项的法。

第三，新法优于旧法的原则。新法优于旧法的原则是指当同位阶的新旧法发生冲突时，优先适用新法。

2. 监狱法的效力等级

根据我国的立法实践，《监狱法》是由全国人大常委会制定的，在内容上明显区别于行政法、民事法、经济法。无可置疑，《监狱法》属于专门规定监狱执行刑罚的具体部门法之一，应列为法律。就此而言，监狱法的位阶低于宪法，高于行政法规、地方性法规和部门规章。

3. 监狱法效力的特点

必须承认，监狱法效力的最终实现取决于人的遵守与确信，当然这种遵守与确信源于监狱法本身的合理性，根源于社会道德的基本价值。因此，监狱法的效力就不能仅仅局限于从监狱法规范本身来看待，还需要从社会现实的角度来看待。所以，监狱法效力类型，除了其应然效力或简称为监狱法效力外，还包括监狱法的实然效力或称为现实效力和监狱法的道德效力。

监狱法的应然效力是指监狱法必须有效，因为监狱法是由国家制定并由国家强制实施的。可见，监狱法的应然效力是监狱法本身所具有，是监狱法效力类型中最基本的内容。监狱法的实然效力是指监狱法的实效，即认知并确信监狱法的效力，这取决于监狱法的合理性及其是否得到了真正的贯彻实施和遵守。

监狱法的道德效力是指监狱法被遵守和施行的道德认可。诚如德国魏德士所言："如果法在现实中不被遵守，它就丧失了法效力的功能，如果国家法缺少或丧失了道德效力，也会危及或削弱法效力。如果国家制定的法规范违反了广大人民基本道德观，它们也不会稳定而长久地存在。"① 也就是说，如果监狱法得到人们的自愿遵守，那么它就有道德效力。

第一，监狱法效力具有客观性。监狱法效力依存于监狱法本身，并存在于监狱法实际存在的整个期间内，不能脱离监狱法的客观存在而孤立存在。在一定的时空、场域，它必然以一定的客观形式体现出来，以一定的方式作用于人的行为，以监狱里的犯罪服刑人为基本作用对象。

第二，监狱法效力具有稳定性。监狱法效力在监狱法存续期间内是稳定持续的。如果在存续期间作了相应修改，那么这意味着监狱法效力也会有一定程度的调整，但并不会影响监狱法效力的稳定发挥。监狱法效力具有普遍性，"法律面前人人平等"表现在法的效力上，就是指法对其作用的对象是普遍平等的，其作用力的大小在相同或相似情形下是相同或相似的。

第三，监狱法效力具有层级性。监狱法效力依存于现实的监狱法本身，现实的法体系是由不同层级的法文件构成的，所以任何法的效力都表现出层级性。

二、监狱法的作用

（一）监狱法作用的对象

1. 监狱法发挥作用以人的行为为直接对象

监狱法发挥作用以人的行为为直接对象，那么就必然涉及监狱法作用于人的行为的方式，这是指监狱法对人的行为发生影响的渠道途径，主要包括允许、必须、禁止三种。监狱法通过为人们设定行为模式的途径，表达对人们行为的要求，进而直接影响人们行为的取舍。

允许是指监狱法通过赋予人们行为选择的自由，即通过规定人们可以作出或不作出某种行为的方式，影响人们行为的取舍，表现为监狱法中的权利性规定，这就是以允许的方式作用于人的行为。

必须是指监狱法通过要求人们作出某种积极行为的义务对人们的行为发生

---

① 〔德〕伯恩·魏德士：《法理学》，丁小春、吴越译，法律出版社2003年版，第155页。

影响，如服刑人遵守监规纪律，社会各界积极支持监狱行刑工作，明确了人们必须为的行为的内容和方向。

禁止是指监狱法通过为人们设定不为一定行为的义务对人们行为施加影响，如规定监狱依法使用土地矿产资源和其他自然资源以及监狱的财产受法律保护，任何组织或者个人不得侵占破坏，明确告知了人们行为的界限。

监狱法对人们行为的影响区别于道德等其他调控规范，具有确定性、激励性和强制性的特点。监狱法是通过对行为模式化设定来直接影响人们行为的，其设定的行为模式内容明确且具体，为人们行为方式的选择提供了确定的方向和内容。所以，监狱法对人们行为的影响具有确定性，而道德等社会规范对人们行为的影响以抽象性、原则性的指引为特征，导致人们行为选择的方向具有模糊性。

监狱法作用于行为的方式区别于道德，主要以权利设定及其体现的利益导向机制引导行为主体的行为方向和行为性质，因而具有激励性的特征。而道德等其他社会规范主要以道德义务的方式影响人们的行为，只以善恶作为评价人们行为的标准，而缺少利益激励机制。

监狱法通过为行为主体设定具体、明确的监狱法义务和责任的方式，规制和约束主体的行为，使有关主体必须作出监狱法所要求的行为，不作监狱法所禁止的行为，从而体现了监狱法对行为影响的国家强制性。

2. 监狱法发挥作用以社会关系为间接对象

监狱法调整社会关系，但不是将全部社会关系都纳入自己的调整范围，只是将社会关系中具有重大社会意义、直接影响社会秩序建立和维护的社会关系作为自己调整、发挥作用的对象。

监狱法作用于社会关系的方式，主要有确认、调节、整合、引导四种，反映了监狱法作用于社会关系的特点。

确认即以监狱法的形式确认一定的社会利益关系，这是监狱法作用于社会关系的首要方式。通过对社会关系、利益主体及其权利义务的确认，理顺监狱行刑过程中的复杂关系。监狱法不仅确认相关主体及其地位和利益，确认相关主体的职权职责权利义务的分配关系，而且还确认与这些社会利益关系有关的方针、政策、原则、制度，明确宣告监狱法作用于社会关系的范围与界限。

调节即监狱法通过调节相关主体的社会利益关系，预防他们之间的利益冲突，在执行刑罚过程中减少和防范违法和犯罪等现象出现。监狱法也通过对某种利益给予倾斜性、纠偏性保障，积极追求实现实质意义上的公正。

整合即监狱法通过强制手段，恢复或修补受损的社会关系，实现对社会关系的整合。通过监狱法实施，可以弥补因冲突给社会和利益主体带来的损失，修补受害的利益关系；强制犯罪行为人承担法律责任，分配并保障服刑权利和义务。

引导即以监狱法的纲领性和超前性内容为基础，引导相关的社会关系朝着预定方向发展，最为突出的就是释放出狱人，使之融入社会开启正常生活之路。

监狱法作用于社会关系，具有途径的间接性、核心的利益性、目的的有序性特征。监狱法对社会关系发生作用的途径是间接的，而非直接发生，是通过对人们之间行为的影响来实现的。监狱法对社会关系发生作用的核心是利益关系，社会关系纷繁多样，监狱法不是将所有的社会关系都纳入自己的调整范围，而只是将社会关系中的行刑利益关系作为自己的调整对象。

社会关系的有序化是监狱法对社会关系发生作用的目的，社会秩序表现为处于一定社会结构中的社会组织和社会成员的社会活动确定并稳定，社会活动和社会变化连续而规则。社会秩序是一切社会存在和发展的前提，因而是人类社会的基本需求，监狱法对于社会关系的调整就是要通过自身特有的机制引导人们的行为，直接实现行刑关系的稳定、连续和规则，间接促进实现社会关系的有序化。

（二）监狱法作用的分类

1. 监狱法的规范作用

监狱法的规范作用可分为五类，即指引作用、评价作用、预测作用、教育作用、强制作用。

第一，监狱法的指引作用。监狱法的指引作用是指监狱法所具有的为人们行为提供既定模式，指引行为主体根据监狱法的内容，确定和指导自己行为的作用。监狱法创设的目的在于通过权利、义务、责任来调整、规范行为，以期实现行为的模式化。因此，这是监狱法对人们行为的影响力的首要表现，是维护行刑秩序和社会秩序必不可少的条件和手段。从监狱法指引作用的对象来看，作为规范指引，对象是普遍主体的行为，对人们行为的指引具有普遍性和反复适用性。监狱法的指引作用主要是通过为人们的行为预设行为模式的方式来实现的，通过规定可以做什么、禁止做什么和必须做什么，从而使行为主体可以根据监狱法作出判断：什么是国家许可的？什么是国家禁止的？什么是受到保护的？什么是受到谴责的？以此来指导自己的行为，确定行为目标和行为方式。

按照不同的标准，监狱法的指引作用可以分为几类。以监狱法中的行为模式为标准，监狱法的指引作用分为确定的指引和选择的指引。在监狱法中，确定的指引是指对人们行为的指引是确定的且不允许存在选择余地，表现为义务模式，侧重应当这样行为和不应这样行为；选择的指引是指对人们行为的指引由行为人的主观意愿而定、允许自行选择，表现为权利模式，侧重可以这样行为。

以监狱法中国家权力幅度为标准，监狱法的指引作用分为羁束的指引和非羁束的指引。在监狱法中，羁束的指引是指国家机关及其公职人员职权幅度是由监狱法准确、具体、硬性规定的，必须严格依照执行；非羁束的指引是指监狱法对某类事务的处理只规定了一个幅度，由职权主体在此范围内自行酌情处理。

以监狱法中的不同主体为标准，监狱法的指引作用分为对国家机关的指引、对社会单位的指引和对公民个人的指引。在监狱法中，对国家机关的指引是指监狱法对有关国家机关行为的规定，国家机关及其工作人员应该遵守，带头依法办事；对社会单位的指引是指监狱法对社会单位行为的规定，社会单位及其工作人员应该遵守，积极支持协助监狱工作；对公民个人的指引是指监狱法对公民个人的规定，其中以对犯罪服刑公民的指引为基本核心。

以监狱法的构成要素为标准，监狱法的指引作用分为原则的指引和具体的指引。原则的指引是指监狱法中的原则对人们行为的指引作用，虽然不那么具体、明确，但是具有广泛、灵活的优势；具体的指引是指监狱法中的规范、概念、技术性规定对人们行为的指引。

第二，监狱法的评价作用。监狱法的评价作用是指监狱法作为人们对他人行为的评价标准所起的作用，最常见的是监狱警察对犯罪服刑人行为的评价，其作用对象主要是犯罪服刑人的行为。监狱法的评价是用监狱法的规范性、统一性、普遍性、强制性和综合性的标准来评判犯罪服刑人的行为，评价着重点在于行为人的外部行为、实际效果以及行为人的责任。相对于道德评价和政治评价而言，监狱法的评价标准是国家的一种最低要求。

以评价主体为标准，监狱法的评价可分为专门评价和普通评价两类，以监狱警察和犯罪服刑人为基本评价对象。专门评价是指监狱法涉及的国家机关及其工作人员对人们行为所作的评价，如法院及其法官、检察院及其检察官对人们行为所作的裁判或决定，以代表国家并具有国家强制力、产生法律约束力为特征，因此又称效力性评价。普通评价是指普通主体以舆论的方式对他人行为所作的评价，是人们自发的行为，没有国家强制力和约束力，因此又称为舆论性评价。

第三，监狱法的预测作用。监狱法的预测作用是指人们根据监狱法可以预先估计人们相互间将怎样行为以及行为的后果等，从而对自己的行为作出合理的安排。监狱法的预测作用的对象是人们的相互行为，纯粹的个人行为一般无须进行预测，人们只有在与他人发生关系的情况下才会作出行为预测，预测他人的行为与自己行为的关系，预测自己行为对他人的影响，预测自己行为及他人行为的法律后果，等等。

监狱法之所以有预测作用，是因为监狱法具有规范性、确定性的特点；监狱法之所以必须发挥预测作用，是因为监狱法的落实涉及人的自由甚至生命等最重要的人身内容。监狱法作为规范，确定了行为与后果之间的联系，成为人们预测行为后果的工具。监狱法是明确且相对稳定的规范，其内容明确并在一定时期内保持连续性，这给人们预测行为提供了可能的前提。如果监狱法规范朝令夕改，那么人们也就无法进行相互行为的预测。

监狱法的预测作用有三种类型。第一类是行为成立的预测，是指某种行为在监狱法上能否成立的预测,这是根据监狱法的规定针对具体行为的可行性预测。第二类是对方可能反应的预测,是指根据监狱法规定的行为模式针对一方当事人可能行为的预测,监狱法规定的行为模式为人们预测对方可能的行为提供了可能。第三类是行为被处理可能的预测,是指以监狱法为根据对行为被处理可能的预测,监狱法是监狱警察处理事务的依据。

第四,监狱法的教育作用。监狱法的教育作用是监狱法通过自身的存在及运行产生广泛的社会影响,教育人们弃恶从善、正当行为的作用,尤以针对犯罪服刑人的教育作用为核心内容。我国传统刑狱文化早就提出了"德主刑辅""刑期无刑""重一奸之罪而止境内之邪""明刑弼教"的主张,从法的层面上看,就是指监狱法的教育作用。

以监狱法的存在形态为标准,监狱法的教育作用可分为静态教育作用和动态教育作用两大类。静态教育作用是指监狱法以包含的原则和规则及其体现的价值导向所具有的教育作用,普遍表现为面向社会的普法教育,统称为教科书式的教育作用。动态教育作用是指监狱法运行过程对社会的影响,主要是监狱依法执行刑罚对犯罪服刑人的惩罚而产生的惩戒、威慑和感化作用。

第五,监狱法的强制作用。监狱法的强制作用是指监狱法以物质力量制止恶行、强制作为、惩罚,以维护监狱法秩序的作用。其实,监狱法的强制作用是所有法的最后屏障之一,因为违反法的行为最严重的是犯罪,最后落实为对犯罪处罚的刑罚。我国现在没有统一的刑罚执行法,而是分散为《监狱法》和《社区矫正法》。

监狱法的强制作用主要有两种类型。第一种是强制主体作为或不作为,是指监狱法使主体作出某行为或抑制某行为的强制作用,表现为监狱法规定强制性义务和禁止性义务,强制性义务必须由义务人完成,如不作为则强令为之,禁止性义务是强制不作为,如不履行,则强制制止其作为。第二种是制裁违法者,是指监狱法对犯罪服刑人的违法行为进行惩罚,这是监狱法最典型的强制作用。

2. 监狱法的社会作用

监狱法对社会具有直接作用,是指由监狱法的遵守和适用所确保完成的作用，可分为主要作用和次要作用。主要作用具有表象性，影响社会普通大众，向社会大众昭示监狱法存在的原因和理由。次要作用是维护监狱法制度的功能，使监狱法制度的存在和运行成为可能。

在监狱法对社会的直接作用中，主要作用包括两个方面，即防备不利行为和保障有利行为、为个人间的私人安排提供便利。防备不利行为和保障有利行为如禁止犯罪行为主要是由监狱法的上游法——刑法规定的，但落实是由监狱法规定的，这是监狱法所执行的最基本的社会作用。监狱法的存在和运行将犯罪服刑人规范在监狱环境内，从而排除了这些人对个人间私人行为活动的干扰侵害。

监狱法对社会具有间接作用，是指由人们的态度、感情、观念以及遵守和适用以外的行为模式所实现的作用，其实就是承认监狱法存在及遵循和适用监狱法的效果，也是监狱法试图努力获得的结果，而无论这些结果是否得到实际的保障。监狱法对社会间接作用的发挥极为平常，不仅是监狱法存在和适用的结果，而且是与其他因素相互作用的结果，这些因素包括人们对监狱法的态度、社会中其他相关社会规范和制度的存在等。

监狱法对社会的间接作用主要包括三个方面，即促进政治发展、促进经济发展和促进思想文化发展。监狱法对政治发展的促进作用主要体现为它是国家在社会中合理分配权力、限制权利的一种规范，监狱的运行就是为社会团结与生活安全提供了保障和促进。监狱法对经济发展的促进作用主要体现为它规定以拘禁隔离的方式对犯罪服刑人执行刑罚，从而使其他法确认的法定化的经济体制不受监狱里的犯罪服刑人的侵害，为经济发展提供了有力的制度保障。监狱法对思想文化的促进作用主要体现为它对人类精神文明建设发挥着重要作用。诚如有学者所言："在为建设一个丰富而令人满意的文明的努力奋斗过程中，法律制度起着重要而不可缺少的作用。当然，法律并不能直接发起或促进文明大厦的建设；它亦不能命令人们成为发明家或发现家，去设计城市建设的新方法，或创作优秀的音乐作品。然而，通过为人类社会组织确立履行更高任务的条件，法律制度就能为实现社会'美好生活'作出间接贡献。"[①] 监狱法

---

① 〔美〕E. 博登海默：《法理学——法哲学及其方法》，邓正来、姬敬武译，华夏出版社1987年版，第377页。

对思想文化的促进作用在于对犯罪服刑人实施行刑惩罚改造,体现对科技文化事业发展的推动和思想道德建设发展的促进,一则以逆反方式为科技文化事业发展指明方向并提供有力保障,二则以后推方式确认思想道德建设的地位、基本原则和根本内容并推动思想道德建设发展。

(三) 监狱法作用的局限

1. 监狱法作用的有限性

在现代社会中,法发挥着越来越重要的作用,但法不是万能的,法不能解决一切社会问题,法的作用是有限度的。法治建设虽然要重视法的作用,但是不能过分夸大法的作用。莫斯科大学一位教授曾说过:"法在自己的任何部分既可以成为自由的生命,也可以成为奴役和专横的工具;既可以成为社会利益的妥协,也可以成为压迫的手段;既可以成为秩序的基础,也可以成为空洞的宣言;既可以成为个人权利的可靠支柱,也可以使专制的暴政和无法无天的局面合法化。也许每一种法学概念的益处和社会意义就在于通过对其他法学概念的薄弱方面的批判来阐明法本身的消极性和危险倾向。"①

监狱法的作用何尝不是如此?我们更应客观理智地对待,充分认识到监狱法作用的有限性。在社会调控机制方面,法只是全部社会调整方法中的一种,而监狱法也不过是法体系中的一个具体部门法。法规范外,还有政策、纪律、规章、道德及其他社会规范,还有经济、行政、思想教育等手段,每一种调整方法都有各自相对独立的调整领域。在建立和维护监狱行刑秩序方面,需要包括监狱法在内的各种调整手段相互补充、相互配合,在各自调整的范围内共同发挥作用。监狱法不能超越自身调整范围,更不能取代其他调整方法。

对于无须监狱法调整甚至不能用监狱法调整的领域,就不能适用监狱法。例如,存在于人们的内心的思想情感领域内的问题,在未外化为外部行为之前,是难以用监狱法这种外部力量去控制和规范的,如果硬要采取法的手段干预、限制,或禁止人的某种内心活动,则结果往往是有害的,这类思想情感问

---

① 〔俄〕列依斯特:《三种法律思想》,李亚南译,载《环球法律评论》1993年第1期。

题用道德、教育等方式来调整更为合适。

2. 监狱法作用有限的原因

监狱法作用有限的原因是多方面的，主要有监狱法自身的局限性、监狱法与现实的关系局限性、监狱法有效实施的外部条件局限性。

（1）监狱法本身具有局限性。从监狱法的生成来看，监狱法是人类在总结历史与现实生活经验的基础上依靠自身的理性能力创制出来的。总结历史与现实生活经验属于认识论的事项，作为认识客体的社会关系范围广、种类多且复杂多变，决定了处于特定社会历史条件和环境中的立法者难以客观认识社会关系；立法者在认识上受到其知识结构、驾驭文字表述的能力、制定法的技术条件、是否真正出于公心良知办事等因素制约，决定了其理性能力是有限的。所以，作为人类理性创造物的监狱法始终是有局限性的。

（2）监狱法与现实的关系具有局限性。监狱法一经制定颁布即具有抽象和稳定属性，而现实生活又复杂多变，因此不能及时有效应对。

（3）监狱法有效实施的外部条件具有局限性。监狱法制定出来，就必须得到遵守和执行，只有在得到完全充分实施的情况下，才是真正意义上的有效力的法，才有其存在的意义和价值。然而，监狱法在实施过程中需要必备人员、物质、精神等方面的条件，如果在一定社会时代背景下不能完全具备这些条件，那么监狱法的实施与实现必然受到影响。人和社会的精神条件、文化氛围、权利义务观念、程序意识等都直接制约和影响着监狱法的作用发挥。

第二节 监狱法的落实

一、权利和义务

（一）权利和义务的释义

1. 权利和义务的定义

权利和义务的概念产生以后，中外历代思想家、法学家都尝试努力作出最普遍、最合理的解释，但是由于他们从不同的视角、独特的价值取向去解释，难免出现众说纷纭的现象。权利和义务是法的核心内容，是法现象区别于其他社会现象的本源。权利和义务又是法学中的核心范畴，建构法学理论体系的基座，是理解法现象的关键。那么具体到监狱法，该如何理解权利和义务呢？

权利是涵盖于监狱法规中、实现于监狱法关系中、以主体相对自由的作为和不作为的方式获得权益的一种手段。权利必须包含四个要素，即利益与自主、认同与保护。利益是主体的追求要素，包括有关主体的各种利益。利益不等于权利，主体追求利益是权利内含的主旨。自主是主体基于对自身利益的考量而对自己的行为的选择，表现为主体为追求自身利益而作出一定的行为。认同是社会和国家对于主体的利益及其追求的行为选择的赞同与认可态度，这属于利益追求的"正当"评价，能够消解主体追求利益行为选择的主观任性。保护是指国家和监狱法对于主体在追求自己利益并做出自主选择而受到他人干涉阻碍时所给予的保护。

义务是涵盖于监狱法规范中、实现于监狱法关系中、主体以相对受动的作为或不作为的方式保障权利主体获得利益的一种约束手段。义务必须包含三个要素，即应当、行为和引起责任的可能性。应当是指以监狱法所期待的行为模式为标准而具有规范性。行为是指监狱法义务所规范的行为，即能够通过自身行为招致制裁或避免制裁的人的行为。引起法律责任的可能性有两层含义：首先，为法律责任的可能产生提供理由，并非要求法律责任现实出现；其次，法律责任可能存在也可能不存在。

在监狱法视野下，仍可以把权利理解为资格，即去行动的资格、占有的资格或享受的资格，即权利意味着"可以"，义务意味着"不可以"。这个资格具有正当性、合法性、可行性。权利可理解为自由，监狱法所允许的自由是有限制、受保护的自由，是监狱法承认和保障的利益，是监狱法赋予权利主体的一种用以享有或维护特定利益的力量；义务则是对法律的服从，或为保障权利主体的利益而对一定法律结果所应承受的影响，或一个人通过一定行为或不行为而改变法律关系的能力。权利可理解为监狱法规范规定的有权作出一定行为的可能性、要求他人作出一定行为的可能性以及请求国家强制力量给予协助的可能性；义务则是法律所规定的、用国家强制力来保证的一定行为的必要性。权利可理解为监狱法所保障或允许的能够作出一定行为的尺度，是权利主体能够作出或不作出一定行为，以及要求他人相应地作出或不作出一定行为的许可与保障；义务则是监狱法为着满足权利人的权利需要而要求义务人作出必要行为的尺度，其未履行构成制裁的理由或根据。

2.权利和义务的特点

综合而言，权利和义务不仅各有特点，而且两者的关联也有特点，监狱法视角下也是如此。

权利具有法定性、自主性、可为性、求利性的特征。权利具有法定性是指，权利是法定化了的社会权利，具体表现在四个方面：其一表现为以国家法确认为前提，否则就没有国家法对某种行为的许可和保障，就没有相应的权利；其二表现为法为权利的实现提供必要的法定程序；其三表现为权利的产生、变更和消灭必须有一定的法定根据，国家或单位不能随心所欲规定、变更或取消某项权利；其四表现为法对权利的保障，当人们的权利受到侵犯时，法通过制裁侵权行为确保权利主体行使权利。权利具有自主性是指，权利主体自主决定是否实施行为，不受他人干涉和阻碍。权利具有可为性是指，权利是具体可行的，这是由法本身的明确具体规范决定的，权利实践正是其价值的表现。权利具有求利性是指，权利本身不等于利益，而任何权利的行使都与一定利益密切相关，都以追求和维护某种利益为目的。

义务具有法定性、从属性、必为性、国家强制性的特征。义务具有法定性是指，在监狱法框架下，义务是监狱法对相关主体的行为提出的要求，是监狱法具体明确规定的义务，不能扩大推定。义务具有从属性是指，义务总是从属于权利而存在，主要表现在两个方面：其一是履行义务的内容由权利人的权利内容决定，其二是履行义务的方式、程度亦由相对应的权利所决定。义务具有必为性是指，主体必须从事某种行为或不从事某种行为，不能迟延履行，更不能拒绝履行。义务具有国家强制性是指，这种强制源于国家，属于外在强制，且强制力量是国家强制力，如不履行义务将受到国家强有力的制裁，包括剥夺生命、政治权利、财产、剥夺和限制自由等。

3. 权利和义务的关系

权利和义务的关系是权利义务理论的基本内容，监狱法关系主体所拥有的全部权利一是以他人履行义务而获得，二是以自己履行义务而获得，没有其他方式。权利和义务的关系可以概括为对立统一关系。

第一，权利和义务在监狱法关系中的对应关系。权利和义务的对应关系是指任何一项权利都有相对的义务，二者共同处于监狱法关系的统一体中。一方主体有权利，对应方主体就必须承担相应的义务；每一主体在享有权利的同时，都对应承担一定的义务。

第二，权利和义务在监狱法运行中的对等关系。在社会中，权利和义务是对等设置的，同样权利和义务在监狱法运行中也是对等关系，有某种权利就伴随有相应的义务，二者之间是等量的和平衡的。在监狱法关系中，权利隐含着义务，义务隐含着权利；权利指向义务，义务也指向权利。权利和义务总是处于一种对等的关系中。

每一项权利的宣告，都确定了相应的义务范围和内容；每一项义务的设定，都界定了国家所认可的权利的限度。一定类型和数量的权利需要一定类型和数量的义务予以满足，而一定类型和数量的义务又肯定满足了一定类型和数量的权利。权利和义务互相界定、互相包容，互以对方为自己的尺度。所以，在监狱法实践中，往往要通过对履行义务行为的判断来确定权利是否受到尊重；同时又可以通过对权利人履行义务的情况的判断，来确定他享有权利的合法性、正当性。

第三，权利和义务功能发挥中的互动关系。在监狱法实施中，权利和义务功能发挥中的互动关系表现为价值的一致性与功能的互补性。价值的一致性是指，权利和义务的设立都是为了实现立法目的。权利和义务都是主体所需要的，共同构成了主体支配客体的手段。权利和义务功能的互补性是指，权利和义务对同一主体同时贡献着启动与抑制、激励与约束、主动与被动、受益与付出两种机能。以监狱需要为核心，当追求活力与革新时，权利的功能就会格外重要；当珍视稳定、秩序与安全时，义务的功能更能满足要求。

从监狱立法技术角度看，权利和义务是调节监狱法关系的两种不同技术手段。监狱法通过设定权利义务的方式调节监狱法关系,直接的权利宣告一般采用授权性规范,以"可以(可)……""有权……""享有……权利(权)"等方式表示国家保护或认可的行为。直接的义务约束则一般采用义务性规范,以"必须……""应当(应该)……"等方式表示国家所不赞成、反对或禁止的行为。

第四,权利和义务在价值追求中的主从关系。在任何具体法的权利义务关系中,都以遵循权利义务的守恒定律为天则:在权利义务总量不变的前提下,私权利义务与国家权力职责间成反比关系;私权利主体间的权利义务成等比例关系;权利义务相对于国家的经济、社会文化及民主的状况成正比关系。用权利义务的守恒定律来分析公民与国家间的关系,有两种不同本位观念,以国家权力为标准,强制公民只有服从的义务则属于义务本位的法,以公民权利为标准则属于权利本位的法。

在价值追求方面,权利和义务之间有主次关系,在两个或两个以上可供选择的价值目标中,人们通过法进行选择。现代社会基本上倾向于权利本位,法律发展的规律之一就是由义务本位向权利本位演进,尤其是监狱法,起于义务本位,以向权利本位过渡为终极目标。

(二) 权利和义务的地位

法律是以权利和义务为机制调整人的行为和社会关系的,权利和义务贯穿于法律现象逻辑联系的各个环节、法的一切部门和法律运行的全部过程。

1. 权利和义务是监狱法的核心内容

权利和义务是从监狱法规范到监狱法关系再到监狱法责任各环节的构成要素。权利和义务是监狱法规范的核心内容,授予人们一定权利,告诉人们怎样的行为是合法并会受到保护的;设定某种义务,指示人们怎样的行为是应为的、必为的或禁为的,在一定条件下会由国家权力强制履行或予以取缔。

权利和义务是监狱法关系的关键要素,监狱法关系的依法形成就在于以权利和义务的相互联系和相互制约为内容。法律责任则是由侵犯法定权利或违反法定义务的行为而引起的,由专门国家机关认定并归结于法律关系主体的,带有直接强制性的制裁,亦即由于违反第一性义务而招致的第二性义务。

2. 权利和义务贯穿于监狱法

监狱法规定了监狱在组织实施行刑职能的日常活动中所拥有的职权和职责，监狱羁押的犯罪服刑人的权利和义务，以及监狱与其他政府机关等之间的权利和义务。如同其他法律权利义务一样，在监狱法中，任何主体的权利义务都贯穿于监狱法之中，尤以监狱的职权职责、犯罪服刑人的权利义务最为典型。

3. 权利和义务贯通监狱法的运行整个过程

立法之后，监狱法的运作以执法、守法、司法、法制监督为主要环节。监狱立法确定相关的权利和义务，并使之规范化和制度化。执法是监狱作为国家行政机关在执行刑罚过程中，依靠国家权力，落实法定职权和职责的过程。

4. 权利和义务全面地表现和实现监狱法的价值

权利和义务是监狱法的价值得以实现的方式。正是通过权利和义务的规定宣告与实践落实，国家把刑罚执行的价值取向和价值选择以监狱法这个具体部门法确定下来，并借助于国家权威和法律程序而实现。权利和义务的关系反映着监狱法的核心价值。

在现代社会，监狱法是充满活力的调整规范，它以权利为本位或重心配置权利和义务，尤其是赋予服刑人各种权利，自始至终并逐渐给其以充分的、越来越扩大的选择机会和行动自由，同时为了保障权利的实现，规定了一系列相应的义务。最重要的是，监狱法的价值显然不限于监狱内的秩序，而扩大到了促进社会进步、社会福利和个人自由等方面。

（三）权利和义务的分类

1. 应有权利和义务、法定权利和义务、现实权利和义务

以权利和义务的存在形态为标准，权利和义务可划分为应有权利和义务、法定权利和义务、现实权利和义务。

应有权利是权利的初始形态，是基于一定的物质生活条件和文化传统而产生出来的主体权利，是主体认为或被承认应当享有的权利，往往表现为道德上的主张，所以也被称为"道德权利"。应有义务是虽未被具体法明文规定但根据社会关系的本质和法精神应当由主体承担和履行的义务，常以"道德义务"

而存在。

法定权利是通过具体的监狱法明确规定的以规范形态存在的权利,这是重视法治和人权的国家采取的权利存在形态。法定义务是根据监狱法规定必须作出一定行为或不得作出一定行为的约束。

现实权利即主体实际享有并行使的权利,即"实有权利"。法定权利只有转化为现实权利,才能成为或再现生活的事实,才对主体有实际的价值,才是真实的和完整的。现实义务或实有义务是由主体实际承担和履行的义务,是监狱法规定义务的现实化。

2. 个体权利和义务、集体权利和义务、国家权力和义务

以权利主体类别不同为标准,可分为个体权利、单位职权、国家权力。个体权利是自然人依法所享有的政治权利、经济权利、文化权利和社会权利,通常称为公民权利,在监狱法框架内犯罪服刑公民的权利属于典型的个体权利。集体权利是国家机关、社会团体、企事业组织等集体所享有的各种权利,在监狱法框架内监狱职权同样属于典型的单位职权。国家权力是国家作为整体形式对外行使主权对内行使最高管理权,国家权力需要由各个部门层层细化落实,对内管理权中包括刑罚权,刑罚权又包括刑罚执行权。

个体义务是自然人依法承担的义务,其中包括对其他个体的义务、对集体的义务和对国家的义务,而羁押在监狱的犯罪服刑公民义务最为典型,其义务包括对犯罪被害人的义务、对监狱的义务和对国家的义务。集体义务则是单位依法承担的职责,尤以国家机关为典型,在监狱法框架内主要是相关国家机关的职责。国家义务是国家依法承担的义务,最突出的是保护公民的合法权益,对因遭受国家机关和国家工作人员的侵犯而蒙受损失的公民给予赔偿的义务等。

二、法律行为

(一)法律行为的释义

1. 法律行为的定义和特征

法律行为是法运行的核心环节与关键要素,在法学中,法律行为泛指能够发生法律效力、产生一定法律效果的行为。正是因为法律行为,法才由观念、

事件走向现实生活世界,其功能与作用才得以发挥,法秩序得以有效建立和维护。可以说,正是法律行为使法具有真实的生命和持续的活力。

法律行为是从一般行为中升华出来的特殊行为,要理解法律行为需要从分析一般行为开始。人的行为与大自然的"运行"不同,与动物的"动作"也有区别,最根本的区别在于人的行为是在一定动机、目的、欲望、意识、意志支配下的活动,是受思想观念支配而表现出来的外化的活动,是可受意志所控制的、与环境和结果发生联系的身体活动,具有如下特征:

第一,社会性。马克思说:"活动和享受,无论就其内容或就其存在方式来说,都是社会的活动和社会的享受。"① 法律行为作为人的活动,社会性当然是首要特征。

首先,人与动物的根本区别之一在于人的行为是社会的产物,既受社会环境和社会关系的制约,也是从社会习得,而不仅仅是自然的天赋。自然只赋予人物理学或生物学意义上的行动能力,即与生俱来不学就会的行动能力。社会则赋予人社会学意义上的行为能力,人的行为区别于动物的条件反射。人的行为不仅受生理、心理机制的作用,而且受社会规范的调控,从而使其保持一定的社会倾向性。

其次,人在现实性上是一切社会关系的总和,行为是社会关系的实践和创造者。人的行为是社会互动行为,能引起他人的行为。不管行为者主观意图如何,行使权利、履行义务或违反义务的行为,必然伴随着他人的相应行为,或者是为了达到某种共同的目的而互相配合、彼此协助,或者是为了某种有限的同一目标而竞争、冲突、斗争,由此成为引起法律关系产生、变更、消灭的法律事实。法律行为是其他社会行为的形式或一个方面。

第二,法律性。法律性是法律行为区别于一般社会行为的根本特征。首先,法律行为是由法律规定的,任何一个行为也只能够在法律规范所决定的范围以内,才得以成为法律行为。由法律规定的行为既包括国家希望发生的合法行为,也包括国家不希望发生的违法行为。其次,法律行为是发生法律效果的

---

① 《马克思恩格斯全集》(第三卷),人民出版社2002年版,第301页。

行为，法律效果是指法律行为能够引起人们之间权利义务关系的产生、变更或消灭，并且引发法律效果的法律行为受到国家承认、保护、奖励或受到国家否定、取缔、惩罚。国家可以不管不问的那些行为不属于法律行为。而法律效果的出现，行为人可能意识到，也可能未意识到；可能是其意志指向的，也可能是违背其初衷的。

第三，可控性。法律行为都是可以控制的行为，既可以受到法律的控制，又能够受主体的自我控制。首先，法律行为都有迹可循，动机的萌发，行为的实施，行为进展的路线、方法、预期效果，乃至行为的环境，都会留下一定痕迹，可被认识，那种毫无规律的行为动作是不可能由法律控制的。科学的法律规范正是依据人们对行为规律的认识而对行为实施控制的。其次，法律行为具有意志性，受人的意志所支配，是人有意识、有目的地作出的。人的意志直接由其本人控制，并可以间接受到法律规范控制。行为的可控制性是指行为者本人"志其所行，行其所志"，正是通过意志作用，行为才获得了人的行为性质。

第四，价值性。法律行为具有价值性，主要表现在三个方面。首先，法律行为是基于行为人对该行为意义的评价而作出的，只有当行为被认为是有价值的即有利的，行为人才有可能实施。其次，法律行为是由需要启动的，主体的需要推动或引发行为。最后，法律行为是一种对象性实践活动，呈现主体与客体的关系，法律行为是主体对客体的认识和改造，行为者之所以要认识和改造对象，是为了满足某种需要，实现某种利益。总之，法律行为是一定社会价值的载体，人们可以用善恶、好坏、利害等实例进行评价。

2. 法律行为的结构

法律行为是主体与客体、主观因素与客观因素交互作用的复杂过程及其结果，在结构上表现为行为的内在因素和外在因素。内在因素包括动机、目的、认知能力等，外在因素包括举动、手段、效果等。

第一，法律行为的内在方面。马克思曾说："使人们行动起来的一切，都必然要经过他们的头脑。"[①] 这就是说，人的行为必然有一个内在的、主观的

---

① 《马克思恩格斯选集》（第四卷），人民出版社2012年版，第256页。

领域，即行为的内在方面，包括动机、目的和认知能力等要素。

（1）动机。动机是直接推动人去行动，以达到一定目的的内在动力或动因，人类行为的秘密就深藏于动机之中。动机的成分很复杂，主要包括动机的机能、结构、形成等。

动机的基本机能主要有两项，即激发和定向。激发机能表现为动机是行为的直接原因和驱力，怀有某种动机之后，就会推动他作出某种行动，动机越强烈，行动则越迅疾、果敢、集中。定向机能表现为动机对人的行动方向具有选择、稳定和加强的作用，能够使行为朝着特定的方向和目标进行，而排除其他干扰。因此，行为者的动机越善良、纯洁，方向就越正确，其行为就越有积极的价值。反之，邪恶的动机必将引导人们走向错误的方向，产生消极的社会影响。由此，人们要对行为者的动机进行善恶评价。

动机的结构成分很复杂，以不同的标准划分，就有不同的归类。既有始源于人的自然性的生理动机，又有始源于人的社会性的习得动机；既有出于满足物质需要的物质性动机，也有出于满足精神需要的精神性动机；既有持久而反复起作用的动机，也有暂时或一次性起作用的动机；既有在广泛的活动领域起作用的普遍动机，也有在单一活动领域起作用的特殊动机；既有对他人和社会有益的积极动机，也有对他人、社会无益而有害的消极动机；既有起决定作用的优越动机，也有起辅助作用的次要动机。这些动机在特定环境中形成不同的合力，产生了复杂的动机结构或动机类型。

动机的形成主要是由行为者的需要、情境、品性所激发的。需要是指，行为者由于在生理上或心理上的某种缺乏而失去平衡，产生不适或紧张状态，从而要求自动追求新的平衡，消除不适或紧张状态的倾向。需要一旦达到较强的程度，被行为者所意识到，就会转化为动机，推动行为者朝着满足需要的方向活动。人的需要是多方面、分层次的，如有物质的需要和精神的需要、眼前的需要和长远的需要、低级的需要和高级的需要，每种需要都是激励动机的力量。人的需要是无止境的，旧的需要得到满足，新的需要就会随之而生。如此周而复始、循环不息，使得人不断地处于行动之中。

在行为者的需要一定的情况下，动机的形成取决于情境和品性。情境是行为者身外的对行为者产生直接作用的客观条件,即直接环境。品性居于情境和行为动机,亦称"个性",是一个人稳定的、深层的心理特征的总和,是人适应环境并作用于环境的心理机制,包括信仰、态度、兴趣、情绪、利益观、价值观等。

(2)目的。目的作为行为的构成要素和行为过程的重要因素,是指行为者主观上想要达到并追求实现的某种目标和结果。需要注意的是,目的与动机既有联系又有区别。联系主要有三点:其一都是人们进行活动的精神力量并且是行为过程紧密相连的两个因素,其二通常是作为内容与形式共存,其三是互相转化、互相促成。区别主要有两点:其一是目的侧重于活动的结果,动机侧重于活动的起因;其二是目的的形成离不开行为者的认识、态度、价值观念等,往往是有意识选择的结果,动机的形成则可以是观念、兴趣、情绪、倾向等任何一种心理因素起作用的结果。

在法律行为的结构中,目的是行为的灵魂并给予行为以规定性,"我的目的构成规定着我的行为的内容"[①],还规定着行为的方向和路线。由于目的对行为的这种定性和导向作用,因此研究判断行为的目的具有十分重要的意义。在监狱法的实践中,根据行为的动机和目的,可以判断服刑人的服刑悔改表现是否诚心实意。

(3)认知。行为目的的形成不是基于自发的冲动,而是依赖于一定的认知。在行为过程中,认知的作用在于判断和选择,主要包括分析判断行为的意义、行为成功的概率、行为的代价与收益、行为的法律意义等。分析判断奠定了行为选择的基础,选择是对各种需要、利益、动机、目的的权衡择取,特别是在各种互相冲突的情况下作出抉择。人的认知能力和水平之高低直接影响行为的法律意义,"人们只能以我所知道的事况归责于我"[②]。在法律实践中,行为人由于认知能力的限制,对其行为在法律上应当如何评价和处理以及对有关行为的事实的判断有时会发生重大误解,在一定程度上影响了其行为的法律

---

① 〔德〕黑格尔:《法哲学原理》,范扬、张企泰译,商务印书馆1982年版,第124页。

② 同上书,第121页。

意义。

第二，法律行为的外在方面。法律行为的外在方面是法律行为的客观表现，包括行动、手段和效果等因素。在法律行为结构中，外在方面具有决定意义，表现了行为者对于社会现实、对于他人、集体或社会利益的态度及其实际影响作用。人的内心状态只有外化为行动并对身外世界即自然界或社会关系产生某种影响，才能成为行为的构成要素，具有客观性和价值性，才可能受到法律评价。"内在的意志不是一种社会行为，它因此就不可能在法律世界中有任何反响，不能转移到外部的一种意志行为，在法律的观点上就是不存在的。"① 个人的真实思想和感觉只有通过一个渠道才能判断，即通过个人的行动。通过对人的外部行动或连续行动的观察和分析，才有可能推测出行为者的内在需要、目的、动机以及行为者的认知能力，进而进行检验和评价。行为有无法律意义以及属于何种性质的法律行为，需由其外在方面来决定。

（1）行动。行动是行为者通过其身体或某一部分的动作而影响、作用于外部世界的活动，是主体与客体发生联系的中介。行动是行为的核心，包括表现于外并对客体产生影响的动作。行动的涵盖丰富，躯体、四肢、五官的任何一个可以被人感知的举动都是行动。在法学认识和法律调整的层面，行动分为两大类：一类是以自身的物质力量直接作用于外界事物、人和社会关系，从而引起法律关系产生、变更或消灭的行动，如毁物、伤人、放火、履行义务等；另一类是通过传达信息而对他人施加影响，从而引起法律关系产生、变更或消灭的行动，如口头或书面的承诺，通过电话、电传、传真作出的请求，以言论诽谤、作伪证、发表声明、签署文件等。前者可称为物质行动或"以动行事"的行动，后者可称为信息行动或"以言行事"的行动。

物质行动是大量的，随着信息时代的到来，信息行动的数量和重要性日益增加。在信息行动中，有些是直接的言语行动，有些是间接的。当然，物质行动与信息行动的区别并非总是泾渭分明的，有些行动同时具有物质意义

---

① 〔苏联〕约菲：《损害赔偿的债》，中央政法干部学校翻译室译，法律出版社1956年版，第29页。

和信息意义,如某人殴打另一个人,就可能既是物质性伤害,又是一种恐吓或警告。

(2)手段。手段是指行为人为达到某种目的而采取的具体方式和方法,包括行动计划、措施、程序、技术以及行动所使用的物品、工具、器械等。手段与目的有着密切的联系,手段是实现目的所必需的,行为者为实现自己的目的,必须在实际的对象性活动中采取相应的手段,否则,目的就仍然停留在主观意识状态中。最为重要的是,手段必然要求目的提出和设定必须建立在现实所能提供的手段基础上,因此目的依赖于手段并受其制约。手段是由目的所选择和决定的,有什么样的目的就有什么样的手段,手段的性质和价值决定于目的的性质和价值。

正当的、合法的目的一般通过合理、合法的手段实现,而卑劣、非法的目的往往伴随着缺德、违法甚至是残忍的手段。实践证明,尽管目的正当合法,但是手段未必合理合法。因为"目的决定手段,并不是目的证明手段,目的决定手段,也不是目的代替或等同于手段"①。"手段的性质也可反作用于目的的性质,从而改变整个行为的进程或方向"②,甚至改变行为的定性。手段与目的的这种关系在正当防卫中得到了最充分的体现。

(3)结果。结果是行为完成结束的终结效果状态,任何已经着手实施或完成的行为都必然对身外世界产生一定的物质性或精神性影响,使客体即活动的对象人为地保持不变或者发生某种变化。世上不存在无结果的行为,完整意义的行为包括结果在内,诚如黑格尔所言:"后果是行为特有的内在形态,是行为本性的表现,而且就是行为本身,所以行为既不能否认也不能轻视其后果。"③

法律行为的结果是客观的,该客观性主要以三个因素为参照而显示出来。第一个因素:身外世界的原初状态,或者黑格尔所说的事物的先前"定在";

---

① 张文显主编:《法理学》,法律出版社1997年版,第138页。
② 姚新中:《道德活动论》,中国人民大学出版社1990年版,第228—229页。
③ 〔德〕黑格尔:《法哲学原理》,范扬、张企泰译,商务印书馆1982年版,第120页。

第二个因素：身外世界，如果不受行为的干涉，而能保持被动情况下所能呈现的状态；第三个因素：行动如果任凭行为者主观目的的支配而完全发展将会造成的状态。参照对比之下，法律行为的结果怎样自不言而喻。

在法律行为的外在结构中，结果具有更加重要的意义。首先，任何具体的法律行为都以某种结果为终结，法律往往根据行为的最终结果区分既遂行为或未遂行为，确定行为者对其行为负责的范围及程度。其次，结果不仅是法律行为发展的最后一个环节，而且是法律行为的整个过程的最终凝结和全部要素的最终体现。所以，法律行为的法律意义通常是根据其结果而界定的。

（二）法律行为的分类

1. 个人行为、集体行为、国家行为

以法律行为的主体为标准，法律行为可分为个人行为、集体行为、国家行为三大类。个人行为是由自然人个人的意识和意志所支配并由自己直接作出的行为；集体行为是人们有组织地基于某种共同意志或追求所作出的趋向一致的行为；国家行为是国家机关及其工作人员根据国家意志，即根据国家的政策、法律的授权或国家权力机关的直接委托而作出的行为。在监狱法框架下，个人行为包括监狱警察的行为、犯罪服刑人的行为和社会有关人的行为；集体行为包括监狱警察集体的行为、犯罪服刑人集体的行为和社会有关集体的行为；国家行为是监狱及其工作人员根据国家政策、法律的授权而作出的行为。

从观念上理解上述三类行为界限明确，而在实践中，监狱警察、监狱的行为较为复杂，监狱警察行为可能同时包含有个人、集体、国家行为三种成分，监狱的行为同样包括个人、集体、国家行为三种成分。就监狱警察来说，他是个人，是由于职业需要而成为监狱警察集体的一员，来落实国家分配给监狱的刑罚执行工作。就监狱来说，它上承国家利益，本身又有自身利益，还要顾及下属警察利益，才能开展工作。就国家来说，顶层设计需要考虑国家利益，也要考虑监狱利益，还要顾及监狱警察利益，考虑监狱服刑公民的利益。

2. 角色行为与非角色行为

以行为是否出自并符合特定法律角色为标准，法律行为可分为角色行为与非角色行为两类。角色是主体在特定的社会或团体中所占据的一定地位或身份，角色行为是指行为者按照法律为本角色规定的权利与义务活动。非角色行为是指主体超过法律规定，作了与自己的身份无关的行为。

在监狱法意义下，犯罪服刑人的角色行为就是服刑接受惩罚改造的行为，犯罪服刑人实施非角色行为是不可避免的。国家行为、监狱行为、监狱警察行为均应为角色行为即本职行为，应尽量避免实施非角色行为。不论是犯罪服刑人还是监狱警察，也不论是监狱还是国家，只要实施非角色行为，轻则对监狱工作无益，重则有害。

3. 单方法律行为与双方法律行为

单方法律行为是指依一方当事人的意思表示或由一方当事人主动作为而成立的法律行为，如遗嘱、赠与、放弃继承权的声明、行政命令、行政处罚等。双方法律行为是指双方当事人的意思表示一致而成立的法律行为，如公民、法人之间的合同。在监狱法意义下，既有单方法律行为，又有双方法律行为。即使是单方法律行为，也需要得到有关方的相应配合，双方法律行为就更需要对方的承接配合甚至积极协助支持了。

监狱针对犯罪服刑人执行刑罚惩罚的职业行为，监狱警察依法落实行刑监管的职务行为，均属于单方法律行为，尽管源于国家强制力，不考虑犯罪服刑人的意愿，但也需要他们最起码不逃跑的消极配合。至于针对犯罪服刑人的行刑改造行为，实质上属于双方法律行为，因为犯罪服刑人本人是核心主体，监狱及其警察、社会各界属于辅助主体。但是，主流观点认为，监狱行刑改造行为属于单方法律行为，而非双方法律行为，因而把改造犯罪服刑的效果算在监狱一方上，这是欠妥的。错把双方法律行为误认为单方法律行为，排除了罪犯这个主体的核心关键行为，所以是不正确的。

4. 自为行为与代理行为

自为行为是指特定权利主体在没有其他人参与的情况下，独立作出的行为。代理行为是指受特定权利与义务主体即被代理人的委托，或者根据法律的直接规定或有关组织的指定，由行为者以被代理人的名义从事的具有法律意义的活动。

在监狱法学意义下，犯罪服刑人的服刑行为绝对是其自为行为而绝对不能有服刑代理行为。监狱职业行为和监狱警察职务行为，均属于自为行为；监狱不应有代理行为，监狱警察偶尔可有代理行为。例如，监狱服刑人请求监狱警察购买书籍，监狱警察的这种购书行为就属于代理行为，当然此类代理行为必须以有助于犯人的改造为前提。监狱警察的代理行为必然产生相应的权利义务关系，若出现问题，还应承担相应责任；被代理人的委托行为若符合实体程序要求，则不应承担责任。

5. 行使权利的行为与履行义务的行为

以行为的法律规定的实质依据为标准，法律行为可分为行权行为和履义行为。行权行为是根据法律授予的权利进行的活动，履义行为是根据法律设定的义务进行的活动。

在监狱法学意义下，国家的管理权责、监狱行刑权责、监狱警察的行刑管理权责都是统一的，不应该出现分离的现象，因为均统一于国家事务及其法律规定。犯罪服刑人的行权行为和履义行为往往是分离的。

6. 积极行为与消极行为

以对行为的态度要求为标准，法律行为可分为积极行为与消极行为。积极行为是指行为人以直接对客体发生作用的方式进行活动，亦称"生产行为"，表现为作出一定动作或动作系列。消极行为是指行为人以间接对客体发生作用的方式所进行的活动，亦称"省略行为"，往往表现为不作出一定的动作或动作系列。在一般情况下，积极行为与消极行为的区别明显，前者引起客体变化，后者保持客体不变或容许、不阻止客体发生变化。

在监狱法学意义下，国家的法律行为、监狱的法律行为、监狱警察的法律行为一般均应为积极行为，不应有消极行为，这是刑罚执行的要求，唯有此才能落实刑罚效力。而犯罪服刑人的法律行为，积极行为和消极行为都是存在的，不悔过改造则属于消极行为。

7. 主行为与从行为

以行为的前提与派生为标准，法律行为分为主行为与从行为。主行为是指无须其他法律行为的存在而独立发生法律效果的行为；从行为是指以其他法律行为的存在为前提而具有法律意义的行为，即依附于主行为之行为。

在监狱法学意义下，国家的法律行为、监狱的法律行为、监狱警察的法律行为无疑是主行为。需要强调的是，监狱执行刑罚的法律行为以及监狱警察依法行刑监管的法律行为，即行刑惩罚行为，都属于主行为。在执行刑罚惩罚犯罪服刑人的整个过程中，监狱及其监狱警察的教育改造行为属于从行为，从其性质来看，监狱法实施意义下针对犯罪服刑人的教育改造，不同于社会上对一般公民的教育；从其产生来看，教育改造是以行刑惩罚的法定行为为基础派生出来的；从其与刑期的关系来看，不论教育改造效果如何，刑期届满就释放，可见教育改造依附于行刑。

8. 抽象行为与具体行为

以行为指向对象形态为标准，法律行为可分为抽象行为与具体行为。抽象行为是针对不特定对象而作出的具有普遍法律效力的行为，具体行为是针对特定对象而作出的仅有一次性法律效力的行为。

国家立法机关制定监狱法律法规的立法行为，司法部门及其下属监狱管理局制定规章的行为，监狱根据法律和政令制作本单位规章制度的行为，均属于抽象行为。监狱针对具体人、具体事项而作出的命令，监狱对犯罪服刑人的行刑行为，监狱警察对犯罪服刑人的行刑惩罚管教落实行为，犯罪服刑人的服刑行为，均属于具体行为。

9. 合法行为与违法行为

以行为与法律的要求是否一致为标准，法律行为可分为合法行为和违法行为。合法行为指符合法律要求的行为，违法行为指违反法律要求的行为。在监狱法学意义下，一般而言，监狱的法律行为以合法行为为主流，也存在违法行为，如违法提请减刑、假释、保外就医等。监狱警察的法律行为既有合法行为，也有违法行为，当然违法行为是个别。犯罪服刑人的法律行为既有合法行为，也有违法行为，当然违法行为是少数。

10. 有效行为与无效行为

以行为的法律效力为标准，法律行为可分为有效行为和无效行为。有效行为是指受到国家认可、肯定、支持和保护的行为，无效行为则是国家否定、反对、甚至予以制裁的行为。这个分类与合法行为和违法行为的分类有关联，属于前述分类的结果，合法行为即有效行为，违法行为即无效行为。

在监狱法意义下，监狱的法律行为以有效行为为主流，当然也存在无效行为，如违法提请减刑、假释、保外就医等。监狱警察的法律行为既有有效行为，也有无效行为，当然无效行为是个别。犯罪服刑人的法律行为既有有效行为，也有无效行为，当然无效行为是少数。

三、法律责任

（一）法律责任的释义

1. 法律责任的定义

法律责任是指基于侵犯法定权利或违反法定义务而引起的、由专门国家机关认定并归结于法律关系有责主体的、带有直接强制性的制裁后果，属于社会责任的一种。法律责任产生的原因就是违法，从行为论来讲，就是该作为而不作为、不该作为而作为；从行为依据来讲，就是滥用权利（力）、不履行义务。事实上，违法行为最终归结于行为人的意志自由，承认人的意志自由是设定与承担法律责任的前提。

只有人选择的自主性才使法律调整成为可能，同时也使人必须为自己的意志选择的外在表现负责。但是，人的意志自由并不是绝对的，而是有限的、相对的，意志自由受到其所在社会环境、社会存在的制约与影响。因此，法律责任又具有社会性。从这个角度而言，法律责任是社会出于社会秩序和社会正义而对个人施加的负担。法律责任是个体责任与社会责任的统一，而且这种统一必须通过规范加以确定，即规范评价和规范否认。所以，法律责任的本质是社会与个人之间的规范联系。

2. 法律责任的特点

法律责任与其他社会责任如道德责任、纪律责任、政治责任等相比，有其自身的特点。法律责任的特点主要表现为法律性、国家强制性和不利性。

第一，法律责任具有法律性。法律是承担法律责任的唯一根据，不仅表现在法律责任的产生原因上，即规定的违法行为，而且也表现在法律责任的认定与追究上，即认定与追究法律责任的依据是法律，法律责任的性质、程度、内容都是由法律规定的。

第二，法律责任具有国家强制性。法律责任是由国家强制力保证实施的。

法律责任的追究和落实是有关国家机关按照法定职权和程序采取强制手段予以实施的，是以监察委员会、检察院、法院、公安局、监狱等一整套国家专门机关保证实现的。

第三，法律责任具有不利性。法律责任是行为人要承担的法定制裁，这个制裁要给行为人造成不利后果。法律责任是由违法行为引起的，这些行为或事实都是法律明确禁止或不希望发生的。因此，对行为人来讲，势必要承担不利性的后果，即付出相应代价。

（二）法律责任的构成

1. 责任主体

法律责任的主体是指违法主体或者承担法律责任的主体，包括自然人、法人或其他组织。在监狱法学意义下，责任主体只能是实施了违法行为的主体，不能超范围追究法律责任，责任主体必须是具有认知能力、具有可归责依据的主体。在具体的部门法如民法、刑法、行政法中都有主体责任能力的相应规定，这是现代法律责任理论的体现，也是实践中法律责任实现的必要。

2. 主体过错

主体过错是指承担法律责任的主体具有主观故意或者过失。行为主体在行为时具有一定的选择自由，在此情况下行为人依然在一定心理态度指导下实施违法行为，就应承担相应的法律责任。通常情况下，没有主观过错，行为就不会违法。

3. 违法行为

违法行为是指违反法律明确规定的行为，违法行为的前提是必须有相应明确规定的法律。行为违反法律规定，就是对法律秩序或者法律所保护的权益的侵犯，必然要受到法律追究。因此，法律责任构成要素中，最重要的因素是违法行为。由于社会现实生活的纷繁复杂，行为表现形式众多，违法行为更是形形色色，理论上将违法行为表现形式归纳为作为和不作为两种。

4. 损害事实

损害事实是指受到的损失和伤害的事实，包括对人身、精神、财产或者三方面兼有的损失和伤害。损害应当是确定的，损害事实必须是现实存在的确定事实，是真实的而不是虚构的，是客观存在的而不是主观臆想的，是现已发生的而不是即将发生的。

5. 因果关系

因果关系是指行为与损害之间存在引起与被引起的关系，属于"存在于自然界和人类社会中的各种因果关系的特殊形式"①。也就是说，某一现象的出现如果是由另一现象的存在所引起的，则两个现象之间就具有因果关系。承担法律责任必须证明违法行为与损害结果之间的因果关系。

（三）法律责任的分类

1. 公法责任和私法责任

以违法行为所违反的法律性质为标准，法律责任可分为公法责任和私法责任。其中，公法责任是指因违法行为侵害国家利益而应承担的法律责任，主要包括行政责任、刑事责任、违宪责任等；私法责任是指因违法行为侵害个人利益而应承担的法律责任，即民事责任。

具体而言，行政责任是指因违反行政法或因行政法规定的事由而应当承担的不利后果，包括行政机关及其工作人员的行政责任和行政相对人的行政责任。刑事责任是指因违反刑事法而应当承担的不利后果。违宪责任是指有关国家机关制定的某种规范性法律文件或者国家机关作出的具体权力行为与宪法相抵触，从而应当承担的法律责任。民事责任是指公民或法人因违反民商法律而依法承担的不利后果。

2. 过错责任、无过错责任和公平责任

以主观过错在法律责任中的地位为标准，法律责任可分为过错责任、无过错责任和公平责任。过错责任是指以存在主观过错为必要条件的法律责任，承担责任以行为人有主观过错为前提。根据"无过错即无责任"的原则，过错责任是法律责任中最古老、最普遍的责任形式。无过错责任是指不以行为人主观过错为必要条件而认定的责任。在现代高度发达的工业社会中，如果要一一证明过错和损害事实之间的关系是非常困难的，因而在许多领域采取了无过错责

---

① 王利明：《侵权行为法归责原则研究》，中国政法大学出版社1992年版，第372页。

任制度。一般来说，无过错责任不适用于刑法。公平责任是指法无明文规定适用无过错责任，但适用过错责任又显失公平，因而不以行为人有过错为前提并由当事人合理分担的一种特殊的责任。公平责任反映了道德意识与法律意识、社会责任与法律责任的某种有机统一趋势。

3. 职务责任和个人责任

以行为主体的名义为标准，法律责任可以分为职务责任和个人责任。职务责任是指行为主体以职务的身份或名义从事活动时因违法行为所引起的法律责任，是由该行为主体所属的包括机关、企事业单位或其他组织来承担的。比如，国家行政机关工作人员在履行职务中违法行政导致损害赔偿责任，应当认定为职务行为，承担职务责任。个人责任是指行为主体以个人的身份或名义从事活动中因违法行为所引起的法律责任，是由该行为主体个人来承担的责任。比如，行政工作人员在工作时间之外从事非职务行为时致人损害，则由其本人承担个人责任。

4. 财产责任和非财产责任

以责任承担的不同内容为标准，法律责任可分为财产责任和非财产责任。财产责任是指以财产为责任承担内容的法律责任，最为典型的是民法中的赔偿损失、返还原物，行政法中的罚款，刑事法中的罚金、没收财产等。非财产责任是指不以财产为责任承担内容而是以人身、行为、人格等为责任承担内容的法律责任，如拘留、徒刑是以人身为责任承担内容的，修理、重作是以行为为责任承担内容的，训诫是以人格为责任承担内容的。

（四）法律责任的认定

1. 归责

归责即法律责任的归结，是指针对违法行为所引起的法律责任进行判断、确认和追究的活动。归责活动必须在法律规制下，由专门机关严格按照法律进行，这是归责活动的前提。因为归责是一个复杂的判断、认定过程，同时也是一个酌情裁量权实现法律的过程，不能侵害公民权益，不能滥用权力，所以必须严格遵守一定的原则。

第一，责任法定原则。责任法定原则要求，针对违法行为，应当按照具体部门法规定的性质、范围、程度、期限、方式追究违法者的责任。法律责任是否定性法律后果，应当由法律规范预先规定，这是法律可预测性的必然要求。法律可预测性要求应排除无法律依据的责任，即责任擅断和"非法责罚"，国家的任何归责主体都无权向一个责任主体追究法律明文规定以外的责任，任何责任主体都有权拒绝承担法律明文规定以外的责任；体现在刑事责任上，要求"罪刑法定主义""法无明文不为罪""法无明文不受刑"，国家不能以今天的法律来要求人们昨天的行为。

第二，责任自负原则。责任自负原则要求违法行为的主体应独立承担法律责任，不能让违法行为主体以外的人承担法律责任，即反对株连和变相株连。责任自负原则还要求，保证责任人受到法律追究，无责任的人不受追究，即不枉不纵。

第三，责任相当原则。责任相当原则要求，法律责任与违法均衡、相适应，即要求法律责任的性质、种类、大小与违法行为的性质以及对他人和社会造成的危害程度相适应，既不能轻犯重罚，也不能重犯轻罚，即"罚当其责"。责任相当原则具体包括三个方面的内容：法律责任的性质与违法行为的性质相适应，法律责任的种类、轻重和承担方式与违法行为的具体情节相适应，法律责任的轻重与违法行为人的主观恶性相适应。

第四，责任平等原则。责任平等原则是指，在归责活动中，应平等地对待、认定和追究每一个责任主体，任何人不得有例外，这是人人平等的法治原则在归责活动中的体现。责任平等原则要求，在追究法律责任时，对责任主体一律平等地适用法律，使之承担与其行为相当的法律责任，不论其种族、民族、性别、职业、宗教信仰、受教育程度、社会地位、财产状况等因素，不允许任何组织和个人享有法律之外的特权，绝不允许同罪异罚、差别对待现象的发生。

2. 免责

免责是指行为人符合法律责任的构成要件应该承担法律责任但是由于法律的特殊规定而予以部分或全部免除，包括法律责任的减轻和免除。免责不是没有责任，也不是不成立责任，而是依照法律规定对已成立的、存在的责任进行减免和免除。免责的具体条件和情况在我国主要有以下几种：

第一，时效免责。时效免责是指责任主体在其行为发生一定时间后如果没有被追究责任就不再承担法律责任。如果一定的违法行为及其损害结果在相当长的一段时间内没有被发现，而且此后的行为人实施合法行为，在此基础上又生成诸多法律关系，那么再对已过时效的违法行为进行追究，无异于对这些合法的法律关系的破坏，往往弊大于利：不利于保护人权，不利于提高司法效率。

第二，不诉免责。诸多法律责任的启动以当事人向专门机关告诉为前提，如果拥有告诉权的当事人不告诉，专门机关就没有追究的可能，行为人的相应法律责任也就被免除了。这种情况多发生在民商法中，在刑法和行政法中并不多见。不诉免责实际上是受侵害主体主动放弃了要求国家对其受害权益进行补偿的权利和对侵害者进行惩罚的意愿，所以这种情况下对责任主体免责不会对社会造成不良影响。

第三，协议免责。协议免责是指，违法行为的当事人与该违法行为的受害人自愿协商达成和解协议，该告诉权主体放弃告诉，从而免除责任。协议免责只存在于有相对方的违法行为中，并且该协议的范围受到法律的严格限制。协议免责一般发生在民事责任中，在刑事责任和行政责任中较少出现。

第四，补偿免责。补偿免责是指，违法行为造成一定损害，在国家机关归责之前，若该行为人及时采取措施补救，则减轻或免除其责任。从实质上看，补偿免责的理由是违法者在归责之前就已经提前履行责任，所以归责已全无必要。实践中，补偿免责一般出现在民事责任中。

第五，人道主义免责。人道主义免责是指，考虑到责任主体的承受能力，本着人道主义精神，对责任主体给予免责的人性关怀。人道主义免责要求责任的实现是有限度的，考虑责任主体的财产状况、收入能力等，对于确实无赔偿能力的应该减轻或免除其责任。

第六，其他情况免责。从总体上看，不同部门法还针对各自特点规定了一些免责事由，国家机关在归责过程中应该依法对这些情况进行免责。这些法定情况包括立功、自首和特赦等。

（五）法律责任的实现

1. 法律责任实现的方式

法律责任实现的方式是指承担并追究法律责任的具体形式，如有期徒刑、行政拘留、违约金等。法律责任实现的方式是法律责任的结果，具有强制性、法定性和国家性的特征。概括起来，法律责任实现的方式主要包括制裁、强制和补偿三种。

第一，制裁。制裁是指以法律为基础，通过国家强制力，对责任主体实施的人身、精神和财产方面的惩罚。法律制裁是最重要、最常见的一种责任实现方式，主要包括民事制裁、行政制裁和刑事制裁。

民事制裁是指依照民事法规定对责任人所实施的惩罚性措施，通常指支付违约金，即一方违约后，不管是否对对方造成损害，都应当支付给对方一定金额的违约金。违约金对于责任人即违约方具有惩罚性。

行政制裁是指依照行政法规定对责任人所实施的惩罚性措施，主要包括行政处罚、行政处分。行政处罚是指对违反行政法的责任主体给予的警告、罚款、没收、行政拘留等惩罚性措施。行政处分是指对于违法失职的公务员或其他所属人员所实施的惩罚性措施，包括警告、记过、降级、留用察看等惩罚性措施。

刑事制裁是指依照刑法规定对犯罪人所实施的惩罚性措施即刑罚，包括主刑（死刑、无期徒刑、有期徒刑、拘役、管制）和附加刑（罚金、没收财产、剥夺政治权利），是一种最严厉的法律制裁。

第二，补偿。补偿是指以法律上的功利性为基础，通过当事人要求或者国家强制力保证要求，责任主体以作为或不作为形式承担弥补或赔偿的责任方式，主要包括民事补偿、行政补偿和司法补偿。

民事补偿是指依照民法规定要求责任人承担的弥补、赔偿等责任方式，包括停止侵害、排除妨碍、消除危险、返还财产、恢复原状、赔偿损失、消除影响、恢复名誉、修理、重作、更换等。

行政补偿是指依照行政法规定要求责任人承担的弥补、赔偿等责任方式，在我国实践中被通称为行政赔偿。行政补偿主要是指行政主体对行政相对人的补偿责任，如因违法行政行为造成相对人损害的行政赔偿，因合法行政行为

（征用土地）造成相对人损害的行政补救。

司法补偿是指司法机关因具体司法行为如错判、错捕等造成当事人损害所承担的赔偿责任方式，在实践中又通称为司法赔偿。司法赔偿与行政赔偿合称为国家赔偿。

第三，强制。强制是指当责任主体不履行义务时，以法律上的强制性为基础，通过国家强制力，对责任主体实施强制措施，迫使义务主体履行义务的法律责任方式。强制包括对人身的强制（如强制治疗、强制戒毒、拘传）和对财产的强制（如强制划拨、强制扣缴、强制拆除、强制拍卖）。

2. 法律责任实现的作用

法律责任实现的作用是从动态角度来认识法律责任的，社会生活中的侵害、纠纷、争议和冲突无处不在，为维护法律所保护的社会利益和秩序，由国家专门机关根据法律程序追究法律责任，以实现法律责任的作用。

第一，惩罚作用。法律责任的惩罚作用是指，通过限制责任人的人身自由、强制责任人劳动、剥夺责任人的财产权和其他法律资格等方式来惩罚违法行为，使责任人充分体验和认识到法律的严厉性，认识到违法行为的社会危害性。惩罚作用也是社会报复，体现社会对违法行为的一种反击。如果离开这种惩罚性，法律的力量就会大为减损，社会上的不法之徒就会更加有恃无恐地从事违法行为。这在刑事领域中表现得尤其明显，刑事责任中的死刑、无期徒刑、有期徒刑、拘役、管制、罚金等，对于责任人的已然之罪，都体现了不同程度的惩罚。

第二，救济作用。法律责任的救济作用是指，通过设定一定的责任制度，赔偿或补偿在一定法律关系中受到侵犯的权利或者受到损失的利益，主要形式包括停止侵害、排除妨害、恢复原状、赔偿损失等。任何需要追究法律责任的行为都在不同程度上破坏了现存的社会秩序，给他人、社会或国家利益造成了损害，通过对这种行为追究法律责任，强制责任人履行一定的行为或交付一定的财产和金钱，对于受害者可以起到救济作用。一方面，对受损的社会关系予以补偿，使被扰乱的社会关系、社会秩序得以恢复常态，实现对社会的一种补偿；另一方面，对受到违法行为侵害或因法定事件而受到损害的人予以财产、精神上的补偿，使其失去的利益获得全部或部分补救，包括物质补偿和精神补偿。

第三，预防和教育作用。法律责任的预防和教育作用是指，通过使违法者承担法律责任，教育违法人和其他社会成员，以便预防将来的违法犯罪行为。法律责任通过设定违法犯罪必须承担的不利法律后果，表明社会和国家对这些行为的否定态度，不仅对违法犯罪者具有教育、震慑作用，而且也可以教育其他社会成员依法办事，使之不作有损于社会、国家、集体和他人合法利益的行为。

第三节 监狱法的价值

一、监狱法的思维

（一）监狱法意识

1. 监狱法意识的定义、特点和结构

从最普遍意义上讲，意识属于哲学上的概念，是指人们对于客观物质世界的主观反映，是感觉、思维等各种心理过程的总和，其中思维是人类特有的反映现实的高级形式。从具体意义上讲，意识属于心理学上的概念，一般是指人们自觉的心理活动，即人对客观现实的自觉反映。

意识是人们对客观物质世界的能动反映，这是意识最根本的含义。由此推演至监狱法，则为监狱法意识。监狱法意识是人们对于监狱法现象的能动反映，是一定社会条件下人们对现行监狱法和监狱法现象的认识、评价、体验进而调节自己行为的各种意识现象的总称，属于法意识中的一种具体形式。

第一，监狱法意识的特点。监狱法意识具有诸多特性，其中主要有特定性、相对独立性、对立性、强制性、现实性。

从对象和内容来看，监狱法意识具有特定性。监狱法意识是以社会上存在的监狱法和监狱法现象这些特定对象为内容，而不是以其他对象为内容的意识。

从与经济基础的关系来看，监狱法意识具有相对独立性。监狱法意识比其他的社会意识更直接、更强烈地受经济基础的制约，因而其相对独立性较弱。

从犯罪治理的角度来看，监狱法意识具有鲜明的对立性，主要表现为国家的监狱法意识与包括犯罪服刑人在内的犯罪人的监狱法意识的对立。

从作用方式来看，监狱法意识具有强制性，监狱法意识能以意识所共有的方式影响人们，同时，国家的法律意识可通过政权的作用强迫人们接受。

从形成过程来看，监狱法意识具有现实性。监狱法意识与监狱法客观存在密切相关、不可分离，是监狱法客观存在的主观反映，监狱法的客观存在包括监狱法规范、监狱法定制度和监狱法实践活动等。

第二，监狱法意识的结构。监狱法意识的结构是指监狱法律意识中各个部分或成分要素的搭配与排列，主要是由监狱法认知、监狱法情感、监狱法观念三部分构成。有监狱法认知，才能有监狱法情感，进而才能形成监狱法观念。

监狱法认知是人们对监狱法现象表面的、直观的、自发的反映形式，其实质是对监狱法现象的感性认识。人们的监狱法认知直接与其日常社会生活相联系，为监狱法观念的形成和发展提供丰富的素材，并直接引起监狱法情感。

监狱法情感是由人们对监狱法现象的心理体验而产生的喜好或厌恶的主观态度。人们的监狱法情感方向，取决于现实监狱法定制度能否满足自己的物质和精神需要及其满足的程度。监狱法情感为监狱法观念的形成与发展提供精神动力。

监狱法观念是人们对监狱法的产生、发展和运行规律以及对监狱法的本质、作用等一系列基本而重要问题的看法。监狱法观念是监狱法意识的灵魂，决定着人们监狱法意识的性质。

2. 监狱法意识的分类

监狱法意识的分类是指按照一定的标准和原则把监狱法意识分为不同的种类，以反映不同类型的监狱法意识在内容构成、侧重、表现形态及其在监狱法实践中显示出的不同特点。

第一，以意识主体的不同为标准，监狱法意识可分为个体监狱法意识、群体监狱法意识和社会监狱法意识。

个体监狱法意识是具体的个人对监狱法现象的思想、看法、意见和情绪，是个人独有的社会地位或监狱法经历的反映。个人有关监狱法问题的实践以及所接触的社会环境对监狱法现象的看法,对个人监狱法意识的形成有直接的作用。

群体监狱法意识是指家庭、集体、团体等不同的社会集合体对监狱法的思想、认识、看法或态度。群体监狱法意识是群体内个人监狱法意识以及与其他群体的监狱法意识相互作用的结果,个人监狱法意识总要受到所属群体监狱法意识的影响,群体监狱法意识不可能不依赖个人监狱法意识,其形成和发展要从个人监狱法意识中吸取积极、有益的成分。

社会监狱法意识是社会作为一个整体对监狱法现象的观念和态度,是一个社会里个人监狱法意识、各种群体监狱法意识相互融合的产物。社会监狱法意识是监狱法文化的构成要素之一,反映了一个国家监狱法治的状况。国家监狱法治的状况直接决定了社会监狱法意识的水平。

第二,以监狱法意识的政治社会意义及其与监狱法定制度的关系为标准,监狱法意识可分为占统治地位的监狱法意识与不占统治地位的监狱法意识。

占统治地位的监狱法意识是国家社会正统的监狱法意识,是与社会的经济基础相适应的监狱法上层建筑的重要组成部分,与监狱法定制度紧密相连,是监狱法的形成和实现必不可少的条件。占统治地位的监狱法意识体现了一个社会的经济基础及其决定的政治法律制度的特点,反映了监狱法调整达到的水平。占统治地位的监狱法意识对现行监狱法持肯定态度,但同时国家社会内部个别集体或个人也可能对现行监狱法持有批评态度。

不占统治地位的监狱法意识是对现行监狱法定制度的某些因素持消极、中立甚至对抗态度的监狱法意识,不属于与社会经济基础相适应的监狱法定制度的组成部分。一般情况下,不占统治地位的监狱法意识与现行监狱法定制度往往是消极关系,对监狱法的制定和实施也起着消极的作用,但在一定条件下也存在着接受现行监狱法定制度的某些因素,犯罪服刑人多持此种观点。

第三,以监狱法意识主体的职业为标准,监狱法意识可分为职业监狱法意识与非职业监狱法意识。

职业监狱法意识是指因从事与监狱相关工作而在职业上必须确立的监狱法意识,包括立法机关工作人员、司法机关工作人员、监狱工作人员、其他社会工作者以及监狱法学研究教育工作人员的监狱法意识。法律职业是在法律产生后，随着社会分工的发展而出现的，反映了法律资料的积累以及法律工作的复杂化和专门化。

非职业监狱法意识是一般社会公民对监狱法现象的最普遍、最实际的理解，其中心理的成分以及情感、情绪占较大的比重。不论在广度上还是在深度上，职业监狱法意识都比非职业监狱法意识要丰富得多、精深得多。但是，不能说非职业监狱法意识就是低级的，因为一般公民对监狱法现象的看法常含有朴素的理性观点。

第四，以监狱法意识中肯定因素与否定因素的比例份额为标准，监狱法意识可分为适应型监狱法意识、盲从型监狱法意识和反抗型监狱法意识三类。

适应型监狱法意识是人们基于对国家监狱法定制度的理智认同而自觉遵守监狱法规范的意识反映。这种监狱法意识的形成，除了要求意识主体应具备一定的文化素质外，还要求对国家监狱法定制度具有切身的体会。具有这种法律意识的人员在总人口中的比例，直接决定着社会监狱法意识的基本格局。

盲从型监狱法意识是公民基于对国家监狱法强制力的畏惧或盲目信仰，而对现实监狱法定制度采取的消极服从的意识反映。这种监狱法意识对于维护社会的安定一般不构成威胁，但对于建立并实现充满生机和活力的法治社会，则有一定的消极影响。

反抗型监狱法意识是公民基于某种利益或希望，而对现实监狱法定制度采取不合作甚至强烈反抗的意识反映。持有这种法律意识的公民，以违法甚至犯罪的方式来反抗现行监狱法定制度，对社会秩序构成现实的严重威胁，其中以监狱里的犯罪服刑人最为典型。

3. 监狱法意识的功能

监狱法意识的功能是监狱法意识作为一个系统的整体所具有的功效、作用。一般来讲，监狱法意识具有认识、评价、预测、传播、教育、调节功能。

第一，认识功能。监狱法意识的认识功能是指人们对监狱法现象的认识，实质上是对监狱法的属性、特征、性质、作用等方面的认识，主要包括：对监狱法知识的了解、掌握，从监狱法角度对社会的认识，从社会立场对监狱法和监狱法现象的认识。监狱法意识的认识功能使人们得以增长和积累有关监狱法方面的知识，解决监狱法是什么、为什么要制定和实施监狱法、监狱法怎样调整人们之间的社会关系等问题。

第二，评价功能。监狱法意识的评价功能是指人们对监狱法和监狱法现象及其满足人们需要的程度所做的主观评价。监狱法需要的满足可以是物质的，也可以是精神的；可以是社会的，也可以是个人的。人们的主观评价可能是正确的，也可能是错误的；可能是理智的，也可能是受情感支配的。人们总是将自己的需要和社会需要的满足程度作为评价标准。

评价的内容包括监狱法的合理与否、监狱法的正义与否、监狱法的进步与否、监狱法的有效与否以及监狱法对社会产生的后果如何，还包括对自己的行为以及他人的行为的合法评价等。监狱法意识的评价功能的实现，是以认识功能的实现为基础和前提的。在一般情况下，评价功能与认识功能是协调一致的，但有时也会出现不一致的情况。

第三，预测功能。监狱法意识的预测功能是指人们根据已有的监狱法意识对自己和他人行为的法律后果所做的各种各样的预测。一般情况下，人们遵循的是自己对监狱法规范进行理解而形成的监狱法意识。人们凭借自己的监狱法意识，可以预测哪些行为是合法的，其法律后果如何；还可以预测哪些行为是违法的甚至是犯罪的，其法律后果如何。监狱法意识预测功能的实现及正常发挥，与人们对现行监狱法知识的掌握程度有密切关系。

第四，传播功能。监狱法意识的传播功能，主要是指监狱法意识可以通过各种渠道或方式，在群体和社会中广泛流传，从而形成一种精神力量，对社会或他人的思想和行为产生一定的影响。

第五，教育功能。监狱法意识的教育功能是指，通过监狱法意识在社会中广泛传播，来启迪、开阔人们的思路，使人们接受某种监狱法观点或理论，从而提高人们的监狱法修养和素质。监狱法意识的教育功能通常表现为两个方面：一是可以净化或强化人们已有的监狱法观念，二是可以改变和修正人们已有的监狱法观念。一种监狱法意识在社会上传播并占据支配地位，与监狱法意识的教育功能的充分实现是分不开的。

第六,调节功能。监狱法意识的调节功能是指,人们根据自己所具有的监狱法认知、情感、观念,对自己的行为做出具有法律意义的选择、改变。它不仅表现为对人们自身外部行为的调节,而且表现为对人们自己心理状态的调节,具体表现形式是发动、作出或抑制、中止某种行为。

4. 监狱法意识的培养

培养和提高公民的监狱法意识,是社会存在与发展的需要,具有时代特性。当前,培养和提高我国公民的监狱法意识,不仅是时代的召唤和历史的重任,更是法治社会建设的基础性工作。

第一,营造监狱法意识的环境。要完成这项艰巨的历史任务,必须创造适合于监狱法意识形成与发展的内部环境和外部环境。

公民监狱法意识的内部环境,主要是指监狱法治建设的自身状态。监狱法治建设的自身状态包括两个方面,一是确立我国社会主义监狱法治建设的基本理论和方针;二是努力促成知法、用法、守法的社会氛围。

监狱法意识的外部环境,主要是指政治环境、经济环境和文化环境。政治环境要求大力推进政治体制民主化、政治活动程序化和政治观念科学化,经济环境要求大力发展社会主义市场经济,文化环境要求大力加强社会主义精神文明建设。

第二,培养监狱法意识的措施。从我国公民监狱法意识的实际状况出发,培养和提高我国公民的监狱法意识,应采取以下措施:依法治国、严格执法,重视监狱法学研究教育,利用大众传播媒介营造社会氛围。

要培养和提高公民的监狱法意识,首要的一点就是必须坚定不移地实行依法治国、严格执法。认识来源于实践,社会上日常性的、制度化的监狱法实践活动,对公民监狱法意识的形成和提高会产生巨大的、现实的影响。如果国家的一切机关都能依法办事,尤其是政府机关和司法机关都能严格依法办案,就能真正显示出社会主义法治的力量和权威,体现出社会主义法治的强制性和严肃性,才能得到广大公民的信任和群众的自觉遵守、自觉维护。经过长期反复的实践,就会形成稳定的习惯和观念,不断地培养和促进公民监狱法意识。

实践证明,社会主义监狱法意识的提高与否,与监狱法学教育、监狱法学研究是否繁荣有直接的关系。监狱法学教育是培养监狱法人才的有效途径，而监狱法人才是宣传、普及、传播、深化监狱法意识的使者。监狱法学研究是培养健全的监狱法意识的重要条件，在监狱法实践中，一些新的经验、新的观念、新的理论都需要及时地总结、推广，这都离不开监狱法学研究的深入开展。而监狱法学研究的成果，又通过监狱法学教育使一部分人先接受，然后又通过监狱法学教育以各种方式向社会传播、推广并付诸实践，从而推动整个社会公民监狱法意识不断提高。

社会主义监狱法是广大人民群众的共同意志的体现，其创制和实施都有赖于广大公民的自觉参与。这就要求广大公民必须掌握监狱法知识、提高监狱法意识，而深入持久地开展监狱法治宣传教育活动就是满足这个政治法律需求的重要途径。

利用大众传播媒介进行监狱法宣传报道，营造社会氛围，对于提高公民的监狱法意识具有重要作用。大众传播媒介是指广播电视、报刊、杂志等信息传播工具，其进行新闻宣传报道的过程，就是向社会公民灌输社会主义的思想、观点的过程。大众传播媒介具有信息来源的普遍性、强烈的时效性和敏感性、广泛的普及性等特征，只要充分利用大众传播媒介，适时进行监狱法治宣传报道，就能在社会上产生广泛的影响，形成强大的监狱法治舆论和氛围，使社会主义监狱法意识潜移默化、深入人心。

（二）监狱法思维

1. 监狱法思维释义

法律思维是一种特殊思维，是指职业法律群体以法律知识为基础，以相应的法律观念和法律意识为背景，以法律概念和法律语言为思维分析工具和载体，在法律职业的立场上，以法律态度支持下的特定法律方法和技术，对法律现象进行观察、认识、理解、分析、综合、判断、推理和处理的专门化的认识与思维活动及其过程。监狱法的实施需要法律思维，监狱法需要法律思维。监狱法的法律思维可以从以下几个方面来理解。

第一，监狱法思维的主体。思维的主体是从事监狱法理论阐释研究活动与监狱法实践操作活动的工作人员。他们基本上采用专门化的具有职业同质性的思维方式，每个人具有大体相同的知识体系和思维路径。

第二，监狱法思维的形式。监狱法思维是以理性思维为主、感性的或非理性的思维与理性的思维密切结合在一起的思维形式。监狱法思维以监狱法知识为基础，以监狱法观念和意识为背景，以监狱法观念和语言为思维分析工具和载体，以特定的监狱法方法和技术的运用为手段，也依靠监狱法直觉的感性发挥。

第三，监狱法思维的生成。监狱法思维的生成并非出自人的自然本能，而是通过长期专门的监狱法知识的学习、法律观念和法律意识的培养、法律方法和法律技术的训练，在长期的法律理论研究和实践操作中，逐渐形成的。

2. 监狱法思维的特点

监狱法思维是在长期的监狱法理论与实践中形成的，通过专门的法律语言进行分析、判断、推理、论证和解释等活动的一种职业过程。具有理性的思维，这是监狱法工作的内在要素之一，也是监狱法工作者思维判断力的理智与成熟的标志之一。监狱法思维伴随着监狱法的职业化而出现，同时也是监狱法职业成熟的标志。

第一，监狱法思维是一种规范性思维方式。监狱法思维在面对一切社会问题时都尽量按照普遍性的形式规则和法定程序，将其转化为具体的权利和义务关系来处理。这是一种运用法律语言进行观察、思考和判断的活动。

第二，监狱法思维是一种程序化的思维方式。监狱法活动并不单纯以实体公正为唯一目标，而是追求程序正义或形式正义，更追求操作正义。对某些疑难案件来说，"实体公正总是招致无穷无尽的争论"。因此，法治只能维护有限度的正义。而程序是相对自治的，在国家设定的严格制度空间里进行运作，具体操作更不能违法。因此，程序化的思维是实现监狱工作人员忠诚于监狱法的重要一维。正是在程序化和制度化的空间里，监狱法的客观性和理性价值才得到充分体现，恣意或私心杂念得以摒除到最小化。

第三，监狱法思维遵循一套严格缜密的逻辑。思维均是按照一定的逻辑和规律进行的，监狱法的思维方式一般来讲坚持三段论推理方法。解释学上使用的一个基本概念是涵摄或归摄，指将法律规范适用于具体案件以获得处理的过程。所以，作为法律思维之一种的监狱法思维专业逻辑，不同于政治思维、道德思维及大众思维的逻辑，在严格的制度和程序空间里表现出最终的形式理性与技术理性，现代法治理念的精髓即在于此，而避免了其他思维逻辑所具有的明显情绪化和情感性趋向。

3. 监狱法思维的方式

以监狱法共同体内部职业人理论和实践分工为标准，其思维方式可以分为监狱法的理论思维方式和监狱法的实践思维方式两种。

第一，监狱法的理论思维方式。监狱法的理论思维方式是指，监狱法职业人以理论和学术研究的方式，对监狱法文本和现实进行研究时所表现或应当表现出来的监狱法思维定式和思维习惯。可以从以下几个方面来理解：

（1）应有的眼界。监狱法的理论思维方式的眼界是指，应以审视、怀疑和批判的眼光来分析现实监狱法文本和监狱法实践中存在或可能存在的"问题"、缺陷或不足。

（2）针对的问题。监狱法的理论思维方式的对象是指理解和分析上述"问题"，剔除可以直接用"是"或"否"就可以回答或解决的假问题，找出那些无法简单地以形式逻辑规则就可以准确地确定其解决方案的"真"问题。

（3）甄别真问题。监狱法的理论思维方式的甄别是指，反思上述"真"问题，以常人的情感、生活体验和人生阅历为基础，以法律精神、法律价值、法律原则和法律理想为坐标，反思这些"真"问题，找出其理论的焦点和理论内核。

（4）研究并解决。监狱法的理论思维方式的职能是指，寻找消解上述理论焦点和理论内核的各种方法和途径，即寻求监狱法存在的哲学意义上的逻辑抽象的"合法性""正当性"与"合理性"。

第二，监狱法的实践思维方式。比之于监狱法的理论思维方式，监狱法的实践思维方式是指对现实的监狱法整体上的认同与确信，现实的监狱法是监狱法的实践思维确定的标准。监狱法的实践思维方式侧重于"合法—非法"，即"合法性"的分析和判断，该合法性是以既有的监狱法规定为判断标准的具体的、现实的"合法性"。监狱法的实践思维方式，以法律权利和法律义务为基本的思维要素内容，可从下面几点来理解：

（1）普遍性的考虑与特殊性的考虑并重。监狱法的实践思维必须把普遍性作为自己的基础性关注对象，必须在逻辑和事实上都给予基础性关注，同时同等关注特殊性的考虑。这样才能将特殊性提升为普遍性，成为将来处理类似问题的基本准则。

（2）合法性与客观性并重。由于人自身在经验、知识和理性方面的有限性限制，以及监狱法问题处理的时限性约束，监狱法问题的处理不仅以已合法获得的经过合法程序审查判断予以采信的证据来支持的法律事实为根据，同时必须以真正的客观事实为依据。

（3）监狱法理由与监狱法结论并重。监狱法结论不得随意得出，在得出结论之前，必须经过一定的推理过程，找到适宜的监狱法理由，慎重地得出监狱法结论。

（4）实体合法性、程序合法性与操作合法性并重。对监狱法的实践来说，实体合法性是生命本体，程序合法性是存活路径，操作合法性是生存本真，三者必须同时具备，缺一不可，否则不能产生预期的法律效果。

二、监狱法的行为

（一）执法

1. 监狱法的执法主体

毫无疑问，监狱法的执法主体是指各类监狱及其工作人员，在性质上属于行政法的范畴。在政府即行政机关属下，监狱属于行政机关，要成为执法主体，拥有执法权，一般应根据法定程序合法产生和获得，必须要有法律根据。法律根据一般有两种，一种是由宪法来确认，如我国《宪法》第28条规定了"惩办和改造犯罪分子"，承担这项任务的机关中就包含有监狱，即监狱成为执法机关具有宪法依据。另一种是由具体法律、法规确认，如《监狱法》明确规定，监狱是执行性的机关。

2. 监狱执法的基本原则

执法的基本原则是指国家行政机关及其工作人员在行政执法活动中应遵循的基本准则。在我国，监狱法的实质和核心内容是由监狱执行的，监狱执法应遵循一定的基本准则,其中包括行政法治原则、公平合理原则、效率原则。

第一,行政法治原则。从机关定性归属来看,监狱执法属于行政执法的范畴,所以应遵循行政法治原则。行政法治原则是法治原则在行政执法活动中的具体体现,亦即"依法行政"的原则,这是现代法治国家对行政活动提出的最基本的也是最重要的一个原则。

我国行政管理的范围十分广泛,行政事务非常繁杂,行政承担着比立法、司法更加普遍、更加日常性的事务,行政活动的每一领域、每一方面都事关国计民生和社会经济、政治、文化的发展。监狱执法应贯彻依法办事,坚持行政法治原则,以形成有序的行政法治秩序,避免和防止行政权力扩张、滥用、越权、腐败等行政腐败现象。

第二,公平合理原则。监狱执法要贯彻公平合理原则,这是现代法治社会对行政执法提出的要求。公平合理原则要求在监狱执法过程中,做到适宜、恰当、合情、公正,要求监狱对待服刑人的监管及违法行为的处理,充分体现法律面前人人平等的原则;对于不适当、不合理等显失公平的执法行为,应通过法定程序予以及时纠正。公平合理原则还要求,监狱执法要严格禁止滥用酌情处理权,在行使酌情处理权时要坚持法律原则和法律精神,维护监狱执法的权威和尊严。

第三,效率原则。效率原则是现代社会对监狱执法提出的一个必然要求。这是因为,监狱执法承担着组织和管理社会生活内容之一的监管服刑人、完成国家行政职能的任务,需以"低成本、低投入、高产出、高收益"的效益原则为追求目标。监狱执法的效益原则具体是指,在监狱执法活动中,要做到迅速及时、准确、有效。

迅速及时是指监狱执法在处理行刑事务、行政事务时,要抓紧时间、快速反应,不要久拖不决。迅速及时并不意味着可以不管法律时效和程序而随意执法,而是指不要超过法律时效,不要超越法律程序。准确是指监狱执法要严格以法律规定为标准,做到合法、合情、合理,不能显失公平。有效是指监狱执法的结果要产生一定的实际效果,即产生一定的效益,这种效益可能是对政府的，也可能是对服刑人的，既可能是物质的，也可能是精神的，是对国家、监狱和公民的合法权益的一种保护和实现。

（二）守法

1. 监狱法的遵守

监狱法的遵守通常简称为"守法"，是指各国家机关、社会组织（政党、团体等）和公民个人严格依照法律规定去从事各种事务和行为的活动，是监狱法实施最重要的基本要求，也是监狱法实施最普遍的基本方式。立法者制定监狱法的目的，就是要使监狱法在社会生活中得到实施。同时，法治国家、法治社会要求，法律一经制定和生效，必须付诸实施。

守法必然要求国家和社会严格依照法律办事。依照法律办事，当然包括依照监狱法办事之意，必然要求依照监狱法享有权利（力）并行使权利（力），必然要求依照监狱法承担义务并履行义务。因此，不能仅仅将守法理解为承担义务和履行义务，它也包含着享有权利（力）和行使权利（力）。

2. 监狱法的守法主体

监狱法的守法主体是指国家和社会中的所有主体，包括自然人和法人。在我国，监狱法的守法主体可以分为以下几类。各种法人都是监狱法的守法主体，这是我国社会主义守法主体中最重要的主体。各种法人，即指《宪法》所指定的"一切国家机关、武装力量、政党、社会团体、企业事业组织"等，这样一个守法主体范围囊括了我国所有的法人，当然包括监狱在内。中华人民共和国的公民也都是守法的主体，这是我国社会主义守法主体中最普遍、最广泛的守法主体。公民守法是现代法治社会的普遍要求，也是我国建立法治国家的基本要求，我国公民当然也是监狱法的守法主体，尤其是监狱里的犯罪服刑公民。此外，在我国领域内的外国组织、外国人和无国籍人也是我国监狱法的守法主体，这既是维护我国主权和利益的体现，也是国际法的要求和国际惯例中的通例。

（三）司法

1. 监狱法的适用主体

法的适用通常简称为"司法"，是法的实施的重要方式之一，是指国家司法机关依据法定职权和法定程序，具体应用法律处理案件的专门活动。法的适用主体即行使司法权的司法机关，按照我国现行法律体制和司法体制，司法权一般包括审判权和检察权，审判权由人民法院行使，检察权由人民检察院行使。因此，人民法院和人民检察院便是我国的司法机关，即我国法的适用主体。

在社会生活中，一些人经常将公安机关甚至司法行政机关也称为司法机关，这实际上不符合我国现行法律法制和司法体制，是对司法机关的一种不正确的理解。法的适用是国家司法机关依据法定职权和法定程序，具体应用法律处理案件的专门活动，因此不同于其他国家机关、社会组织和公民实施法的活动，有自身的一些独有特点，主要表现为职权法定性、程序法定性、制裁权威性。

从监狱法角度讲，法院作出的死刑缓期执行、无期徒刑、有期徒刑（三个月以上）等判决刑罚，直接启动了监狱执行刑罚、监狱执法的工作。同时，在监狱执行刑罚、监狱执法的工作中，也存在司法诉讼，检察院进行行刑监督，需要法院对减刑、假释、特赦作出裁定。实际上，这属于对监狱法的司法实践。

2. 监狱法的司法要求

监狱法的适用，不仅有共同的普遍要求，即正确、合法、及时，也有诉讼中的原则要求。正确要求是指，司法机关对案件事实的确认要准确，对案件适用法律要正确，对案件的处理要正确。合法要求是指，司法机关审理案件时要合乎法律规定，依法审判。及时要求是指，司法机关审理案件时，要提高工作效率，保证办案质量，及时办案，及时结案。

司法法治原则要求，要严格依法司法，司法的依据包括实体法和程序法。司法平等原则要求，司法机关及其司法人员在处理案件、行使司法权时，对于任何公民，不论其民族、种族、性别、职业、宗教信仰、教育程度、财产状况、居住期限等有何差别，也不论其出身、政治历史、社会地位和政治地位有何不同，在适用法律上一律平等。

司法权独立行使原则要求，司法机关在办案过程中，依照法律规定独立行使司法权，不受其他行政机关、社会团体和个人的干涉，必须严格依照法律规定和法律程序办事，准确适用法律，接受监督和制约。司法责任原则要求，司法机关和司法人员在行使司法权过程中侵犯了公民、法人和其他组织的合法权益的，应当承担责任。

（四）监督

1. 监狱法的监督主体

监狱法的监督是指一切国家机关、社会组织和公民对于监狱法活动合法性的监察和督促。根据我国法律监督的实践，法律监督的主体主要有三类，即国家机关、社会组织和人民群众。

国家机关作为法律监督主体，既包括国家权力机关，也包括国家行政机关和国家司法机关。国家机关法律监督的监督权限和监督范围由宪法和法律作出规定，以国家名义进行，这类监督有法律效力及法律强制力，属于法律活动，被监督者在监督者作出一定的监督结论和决定后，必须接受监督，并根据监督决定作出相应的行为。国家机关的法律监督在整个法律监督体系中，居于重要地位，是一种刚性监督。

社会组织一般包括各政党、政治团体、社会团体、群众组织及企业、事业组织。社会组织的监督同国家机关的法律监督有所不同，不具有法律上的直接效力，不是以国家名义进行，因而不具有国家强制性。但是，社会组织的监督是整个法律监督体系中的重要力量，具有广泛的代表性和权威性。社会组织的监督可以通过法定渠道传输到国家机关的法律监督中去，再通过国家机关的法律监督而产生直接的法律效力和法律强制力。

人民群众的监督具有广泛的群众性，是法律监督体系中重要的、普遍的力量。人民群众的监督同社会组织的监督一样，不具有法律效力，但它也可以通过法定渠道，传输到国家机关的法律监督中去，并通过后者产生法律效力和法律强制力。

2. 监狱法监督的内容

法律监督的内容是指监督什么，对这个问题的认识同对法律监督的客体的认识相联系。既然监狱法监督的客体为监狱及其公职人员的各种行刑公务活动，那么监督的内容就应是对监狱及其公职人员的各种行刑公务活动及其行为的合法性的监督，主要应包括两个方面内容：其一，对监狱制定和适用的各种规范性和非规范性法律文件的合法性进行监督，法治国家的建设目标要求加强对这方面的监督力度和广度；其二，对立法机关的立法、司法机关的司法、监狱的执法活动的合法性进行监督，这是法律监督的重点内容。

实践证明，监狱执行刑罚的执法工作涉及犯罪服刑人的切身利益，其中有的犯罪服刑人千方百计通过各种渠道"走后门"，拉拢腐蚀监狱领导和普通警察。腐败现象的出现有其复杂的社会原因，其表现形式也多种多样，但腐败的核心问题和主要表现是权力的腐败。个别国家机关及其公职人员，把党和人民赋予的权力变成了谋取个人私利的工具，利用手中所掌握的权力谋取个人私利，搞权钱交易、权物交易，使权力的行使背离了人民的要求。因此，在监狱系统内外反腐倡廉，也是法律监督的重要内容。

三、监狱法的价值

（一）监狱法价值释义

价值最先是经济学上的概念，表述为"体现在商品里的社会必要劳动"，这个概念为研究一般意义上的价值概念起了铺垫作用。哲学中的价值理论认为，价值是主客体之间的关系，即客体的存在、作用和发展变化对于主体需要及发展的关系。在哲学的价值关系中，主体主要指作为整体的人类，客体主要指客观世界。社会学中的价值理论认为，价值是客体满足主体需要的积极意义，其中主体是指整体的人类、某一时代不同社会群体或集团、各个国家的公民，客体包括物质、精神现象和制度。

就一般价值理论而言，在人类的实践中，凡是对人有用、有利、有益，能够满足人的某种需要，有助于实现人的目标的事物，就是有价值的，就会得到人们的肯定性评价。以此为指导，监狱法价值是指监狱法的主体与法作为客体的关系中体现出来的监狱法的积极意义或有用的属性。在监狱法价值关系中，主体包括公民个人、法人或单位、社会、国家等，客体仅为监狱法。

第一，监狱法价值的本质。监狱法价值的本质，是指监狱法作为客体与主体需要之间的关系中所体现出的有用属性。这可以从以下几个方面来理解：

(1) 主体与监狱法的关系。从主体的地位来看,作为主体的人、法人或单位、国家是监狱法所规定和保障的主体,应是监狱法的主宰。主体之所以把监狱法作为自己的客体,是为了通过监狱法求得生存和发展并获得自由。因此,主体又受制于监狱法。与此同时,主体又逐渐将这种制约置于自己的控制之下。

从认识论角度来看,主体通过自己的认识能够揭示监狱法的固有属性和规律性,并在此基础上发现监狱法的有用属性,掌握监狱法的多种适用方式,以满足自己的需要。为此,主体的认识须从两个方面把握监狱法:一是排除一切外来的成分去认识监狱法的固有属性;二是认识监狱法满足主体需要的属性,从而使主体在实践中自觉地趋利避害。

从辩证的角度来看,实践不仅为主体创造了监狱法,而且为监狱法创造了主体,主体与监狱法都是实践的产物。集中为一点,就是要承认主体与监狱法的相互作用与相互决定的关系。

(2) 监狱法与主体需要之间的特定关系。监狱法价值来源于监狱法,马克思主义的法学价值观首先承认法律价值来源于法律。监狱法作为一种社会现象,是主体生存和发展的客观条件,具有满足主体需要的属性。监狱法与主体需要之间的关系,就是价值关系,主要表现为利害关系或功利关系。

监狱法价值取决于主体,监狱法价值是来源于监狱法本身的一种属性,但不取决于监狱法,而是在主体与监狱法发生关系的过程中产生的。没有主体的需要,就不会有价值。监狱法价值作为与主体的特定关系,是主体在监狱法本身固有属性的基础上通过实践抽象出来的。因此,监狱法价值既来源于监狱法本身,又取决于主体的需要。

监狱法价值体现于监狱法实践活动。在人们的社会实践中,尤其是在监狱法的实践活动中,为了实现监狱法价值,主体与监狱法互相联系互相补充,统一于监狱法价值的实现过程。主体需要的满足,要靠主体自身的主动索取,即实践活动;在监狱法实践活动中,主体是能动的主体,表现为监狱法价值的追求者和体现者。

第二,监狱法价值的特点。监狱法价值是监狱法对主体所产生的各种效应的总和，包括监狱法的自身性价值、监狱法的工具性价值、监狱法的目的性价值。监狱法的这些价值体现了社会性与国家性的统一，主观性与客观性的统一，满足需要的间接性与非物质性的统一。

（1）监狱法价值是社会性与国家性的统一。从监狱法价值的主体来看，监狱法价值的主体是社会发展的产物，始终处于社会联系之中。无论作为公民个人，还是作为社会群体，主体都是以整个社会的一员参与到社会共同体之中，但自从国家诞生以来，人又分属于不同的国家，是国家下辖的成员。主体归属上的二重性，决定了主体评价标准的二重性：一方面要作为社会的一员从整个社会的角度去评价监狱法；另一方面又作为国家下辖的一分子站在本国家的立场上去评价监狱法。监狱法价值即是这两方面标准的统一与结合。从法律价值的客体上看，作为国家意志外化的监狱法，其功能一方面在于进行国务治理，另一方面在于维护社会公务。此外，只有监狱法实现了社会公共职能以后，才能更好地发挥国家治理功能。

（2）监狱法价值是主观性与客观性的统一。监狱法价值是主观的，监狱法价值以主体的需要为基准，监狱法所追求的价值实际上是人们对监狱法的期望，对监狱法价值的评价标准是基于人们对监狱法的希望而形成的。监狱法价值又是客观的，主体的需要不是凭空产生的，主体对监狱法价值的期望是由主体在社会关系中的地位及主体的社会实践这些客观因素决定的；社会的需要产生监狱法，而监狱法一旦产生，人就要受它的支配，监狱法一经形成就不以某些人的意志为转移，并以其特殊的存在方式和职能属性来满足主体的需要。监狱法价值的主观性与客观性的统一根源于主体的社会实践，主体从社会实践中产生了自身的需要，并通过社会实践把自身的需要规定为监狱法价值追求的目标，进而通过社会实践实现这些目标。

（3）监狱法价值是满足需要的间接性与非物质性的统一。监狱法价值作为一种特殊的社会现象，对主体的效应并不在于它能直接满足、补偿主体的各种物质需要或精神需要，也不在于能供主体以吃、穿、住、行、娱乐等享受，而在于能为主体创造一种井然有序的社会环境和具有强制力保障的权利，从而为主体的物质需要和精神需要提供保障。因此，监狱法价值具有区别于其他一般价值满足需要的直接性、物质性和精神性的特点，它根源于监狱法的社会功能与主体需求的多样性。

（4）监狱法价值是相对性与绝对性的统一。监狱法价值的相对性就是监狱法价值的条件性，表现为监狱法价值不是永恒不变的，而是随着时代的前进不断发展进化的，并且对监狱法价值的追求具有差别性、多样性、多元性。监狱法价值的绝对性就是指监狱法价值的普遍性。尽管不同主体的监狱法价值追求有鲜明的差异或对立，但生活在同一时代、同一社会的主体也会有共同追求的监狱法价值目标。同时，监狱法价值的不断发展变化的趋势也是绝对的。监狱法价值的相对性与绝对性的统一，其基础在于主体所处的时代性与求发展的延续性。

（二）监狱法价值种类

1. 监狱法的自身性价值

监狱法的自身性价值是指监狱法本身固有的，由其性能和特有的调节机制、保护机制和程序机制等手段所反映出的、满足主体的监狱法需要的价值。监狱法的发展演变史表明，相比其他社会规范，监狱法更能最大限度地保障社会关系的有组织性、协调性、稳定性。

第一，监狱法具有使自由与约束高度统一的价值。人类调整社会关系的历史与现实经验证明，监狱法应是一种无可比拟的、高度发达的社会规范，是社会生活有序化、规范化的具体表现，具有高度理性化、形式化的特点，具有普遍的使人们必须遵守的属性。尤其是对于监狱里的犯罪服刑人，把行为自由与行为约束有机结合起来，保证自由与约束的高度有机统一，使监狱内的社会生活避免单纯的偶然性、任意性及混乱性。

第二，监狱法具有使国家强制合理化、经常化的价值。监狱法以国家的不可抗御的强制力为坚强后盾，从而具有了国家强制性，使监狱法成为国家建立和维护统一的秩序以及实现其意志的有效手段。同时，监狱法对国家强制力进行规范，使之保持合理的、经常的运作态势。这表明，国家的强制力不能不用，但也不能滥用。

第三，监狱法具有相对稳定性的价值。监狱法作为社会的强制性行为规范，最明显地体现为刑罚执行制度的存在，具有相对稳定的特性，这是维护社会稳定的前提条件。但是，社会是不断发展的，社会主体的需要也同样是不断发展的，这就需要解决监狱法的稳定性与社会变化之间的矛盾。"法律必须是稳定的可是它又不能静止不动。因此，所有法学家都为了协调法律稳定性与法律变迁性而苦思冥想。"[①] 一方面要坚持监狱法的稳定性，以维护监狱法的连续性和权威性；另一方面要适应社会而及时地修改监狱法，维护监狱法的可操作性，从而使监狱法具有相对稳定性。

第四，监狱法的公开性价值。监狱法是人们必须遵守的社会行为规范，监狱法运作的公开是提高社会主体监狱法治观念、法治意识的重要途径，有利于社会的稳定。监狱法的公开性价值贯穿于监狱法的制定、公布、施行等各个环节。监狱法的实践活动向社会公众公开，其中的意义就在于，防止行刑者的偏私，利于动员社会各界监督并参与监狱法的创制和实施。

2. 监狱法的工具性价值

监狱法的工具性价值是指监狱法作为所有主体用以满足需要的工具而体现出的价值，包括监狱法的认识性价值、确定性价值和分配性价值。

第一，监狱法的认识性价值，是指监狱法可以使主体认识到监狱法所规定的事实的性质和意义的价值。监狱法作为社会规范，对某种事实的认可，隐含着某种评价。通过监狱法的规定，主体可以认识到社会的政治、经济、文化和社会生活的状况，从而提高主体的监狱法意识。

第二，监狱法的确认性价值，是指监狱法对一定主体在一定社会物质生活条件基础上产生的政治、经济、文化需求和利益进行肯定并给予保障。监狱法作为社会关系的调节器，对现存的事实关系以及在此基础上的权利义务观念进行监狱法确认，使之成为监狱法上的权利义务关系，对正在运作的国家机关的职权进行监狱法上的确认和划分。

第三，监狱法的分配性价值，是指监狱法对犯罪服刑人的行为自由和监管控制进行分配的作用。监狱法作为分配社会财富的有力规范，主要表现在通过

---

① 〔美〕罗斯科·庞德：《法律史解释》，曹玉堂、杨知译，华夏出版社1989年版，第1页。

执行刑罚对所有制及其所决定的分配制度的确认上。监狱法的分配性价值取决于两个因素：一是主体的内容和数量；二是可用以满足主体需要的内容。据此了解监狱法参与社会财富分配的程度，以及监狱法满足主体需要的社会内容范围。

3. 监狱法的目的性价值

监狱法的目的性价值是指社会主体通过监狱法所追求的价值，具体内容可归纳为利益、自由、秩序、平等、安全、正义、公平等。

第一，利益。利益是主体的某种需要或愿望的满足，通俗地说就是客观事物对主体的某种好处，存在于各种社会关系中，不同的社会主体都有各自的利益追求。利益具有客观性，是个客观现象、客观范畴，是形成人们的意志、意识的基础，是意识、意志之外的客观存在，对法起着决定性的作用。但是，法对利益又有能动的反作用，将利益分为合法利益和非法利益。

监狱法对利益具有能动作用。其一，监狱法可以促进一定利益的形成和发展。监狱法不仅可以确认已有的利益，而且能够促进立法者及其他社会主体自觉追求的利益得以形成和发展。监狱法通过设定权利义务，为社会主体提供行为模式，给符合社会共同利益的各种利益冠以合法的名义；行为主体以法定的行为模式享受权利、履行义务，以达到利益的满足。其二，监狱法剥夺限制犯罪服刑人的利益，从而阻碍了这种利益的形成与发展。其三，监狱法有效协调和实现合法利益，可以使社会关系主体认识到自己的合法利益，并且规定协调一致地获取各种社会利益的行为方式，对违法行为进行制裁。监狱法律的实施、适用过程就是合法利益的实现过程，不仅保护国家利益、公共利益的实现，也保护服刑公民个人合法利益的实现。

第二，自由。自由的概念极其广泛，不同的学科有不同的解释。哲学上的自由是指人的生存和发展与包括自然界、社会和人本身的整个世界的关系问题，马克思主义把自由看成是对必然性的认识和对世界的改造，看成是对规律的认识和掌握，看成是人类与外部世界相协调的生存与发展。法学上的自由是指，在法律规定范围内，主体随自己意志活动的权利。自由是人类追求的基本价值系统的核心内容，具有个体性与社会性相统一的特性。就每个人来讲，自由主要表现为人格独立、个人尊严、选择自由和自我实现等。而法律与自由是法理学的基本问题之一，自由是法产生发展的基础，自由是法的合乎规律性与合乎目的性相统一的基础。

监狱法对自由有着重要作用。其一，监狱法设定并保障自由。监狱法遵循现实性与可行性的准则，规定犯罪服刑人的权利义务，设定其自由模式，并通过设置多层次的罚则，制裁侵害他人自由的违法犯罪者，而为自由提供保障。其二，监狱法剥夺限制自由。监狱法既是对自由的保护，又是对犯罪服刑人自由的剥夺限制。除了剥夺社会性行为自由外，对自由合理合法的限制主要有两种情形：一是禁止自我伤害，因为自由与责任相结合，任何法都不许可为规避责任而行使自我伤害的自由；二是禁止伤害他人、危害社会。禁止伤害他人、危害社会是任何实体法规范的主要构成部分，尤以刑法规范最为突出，自由的行使以不伤害他人、不危害社会为前提条件。

第三，秩序。在最广泛的意义上，秩序是指自然界与人类社会发展变化的规律具有某种程度的一致性、连续性、稳定性。自然界和人类社会的内在规律是秩序的本源，在社会生活领域，秩序是指一定社会的组织制度、结构体系有规则性和连续性，这是社会赖以存在发展的基础条件。从法律角度讲，秩序是指法律调控手段使社会保持的有条理、不混乱的状态，只有依靠法律，才能真正维持秩序。秩序不可能在人类社会中自动生成，因而具有规则性、强制性、稳定性和确定性。

根据法律规定，社会秩序主要分为政治秩序、权力运作秩序、社会经济秩序和社会生活秩序四类。秩序作为法律追求的价值之一，一方面对法律产生影响，另一方面法律对秩序也有积极的作用。

监狱法对秩序发挥着重要作用。其一，监狱法规范秩序，规定了人们的行为模式，使监狱内的生活保持有序性与稳定性。其二，监狱法调节秩序，控制人们的行为，直接调节监狱内的社会关系，间接调节监狱外的各种社会秩序，以避免社会秩序的混乱。其三，监狱法惩罚违法犯罪行为，鼓励保护合法行为，直接保护监狱内的社会秩序不被破坏和扰乱。

第四，平等。从一般意义上讲，平等是指从某一标准来看，人完全处于同一地位，得到了同样的对待。马克思认为："平等是人在实践领域中对自身的意识，也就是人意识到别人是和自己平等的人来对待……它表明人的本质的统一，人类的类意识和类行为、人和人的实际的统一，也就是说，它表明人对人的社会关系或人的关系。"① 根据马克思主义的平等观，法律领域的平等主要指社会生活中人与人之间处于同等地位、享有同等的权利、履行同等的义务。

平等具有绝对性与相对性相统一的特性，绝对性是指人从本质上、从源发性上是平等的，这根源于人的出生平等；相对性是指人从实践上、从后天性上说，平等是有条件的，这根源于人的实际情况的差别性。以主体的不同为标准，平等可分为人与人之间的平等、法人与法人之间的平等、民族之间的平等、国家之间的平等。以平等涉及的领域为标准，平等可分为政治、经济、文化教育、法律待遇的平等以及机会的均等、人类基本需要的平等。平等的核心内容是反对等级特权、剥削、压迫和歧视。法律与平等之间具有内在联系，一方面平等的要求要成为一种现实，必须借助于法律；另一方面法律在实施过程中必须贯彻平等原则。以法律去追求平等，是由社会主体所依存的经济基础决定的。

监狱法对平等有着重要作用。其一，监狱法应将平等要求规定为犯罪服刑人的权利义务，给他们平等地享有权利履行义务奠定法律依据并提供实现的手段。其二，监狱法应保护人们的平等要求，对违犯平等原则的行为进行制裁，为人们普遍平等地享有权利、履行义务提供有力的保障。其三，监狱法应保障人们的平等要求，通过促进政治、经济、社会和文化的发展，为实现平等提供切实可行的物质保证、制度保证、文化保证。

第五，安全。安全是指没有危险、没有威胁、没有事故的状态，满足的是人类自我保护的需要。安全以一定的秩序为条件，没有秩序就产生不了安全。安全作为法律追求的一项价值，对社会意味着安宁与平和，对个人意味着生命、身体、名誉、财产及其他权利受到法律保护。安全在主观上具有绝对的特性，在客观上具有相对的特性。

---

① 《马克思恩格斯全集》（第二卷），人民出版社 2005 年版，第 18 页。

安全的需要反映在法律上，并由法律满足安全的要求。安全要求对法律有重要作用，要求法律把人们对安全的需要具体规定为法律上的权利义务；要求法律调整社会关系时必须考虑人们的安全要求。监狱法对安全有着重要作用，监狱法应规定确保安全的制度，主要是正当防卫制度和诉讼制度；监狱法实施应满足安全的需要，监狱法实施以强制力为后盾，这是确保安全最强有力的手段。

第六，正义。正义是一定社会中各阶层或集团、团体关于社会制度及由此确立的各方面关系是否公正、合理的观念和行为要求。从法律角度讲，正义是人们追求社会生活公正合理的实质、质量和理想，是诸种法律价值调整、和谐的综合。正义具有国家性、物质制约性和历史性的特征。以主体的不同为标准，正义可分为个人的正义、社会的正义和国家的正义。以取得方式不同为标准，正义可分为分配的正义、矫正的正义。以属性不同为标准，正义可分为实质正义和形式正义。

正义意味着公正的法律，法律追求某种完善的目标就是正义。正义对法律有着重要作用，正义要求有法律存在，正义要求法律的内容公正，正义要求适用法律不偏不倚。监狱法对正义有重要作用，监狱法保障并促进分配的正义，调整矫正的正义。监狱法以逆向结果的逻辑关系，保障并促进诉讼的正义。

第七，公平。公平是指对利益分配合理性的认定。从法律角度讲，公平是指处理事情合情合理、不偏袒任何一方，具有评价性、主观性、条件性的特点，可因时代的不同而有所区别。公平是有层次的，第一层次是基本需要的公平，表现为在社会成员之间公平分配社会基本需要资源；第二层次是经济公平，包括机会均等、结果对称；第三层次是社会公平，把不同主体的收入差别调控在社会大多数成员能接受的合理范围内。

法律与公平具有内在的联系，法律公平是取得了法律形式的公平观的体现，也是对公平的价值追求。公平对法律也有着重要作用，要求法律公平地分配全体社会成员的基本权利和自由，要求法律贯彻法律后果与行为相对称的原则，要求法律对参与社会竞争的各方设定公平的条件，要求法律对现实中不合理的差异加以矫正，以实现社会公平。

监狱法对公平有着重要作用，应实施贯彻"法律面前人人平等"的原则，应实施"类似情况类似处理"的原则。监狱法通过这两种原则的贯彻实施，最大限度地保障监狱内的公平。

（三）监狱法价值实现

1. 监狱法价值的作用

监狱法价值的实现就是监狱法价值在法律活动中所发挥的作用，主要包括监狱法价值的取向、激励、调节作用。

第一，监狱法价值的取向作用。人的社会活动是有意识、有目的的，带有一定的方向性。影响人的活动方向的因素很多，最根本的是活动主体的动机系统和价值系统。就监狱法学而言，必须以监狱法的价值取向为准则，监狱法的价值取向主要有媒介、倾向和强制作用。关于媒介作用，监狱法之规定与人们要作出的抉择联系在一起，使人的行为与监狱法的要求相吻合。关于倾向作用，监狱法明显地表现出对行为的肯定或否定性倾向，从而指导人们的行为。关于强制作用，监狱法以强制力为后盾。监狱法的价值取向要求人们必须遵从监狱法，否则要受到法律制裁。

第二，监狱法价值的激励作用。监狱法价值对人的活动有一种推动力，具有激励作用。监狱法价值的激励作用是通过激励人的需要而发挥出来的：开发人的新需要，不断扩大人的行为动力源；满足正当需要，建立需要与劳动等合法活动的正比关系；抑制不正当需要，进行负向压力激励。

第三，监狱法价值的调节作用。为了使行为合法地按照主体所需要的方向发展，监狱法必须施行必要的价值调节，包括行为前调节和行为中调节。行为前调节主要作用于主体的决策活动，使主体选择合法的行为方式及追求的目标。行为中调节能够使主体修正原来的决策方案和实施计划，从而使监狱法的价值与主体所追求的价值相认同、相容。

2. 监狱法价值的实现

监狱法价值的实现是一个过程作用的层面，表现出不同的程度，可分为自然属性层、社会功能层、文化意蕴层。

第一，监狱法的自然属性层。监狱法价值与监狱法的属性是分不开的，监狱法对人的价值首先表现在监狱法的属性上，人们认识监狱法价值，也是最先认识监狱法的属性的价值。把握监狱法属性的价值，是认识监狱法价值并加以实现的第一步。

第二，监狱法的社会功能层。从根本上讲，监狱法价值体现在监狱法的社会功能上。无功能即无作用，也就从根本上失去了存在的理由和意义。监狱法对人有何价值，就要看它本身有何功能。监狱法价值的认识与实践，关键是监狱法功能的判断及其在社会生活中的实现。

第三，监狱法价值的文化意蕴层。监狱法价值实现的最深层次，就是监狱法的文化意蕴价值的实现。文化意蕴就是包含在监狱法中的灵魂，是监狱法的升华象征，是隐含在监狱法中的人文属性、功能之中的人生真理。只有监狱法以合乎人的本性的方式与人发生关系，人与监狱法才能融会贯通，才能把握监狱法的文化意蕴，使监狱法的文化意蕴价值得以实现。

3. 监狱法价值的效益

监狱法价值的效益是监狱法价值通过监狱法实施所达到的现实结果，把效益作为监狱法价值所追求的目标，对监狱法有很大影响。

第一，对监狱法调整范围的影响。监狱法的调整对象是社会中的某些社会关系即行刑法律关系，并非所有的社会关系都由监狱法来调整。把效益作为监狱法的价值追求，不仅需要监狱法被动地确认和维护现存社会关系，而且需要监狱法主动地追求效益。

第二，对监狱法调整方法的影响。效益对监狱法的调整方法也有一定影响，使监狱法调整方法具有灵活性，主要表现在监狱法对权利的保护方法上。监狱法对权利的保护方法主要有财产规则、责任规则、不可剥夺规则。通常情况下，权利受到财产规则、责任规则的保护，这是传统的监狱法保护方法。监狱法把效益作为追求目标后，有时就必须放弃财产规则而单独使用责任规则，比较明显的例证就是关于限制或者剥夺自由的措施。

第三，对权利义务分配的影响。效益使监狱法不仅按正义的要求分配权利义务，而且要以效益作为分配权利义务的标准。在分配经济利益方面的权利义务时，就有必要暂时不考虑平等的价值要求，而应更多地关注效益的目标，才

监/狱/法/学/理/论/与/实/务

能有利于提高资源的使用效益。

案例分析
监狱警察文明执法[①]

一、惊涛骇浪凸显狱警文明风范

2000年8月13日,某省某监狱遭受了一场突如其来的洪水袭击,猛兽般奔腾而来的洪水一度淹没了监舍、道路、桥梁,警察和服刑人员的生命安全受到了严重威胁。监狱警察临危不乱,紧急行动,将遇险的服刑人员全部安全转移,没有一名服刑人员脱逃或死亡,甚至连服刑人员的生活用品也无一被洪水污染。最为值得大书特书的是监狱警察舍生忘死地冲进即将被淹没的监舍,把患病卧床的服刑人员背出来。他们用自己的行动谱写了一曲以人为本、忠于职守的英雄之歌,充分展现了当代监狱人民警察的精神风貌。

二、紧急关头狱警奋不顾身救囚犯

当所有的服刑人员被押解到武警大院后,开始以分监区为单位清点人数,结果发现少了一名服刑人员。在场警察的心一下就提到了嗓子眼,很快查出了被遗漏的服刑人员叫朱某。原来,当天上午,朱某在劳动时因发高烧回监舍吃药休息,住七号仓。监区管教干事沈某一听到这个结果,拔腿就往正被洪水围困的监舍跑去,监区长见状,担心水深势大,一名警察不安全,又连忙派了四名警察去协助。当沈某奔跑到监区时,洪水已齐腰深了,而雨下得更大了,容不得多想,他冒着雨、涉着水快速向监舍走去。到了七号仓,打开门一看,朱某蒙着被子在上铺睡得正沉,对外面的一切浑然不知,沈某立即把他推醒,拉着他就往外跑。朱某边跑边自责:"就怪吃了退烧药,睡着得沉,害了干部。"沈某叫他不要说话,赶快往外跑。

水势越来越大,朱某病体虚弱,倚在沈某身上摇摇晃晃地走着,当走出监

[①] 参见陈伟雄主编:《监所执法工作实例选编》(上册),广州出版社2004年版,第4—8页。

区大门时，洪水已漫到胸部。沈某知道，监区门口左边正是河流的拐弯处，水流回旋大，很危险，不宜久留。当他看到朱某身体虚弱的样子，毫不犹豫弯下腰背起朱某就往监区的马路上走。这时前来协助的四名警察也赶到了，大家七手八脚把朱某背进了武警大院。很快，洪水淹没了监狱。沈某等五名警察不顾生命安全，冲进洪流中抢救被困的服刑人员，这一行动令在场所有的服刑人员深受感动，他们自觉听从警察的指挥，积极地配合，自始至终没有发生任何越轨行为和事故。到12时10分，该监区服刑人员全部安全转移。

三、抗洪显警心，罪囚感恩情

下午2时30分，肆虐过后的洪水渐渐退去。监区组织人员回监仓清扫残渣，进行灾后消毒工作。下午6时35分，监区所有服刑人员全部撤回监区。直到这时，人们才发现：由于警察们全身心投入了转移抢救服刑人员的行动中，五名警察住在监区办公楼一楼的家什全被冲走了；放置在监区门口的五辆摩托车也全被冲倒、浸坏。监区所有警察、职工都在接到紧急呼叫后赶到监区协助转移工作，甚至连休假的警察也翻山越岭赶回监区。正因为监狱警察有这种顾全大局、舍生忘死的精神，才确保了服刑人员的生命安全，使他们又重新回到了清洁、干净的监舍区内开始正常的改造生活。

在这次洪水中被救出的朱某，深感监狱的人道主义政策和监狱人民警察的坦荡胸怀，积极投入到改造中去，真诚悔改，表现突出，于2001年8月20日获减刑提前出狱。他出狱时，感动得痛哭流涕，跪在管教沈某和监区领导面前，激动地说："是你们教育了我，挽救了我，是你们给了我第二次生命，我一定会好好珍惜，回归社会后做一个有利于人民的人，来报答政府的教育和救命之恩！"

洪水无情人有情！在这次抗洪斗争中，监狱人民警察、武警官兵听从指挥，团结奋斗，雷厉风行，不顾个人安危和损失，将国家和人民的利益放在高于一切的位置，全力确保了服刑人员的生命安全和国家财产安全。在惊涛骇浪中，他们以不怕困难、不怕艰险、不怕牺牲的大无畏精神和刚强的意志筑起了一道洪水无法冲垮的钢铁长城，谱写出一曲壮丽的凯歌，是监狱人民警察和武警官兵人性与威严的一次充分展示。洪水过后，值得深思的是，在监狱工作发展的漫长道路上，要面对的不仅仅是一次特大洪水的袭击，更不只是自然灾害的考验，还将有更多的艰难险阻需要去沉着应对。只有继续发扬这种团结起来与灾害搏斗、与艰险抗争的英勇抗洪精神，才能不断地战胜前进与发展中的各种困难。在任何时候，只要监狱固守抗洪勇士不倒的警魂，监狱就有战胜一切困难的力量，监狱事业就能不断地从胜利走向更大的胜利！

第三章
Chapter 3

监狱法律关系

《监狱法》在实施过程中,会生成诸多法律关系,既有与法院、检察院的法律关系,也有与公安机关的法律关系;既有与国家机关的法律关系,也有与公民个人的法律关系。其中,最核心的有两种:其一是监狱与服刑公民的行刑法律关系,其二是监狱警察与服刑公民的行刑管教关系。

第一节 监狱行刑法律关系

一、监狱行刑法律关系的主体

(一)定义

1. 法律关系主体

法律关系主体又称权利义务主体,是指法律关系参加者,即在具体法律关系中依法享受权利并承担义务的公民或组织。在法理学上,法律关系主体一般可分为以下三类:

第一,个人主体。个人主体又称为自然人,个人的权利能力以个人本身的存在为前提,公民作为个人主体是最基本的、占绝对多数的法律关系主体,在我国凡是取得中华人民共和国国籍的人都是公民基本权利和义务的承担者,可以与其他公民、社会组织、国家机关发生各种各样的法律关系。

第二，集体主体。集体主体包括两种：一种是国家机关，即执行国家权力的国家组织，如国家的权力机关、审判机关、行政机关等，在各自的职权范围内活动，分别可以成为宪法关系、刑事或民事审判法律关系、刑罚执行法律关系的主体；另一种是社会组织，即从事政治经济以及社会活动的集体，如政党、社会团体、企事业单位。

第三，国家。国家作为一个整体，是一些重要法律关系的主体。这些法律关系包括民事法律关系、刑事法律关系和国际法律关系等。比如，国家在发行国债是，与购买国债的个人和组织就形成了民法上的债权债务关系；又如，国家时国有资产的所有者，是所有权关系的主体。在刑事法律关系中，国家是追究违法者责任的权力主体。在国际法关系中，国家是国际法规定的权利的享有者和义务的承担者。

2. 监狱行刑法律关系主体

在监狱行刑法律关系中，根据宪法、刑法、刑事诉讼法、监狱法的规定，监狱拥有自己的权力和职责，罪犯享有一定的权利和义务，两者都有独立的意志，都是主体，监狱行刑法律关系就发生在这两个特定的主体之间。

第一，任何法律关系至少不能少于两方对应的主体。一般情况下，法律关系在两个主体之间形成，如婚姻法律关系中必须有夫与妻两者，债权法律关系中有债权人与债务人两者。只有在至少两者之间，才能发生一定的法律关系，如果只有一方，在法律意义上绝对不能发生任何关系。正是因为监狱依法对罪犯执行刑罚，两者之间才发生了法律联系，建立了监狱行刑法律关系。

第二，法律关系的主体必须具有独立的人格，即权利主体能力。独立的人格或权利主体能力有两个构成因素：其一是享有权利和承担义务的能力，也就是权利能力；其二是独立地以自己的行为实现权利和义务的能力，也就是行为能力。有无行为能力取决于有无意志自由，法律关系主体作为一定社会关系的参加者，必须具有外在的独立性，能以自己的名义享受权利和承担义务，具有一定的意志自由；反之，依附于其他主体没有外在的独立性，则不能成为法律关系的主体。一定意义上讲，国家是由各个具体的国家机关构成的，不同的国家机关具有参与不同法律关系的能力，也就是说它们分别具有参与各自对应法律关系的权利主体能力，这是由国家的法律所确定的。

我国现行《宪法》第28条规定："国家维护社会秩序，镇压叛国和其他危害国家安全的犯罪活动，制裁危害社会治安、破坏社会主义经济和其他犯罪的活动，惩办和改造犯罪分子。"《刑法》第46条规定："被判处有期徒刑、无期徒刑的犯罪分子，在监狱或者其他执行场所执行；凡有劳动能力的，都应当参加劳动，接受教育和改造。"第48条第1款规定："死刑只适用于罪行极其严重的犯罪分子。对于应当判处死刑的犯罪分子，如果不是必须立即执行的，可以判处死刑同时宣告缓期二年执行。"《刑事诉讼法》第264条第2款规定："对被判处死刑缓期二年执行、无期徒刑、有期徒刑的罪犯，由公安机关依法将该罪犯送交监狱执行刑罚。对被判处有期徒刑的罪犯，在被交付执行刑罚前，剩余刑期在三个月以下的，由看守所代为执行。对被判处拘役的罪犯，由公安机关执行。"第273条第2款规定："被判处管制、拘役、有期徒刑或者无期徒刑的罪犯，在执行期间确有悔改或者立功表现，应当依法予以减刑、假释的时候，由执法机关提出建议书，报请人民法院审核裁定……"《监狱法》第2条规定："监狱是国家的刑罚执行机关。依照刑法和刑事诉讼法的规定，被判处死刑缓期二年执行、无期徒刑、有期徒刑的罪犯，在监狱内执行刑罚。"

由此可见，监狱是监狱行刑法律关系的一方主体，依法拥有权力和职责，以自己参加监狱行刑法律关系的主体身份独立地实现拥有的权力和职责，根据国家职能的划分，国家把执行刑罚惩罚改造罪犯的意志赋予了监狱。因此，作为国家机关之一的监狱，刑罚执行机关就成为执行刑罚惩罚改造罪犯这个国家意志的具体承担者，国家的这个意志是监狱所特有的、唯一的意志。除此之外，监狱没有什么别的意志自由，监狱以自己的这个唯一意志、以自己的行为实现所拥有的权力和职责，即对罪犯执行刑罚、充当监狱行刑法律关系的一方主体，监狱参与监狱行刑法律关系的主体权利能力和行为能力是由国家设置监狱的宗旨所决定的。服刑罪犯参与监狱行刑法律关系的权利主体能力，也是由我国现行《宪法》《刑法》《刑事诉讼法》《监狱法》所规定的，服刑罪犯拥有一定的权利和义务，以自己的意志作出一定的行为，监狱与罪犯不存在依附、归属关系，两者不能互相取代。在行刑管辖下，监狱与罪犯结成监狱行刑法律关系，成为该法律关系的主体。

第三，法律关系主体的数目是由该法律关系的性质决定的。监狱行刑法律关系的性质，就是监狱执行刑罚惩罚改造罪犯、罪犯承受刑罚被改造的行刑管辖关系，前者是刑罚执行者，依法执行刑罚惩罚改造罪犯；后者是刑罚承受者，依法接受刑罚的惩罚和改造。在监狱行刑法律关系中，如果只承认监狱是主体，而否认罪犯是主体，那么刑罚就无的放矢，失去了承受者；反之，只承认罪犯是主体，而否认监狱是主体，那么刑罚就无所实施，失去了执行者，这显然不符合监狱行刑工作的实际情况，在法理上也是讲不通的。根据我国现行《宪法》《刑法》《刑事诉讼法》《监狱法》的规定，只有监狱才有权依法对判处死刑缓期二年执行、无期徒刑、有期徒刑的罪犯执行刑罚，因此，这两者是监狱行刑法律关系的主体。

具体讲，监狱包括一般监狱、女犯监狱、病犯监狱、未成年犯监狱（未成年人犯管教所）等，罪犯包括被判处死刑缓期二年执行、无期徒刑、有期徒刑并收监执行的成年罪犯和未成年罪犯。监狱行刑法律关系的主体——监狱、罪犯，可以具体到某个监狱、某个罪犯。按照法律关系主体的具体程度来划分，监狱行刑法律关系属于具体法律关系。监狱行刑法律关系的双主体是区别于刑事审判法律关系的标志之一，后者是多主体，即参加刑事审判法律关系的有人民检察院、人民法院、诉讼参加人和诉讼参与人等。

3. 非监狱行刑法律关系主体

至于根据《刑法》《刑事诉讼法》被判处管制、死刑立即执行、缓刑、监外执行的罪犯，以及《监狱法》第 16 条规定拒绝收押的罪犯，均不能成为监狱行刑法律关系的主体。《刑法》第 38 条规定，对被判处管制的犯罪分子，依法实行社区矫正；第 43 条规定，被判处拘役的犯罪分子，由公安机关就近执行刑罚。依照《刑法》第 48 条规定，"死刑只适用于罪行极其严重的犯罪分子"，死刑是剥夺犯罪分子生命的刑罚，由枪决方法或静脉注射执行。《刑法》第 72 条规定，对于被判处拘役、三年以下有期徒刑的犯罪分子，同时符合下列条件的，可以宣告缓刑，对于其中不满十八周岁的人、怀孕的妇女和已满七十五周岁的人,应当宣告缓刑:① 犯罪情节较轻;② 有悔罪表现;③ 没有再犯罪的危险;④ 宣告缓刑对所居住社区没有重大不良影响。被宣告缓刑的犯罪分子,在缓刑考验期内,依法实行社区矫正。缓刑是对于被判处拘役、三年以下有期徒刑的犯罪分子,在一定的考验期限内,如果没有再犯新罪,缓刑考验期满,原判的刑罚就不再执行的一项刑罚制度。《刑事诉讼法》第265条规定:"对被判处有期徒刑或者拘役的罪犯,有下列情形之一的,可以暂予监外执行:(一)有严重疾病需要保外就医的;(二)怀孕或者正哺乳自己婴儿的妇女;(三)生活不能自理,适用暂予监外执行不致危害社会的。对被判处无期徒刑的罪犯,有前款第二项规定情形的,可以暂予监外执行……"不过,《刑事诉讼法》规定的"暂予监外执行",只是一种暂时处置,条件消失后,仍要由监狱收监执行,从而,监狱与罪犯结成监狱行刑法律关系。《监狱法》第27条规定,对暂予监外执行的罪犯,依法实行社区矫正。这类罪犯不由监狱执行刑罚,不能形成监狱行刑法律关系,因而不能成为监狱行刑法律关系的主体。同样道理,单处罚金、剥夺政治权利、没收财产等附加刑的罪犯,也不能成为监狱行刑法律关系的主体。

值得注意的是,不能把国家整体以及监狱人民警察当作监狱行刑法律关系的主体。

首先,就国家整体而言,其不能成为监狱行刑法律关系的主体,理由如下:

从国家职能的实现来看,随着国家的产生,最重要的社会管理职能便成了国家行使的职能。正如恩格斯所说:"政治统治到处都是以执行某种社会职能为基础,而且政治统治只有在它执行了它的这种社会职能时才能持续下去。"[1]由此可见,国家所进行的国家管理是社会管理的一种极其重要的形式,是以国家的名义在国家所管辖的范围内行使管理的职能。国家是由各种不同的具体的国家机关构成的,每一具体的国家机关都有其所特有的活动形式和活动方法。国家整体需要管理的社会事务极其广泛、庞杂,它只能从宏观上进行调控,没有必要也不可能事必躬亲地介入各种具体的管理事务中,而是授权特定的国家

---

[1] 《马克思恩格斯选集》(第三卷),人民出版社2012年版,第559—560页。

机关以国家赋予的意志承担相应具体事务的管理职能。在我国，根据《宪法》及其他法律规范的规定，统一的国家权力是通过不同的国家机关的具体活动来实现的，其中包括：① 国家权力机关统一行使国家立法权的活动；② 国家行政机关进行的行政管理活动；③ 国家检察机关进行的法律监督活动；④ 国家审判机关进行的审判活动；⑤ 国家的刑事执行机关即监狱所进行的执行刑罚惩罚和改造罪犯的活动；等等。各个具体的国家机关各施其职、分工负责、互相配合，不同的国家机关相应地介入各自的社会关系中，具体到监狱执行刑罚，则是刑事执行机关投身到监狱行刑法律关系之中。

从监狱行刑法律关系的具体程度来看，监狱行刑法律关系是部门法之一的《监狱法》所调整的具体法律关系，要求其法律关系的参与者也必须是具体的主体，其中之一为具体的国家机关——监狱。在这里，对国家不能抽象地理解，国家是由各个具体的国家机关所组成的，是通过各个国家机关的具体活动而发挥作用的。作为一个整体的国家，是全体人民的意志和利益的最高代表，可以成为一般法律关系的主体，如国家整体可以成为对矿藏、森林等自然资源的财产所有权关系的主体，可以成为生产资料所有权法律关系的主体，等等，但不能成为具体法律关系的主体。只有作为国家整体组成部分的具体国家机关，才能成为具体法律关系的一方主体。监狱行刑法律关系是具体法律关系，所以，不能把国家整体认为是监狱行刑法律关系的一方主体，只有监狱才能成为监狱行刑法律关系的一方主体。

其次，就监狱人民警察而言，其不能成为监狱行刑法律关系的主体，理由如下：

从历史发展来看，自从出现了国家以后，国家就把给他人造成生命、健康、财产损失以及危害国家利益、机关、团体、企事业单位权益的行为规定为犯罪，并授权刑罚执行机关执行刑罚惩罚和改造犯罪人，结束了原始社会个人对个人的"以血还血，以牙还牙"的同态报复行为，处理犯罪问题不再是个人之间的私事，而成为国家打击犯罪、维护社会治安的国家职能，这个国家职能由具体的国家机关来承担。从法理的角度讲，执行刑罚与承受刑罚法律关系中必须由国家的刑罚执行机关担当该法律关系的一方主体。因此，作为刑罚执行法律关系之一的监狱行刑法律关系的一方主体，必须是国家的行刑执行机关——监狱，而不是监狱里的办事人员——监狱行刑工作干警。

从监狱法等法律规范的规定来看，《宪法》《刑法》《刑事诉讼法》《监狱法》等规定，有权对罪犯执行死刑缓期二年执行、无期徒刑、有期徒刑的，只能是监狱，而不是监狱人民警察。国家通过法律规定，赋予监狱执行刑罚的意志、权力职责，使之具有了担当监狱行刑法律关系主体的资格，监狱从而以自己的名义、自己的行为实现刑罚执行的权力职责，成为监狱行刑法律关系的一方主体。法律并没有赋予监狱人民警察担当监狱行刑法律关系主体的资格，在监狱行刑法律关系中，监狱人民警察不能以自己个人的名义作出任何监狱行刑法律关系的权力行为和义务行为。

从监狱与监狱人民警察的关系来看，监狱人民警察是监狱任用的工作人员，具体负责监狱执行刑罚过程中的日常管理事务，两者之间是一种监狱人民警察基于工作而与监狱结成的人事行政管理关系。监狱本身就包含了监狱人民警察，监狱人民警察是监狱的有机组成部分，依附于监狱，不能以自己个人意志、身份作出监狱行刑法律关系方面的权力义务行为。例如，监狱人民警察不能按自己个人的意志、身份收押释放罪犯，他们在所从事的工作中的所作所为都必须服从监狱对工作人员的规定等，否则就要承担一定的责任。监狱作为监狱人民警察的有机集合整体，是其外在的独立存在的法律形式，因此，只有监狱才能成为监狱行刑法律关系的一方主体。

从监狱人民警察的身份来看，监狱人民警察的身份具有双重性，一则作为公民个人，一般情况下与犯罪分子"旧日无仇，今日无冤"，即使是犯罪分子旧时的受害者，也不会（也绝对不能）与犯罪分子结成刑罚执行法律关系而对罪犯执行刑罚；二则由于工作的需要，作为监狱的工作人员，具体负责监狱执行刑罚的日常管理事务，必须遵守监狱的规章制度，不能以自己个人意志、工作人员的身份独立地行事。而监狱只有一个身份，那就是刑罚执行机关，监狱人民警察个人不能等同于监狱，个人意志不能等同于国家赋予监狱的意志，因此，监狱人民警察个人不论以何种身份出现，均不能成为监狱行刑法律关系的一方主体。

从法律关系主体的分类来看。法学界一致的观点是，法律关系的主体可以分为公民个人、集体和国家（包括国家机关）三类主体形式。在法学基础领域内，还没有人提出过"工作人员"取代或等同于国家机关而成为某种法律关系主体的观点。

从监狱行刑法律关系方面看，监狱行刑法律关系是具体的法律关系，其主体——监狱、罪犯是非常明确的，也是具体确定的，可以具体到某一监狱和某一罪犯。就监狱人民警察而言，如果认为他们是监狱行刑法律关系的主体，则显然不适合监狱行刑法律关系主体具体性的要求。任何法律关系，如果一方主体消亡，则法律关系就自然解除，这是一般法律原则。监狱人民警察个人受自然规律的制约，有工作休息、离退休、死亡等情况发生，如果他们是监狱行刑法律关系的主体，那么若有上述情况出现，监狱行刑法律关系就必然暂时终止或永远结束，显然不符合法律关系存在、结束的要求。这都说明了监狱人民警察不是监狱行刑法律关系的主体。而监狱作为监狱行刑法律关系的一方主体，受国家的制约，不会发生上述现象，只要有国家存在，有犯罪对应的刑罚存在，就决不会没有刑罚执行机关——监狱的存在。如果有人认为，监狱人民警察是个整体，不受个人自然现象的影响制约，能成为监狱行刑法律关系的主体，那么监狱正是监狱人民警察这个整体的外在独立存在的法律形式，因而又可归结为：只有监狱才能担当监狱行刑法律关系的一方主体。

不过，监狱的行刑活动归根到底是通过其工作人员的工作行为而实现、落实的，就此而言，必须承认监狱人民警察与罪犯结成了一定的关系，这是另一层次的关系。笔者认为，监狱人民警察与罪犯形成的关系是行刑管理或管教关系。基于工作而形成的工作关系，无非是管事、管财、管物、管人，监狱人民警察与罪犯的关系，不仅是对罪犯的管理，更是对罪犯的教育，本章第二节会详细论述。

（二）特点

1. 主体的特定性

只有监狱以及负有刑事责任并被判处特定刑罚而被收押的罪犯，才能成为监狱行刑法律关系的主体，其他任何国家机关、企事业单位、社会团体和公民都不是监狱行刑法律关系的主体。

根据我国现行《刑法》《刑事诉讼法》《监狱法》的规定,具体来讲,监狱一般包含女监或女分监、病犯监狱、未成年管教所、新收犯监狱;收押服刑的罪犯是指被判处死刑缓期二年执行、无期徒刑、有期徒刑并被收押入监的罪犯,其中包括成年犯、未成年犯、女犯。

2. 主体地位的矛盾对立性

在监狱行刑法律关系中,监狱与罪犯处于绝对不平等的地位,是矛盾对立关系。监狱依法对服刑罪犯执行刑罚惩罚和改造罪犯,执行国家赋予的行刑权,体现着国家权力的主权性和强制性,始终立于执行刑罚的地位;而服刑罪犯始终处于必须承受刑罚、接受惩罚和改造的地位,显然两者在监狱行刑法律关系中的地位是绝对不平等的,这是由监狱的刑罚管辖所决定的。

就主体地位划分,监狱行刑法律关系属于非平等的刑罚管辖法律关系。这就与地位平等的民事法律关系、经济法律关系划清了界限,与工作录用和被录用的劳动法律关系、人事管辖与归属的行政法律关系区别开来。

3. 主体意志的唯一性

在监狱行刑法律关系中,只体现法律关系一方主体——监狱惩罚和改造罪犯的执行刑罚意志。监狱行刑法律关系的建立、变更和终止,是由国家赋予监狱执行刑罚惩罚和改造罪犯的意志所决定的,罪犯个人没有意志选择的自由,罪犯不论愿不愿意都必须承受强制性的刑罚,监狱行刑法律关系也不是在监狱与服刑罪犯之间双方协商、共同合意的意志基础上产生的。这就与工作性的自由选择的劳动法律关系或行政法律关系区别开了。

二、监狱行刑法律关系的内容

(一)定义

1. 法律关系的内容

从法律意义上讲,权利是指国家法律所确认和保护的法律关系主体所具有的某种职能,义务是指法律关系主体依法承担的某种必须履行的责任。就国内法的部门法律关系范围而言,根据法律关系权利主体的不同,权利(力)可分为国家机关的权力和公民个人的权利;根据法律关系义务主体的不同,义务可分为国家机关的职责与公民个人的义务。任何法律关系之中,其法律关系的主体都是一定权利和义务的承担者，法律关系主体的权利和义务就构成了该法律关系的内容。

2. 监狱行刑法律关系的内容

我国监狱法律规范赋予了监狱依法对服刑罪犯执行刑罚的权力和职责，同时也规定了服刑罪犯拥有一定的权利和义务。因此，监狱行刑法律关系的内容包括监狱的刑罚执行权力和职责以及服刑罪犯相应承受刑罚的权利和义务两个方面。

第一，监狱的刑罚执行权力和职责。监狱执行刑罚的法律地位决定其享有下列权力：

（1）收押审查权。收押审查权是指监狱依法接收并审查人民法院交付执行的执行通知书、判决书等执法文件，接受验明罪犯入监服刑的权力。我国《刑事诉讼法》第259条规定："判决和裁定在发生法律效力后执行。下列判决和裁定是发生法律效力的判决和裁定：（一）已过法定期限没有上诉、抗诉的判决和裁定；（二）终审的判决和裁定；（三）最高人民法院核准的死刑的判决和高级人民法院核准的死刑缓期二年执行的判决。"第264条规定："罪犯被交付执行刑罚的时候，应当由交付执行的人民法院在判决生效后十日以内将有关的法律文书送达公安机关、监狱或者其他执行机关。对被判处死刑缓期二年执行、无期徒刑、有期徒刑的罪犯，由公安机关依法将该罪犯送交监狱执行刑罚……"《监狱法》第三章"刑罚的执行"第一节"收监"第15、16条规定："人民法院对被判处死刑缓期二年执行、无期徒刑、有期徒刑的罪犯，应当将执行通知书、判决书送达羁押该罪犯的公安机关，公安机关应当自收到执行通知书、判决书之日起一个月内将该罪犯送交监狱执行刑罚。罪犯在被交付执行刑罚前，剩余刑期在三个月以下的，由看守所代为执行。""罪犯被交付执行刑罚时，交付执行的人民法院应当将人民检察院的起诉书副本、人民法院的判决书、执行通知书、结案登记表同时送达监狱。监狱没有收到上述文件的，不得收监；上述文件不齐全或者记载有误的，作出生效判决的人民法院应当及时补充齐全或者作出更正；对其中可能导致错误收监的，不予收监。"第17、18条规定，罪犯收监后，监狱应当对其进行身体检查，应当严格检查其人身和所携带的物品；非生活必需品由监狱代为保管或者征得罪犯同意退回其家属，违禁品予以没收，女犯由女性人民警察检查。近年来，司法实践中遇到了两性人犯的现象，对于两性罪犯，不论是收押入男监还是收押入女监，都是不妥的，实践中男监女监都拒绝收押两性罪犯。笔者认为，两性罪犯可先做变性手术，待康复后再收押进相应的监狱。

（2）内管警戒监管权。内管警戒监管权是指监狱依法执行刑罚把罪犯收押入监与社会隔离，监禁罪犯、实行严格管理的权力。《监狱法》第39、40条规定了分管分押，监狱对成年男犯、女犯和未成年犯实行分开关押和管理，对未成年犯和女犯的改造，应当照顾其生理、心理特点。监狱根据罪犯的犯罪类型、刑罚种类、刑期、改造表现等情况，对罪犯实行分别关押，采取不同方式管理，女犯由女性人民警察直接管理。第41—44条规定了警戒制度，监狱的武装警戒由人民武装警察部队负责，监狱发现在押罪犯脱逃，应当即时将其抓获，不能即时抓获的，应当立即通知公安机关，由公安机关负责追捕，监狱密切配合。监狱根据监管需要，设立警戒设施。监狱周围设警戒隔离带，未经准许，任何人不得进入；监区、作业区周围的机关、团体、企业事业单位和基层组织应当协助监狱做好安全警戒工作。第45、46条规定了监狱使用戒具的制度、使用武器的制度。第47—49条规定了犯人的通信、会见制度，罪犯在服刑期间可以与他人通信，但是来往信件应当经过监狱检查，监狱可以扣留有碍罪犯改造内容的信件，罪犯写给监狱的上级机关和司法机关的信件不受检查，罪犯在监狱服刑期间可以会见亲属、监护人，经监狱批准、检查后罪犯可以收受物品和钱款。第50—55条规定了生活、卫生制度，罪犯的生活标准按国家规定的实物量计算，罪犯的被服由监狱统一配发，应当照顾少数民族罪犯的特殊生活习惯，罪犯居住的监舍应当坚固、通风、透光、清洁、保暖，监狱应当设立医疗机构和生活、卫生设施和建立罪犯生活、卫生制度，罪犯的医疗保健列入监狱所在地区的卫生、防疫计划。罪犯在服刑期间死亡的，监狱应当立即通知罪犯家属和人民检察院、人民法院；罪犯因病死亡的，由监狱作出医疗鉴定。人民检察院对监狱的医疗鉴定有疑义的，可以重新对死亡原因作出鉴定。罪犯家属有疑义的，可以向人民检察院提出。罪犯非正常死亡的，人民检察院应当立即检验,对死亡原因作出鉴定。根据这些规定来看,监狱的内管警戒监管权的落实包括:将服刑罪犯与社会隔离,严密地监禁起来,对其进行全面的严格的监控管理。

(3) 执行剥夺限制权。执行剥夺限制权,是指监狱依法按照人民法院所做出的判决种类剥夺或限制服刑罪犯某些权利自由的权力。监狱在执行刑罚的实践中,犯人在服刑期间没有人身自由;凡被剥夺政治权利的,没有政治权利;没有剥夺政治权利的,暂时停止行使政治权利。根据《刑法》第54条规定,剥夺政治权利是剥夺下列权利:① 选举权和被选举权;② 言论、出版、集会、结社、游行、示威自由的权利;③ 担任国家机关职务的权利;④ 担任国有公司、企业、事业单位和人民团体领导职务的权利。《刑法》第58条第1款规定:"附加剥夺政治权利的刑期,从徒刑、拘役执行完毕之日或者假释之日起计算;剥夺政治权利的效力当然施用于主刑执行期间。"《刑事诉讼法》第270条规定:"对被判处剥夺政治权利的罪犯,由公安机关执行。执行期满,应当由执行机关书面通知本人及其所在单位、居住地基层组织。"

限制服刑罪犯的人身自由,具体包括三大自由:其一生活自由——① 饮食自由,监狱服刑人不能根据自身口味偏好挑选自己喜爱食用的食物;② 穿戴自由,监狱服刑人不能根据自身喜好随意着衣打扮;③ 居住自由,监狱服刑人不能根据自己的意愿选择住所;④ 行为自由,监狱服刑人不能根据自身的意愿随意作出或不作出某种行为而不负相关责任。其二爱情自由——① 情爱自由,监狱服刑人无法自由地进行社会交往,无法出于好感而与人亲近;② 性爱自由,监狱服刑人不能随心所欲地做出性爱行为。其三亲养自由——① 抚养自由,监狱服刑人不能现场身体力行地做出抚养行为;② 赡养自由,监狱服刑人不能现场身体力行地做出赡养行为;③ 扶养自由,监狱服刑人不能现场身体力行地做出扶养行为。上述三个方面,实际上就是限制监狱服刑人与其人身自由相联系的自由权利,通常也包括服刑罪犯的日常生活以及社会活动方面的权利自由,或者对权利自由的内容进行限制,或者对权利自由行使的方式进行限制。

(4) 教育改造罪犯的权力。教育改造罪犯的权力是指监狱依法执行刑罚,对服刑罪犯进行改造使之成为守法公民的权力。《监狱法》第 61—70 条规定了对罪犯的教育改造制度，教育改造罪犯实行因人施教、分类教育、以理服人的原则，采取集体教育与个别教育相结合、狱内教育与社会教育相结合的方法，对罪犯进行法制、道德、形势、政策、前途等内容的教育。

教育改造罪犯可分为三个方面：其一是政治思想教育，主要包括坚持四项基本原则教育、法制和认罪教育、人生观教育、道德教育、形势教育、政治前途教育等；其二是文化知识教育，按照犯人的实际文化水平程度分别编班编组，文盲的进行扫盲教育，小学班进行小学四年级以上文化课教育，初中班进行初中文化课教育，提高班进行高中以上文化课教育，高中以上文化程度的组织自选科目学习，具备条件的还可组织参加电大或函授学习，文化教育考试合格的要发给证书；其三是劳动生产技术培训，要本着"做什么、学什么"的原则，采取包教、包学、开设技术讲座和训练班等形式进行，还应当积极创造条件，逐步推行包含技工学校或者职业中学主要课程的教育，对犯人的技术教育要定期考核，并按照国家的有关规定评定技术等级，在犯人刑满释放时发放技术等级证书。

（5）提请复查权力。提请复查权力是指在监狱依法执行刑罚过程中，罪犯又犯新罪或者发现了判决的时候所没有发现的罪行，或者认为判决有错误或者罪犯提出申诉，向人民法院或人民检察院提请复查处理的权力。根据《刑事诉讼法》第 273、275 条的规定，罪犯在服刑期间又犯罪的，或者监狱发现了判决的时候所没有发现的罪行，移送人民检察院处理；监狱在刑罚执行中，如果认为判决有错误或者罪犯提出申诉，应当转请人民检察院或者原判人民法院处理。依据《监狱法》第 21—24 条的规定，对生效判决不服的罪犯可以提出申诉，人民检察院或者人民法院应当及时处理罪犯的申诉；监狱应当及时处理罪犯提出的控告、检举材料，或者转送公安机关或者人民检察院处理，公安机关或者人民检察院应当将处理结果通知监狱。监狱应当及时转递罪犯的申诉、控告、检举材料，不得扣压。监狱在执行刑罚过程中，根据罪犯的申诉，认为判决可能有错误的，应当提请人民检察院或者人民法院处理，人民检察院或者人民法院应当自收到监狱提请处理意见书之日起六个月内将处理结果通知监狱。

（6）提议权。提议权是指在监狱依法执行刑罚过程中，根据罪犯的服刑表现向人民法院提请减刑或假释的权力。《刑法》第78—80条规定了实体层面的减刑制度，第81—86条规定了实体层面的假释制度。《刑事诉讼法》第273、274条规定了程序层面的减刑制度和假释制度。《监狱法》第29—34条规定了执行层面的减刑制度和假释制度，对于罪犯的减刑、假释，监狱拥有提议权。被判处无期徒刑、有期徒刑的罪犯，在服刑期间确有悔改或者立功表现的，根据监狱考核的结果，可以减刑。有下列重大立功表现之一的，应当减刑：① 阻止他人重大犯罪活动的；② 检举监狱内外重大犯罪活动，经查证属实的；③ 有发明创造或者重大技术革新的；④ 在日常生产、生活中舍己救人的；⑤ 在抗御自然灾害或者排除重大事故中，有突出表现的；⑥ 对国家和社会有其他重大贡献的。减刑建议由监狱向人民法院提出，人民法院应当自收到减刑建议书之日起一个月内予以审核裁定；案情复杂或者情况特殊的，可以延长一个月。减刑裁定的副本应当抄送人民检察院。被判处死刑缓期二年执行的罪犯，在死刑缓期执行期间，符合法律规定的减为无期徒刑、有期徒刑条件的，二年期满时，所在监狱应当及时提出减刑建议，报经省、自治区、直辖市监狱管理机关审核后，提请高级人民法院裁定。被判处无期徒刑、有期徒刑的罪犯，符合法律规定的假释条件的，由监狱根据考核结果向人民法院提出假释建议，人民法院应当自收到假释建议书之日起一个月内予以审核裁定；案情复杂或者情况特殊的，可以延长一个月。假释裁定的副本应当抄送人民检察院。人民法院裁定假释的，监狱应当按期假释并发给假释证明书。对不符合法律规定的减刑、假释条件的罪犯，不得以任何理由将其减刑、假释。人民检察院认为人民法院减刑、假释的裁定不当，应当依照刑事诉讼法规定的期间向人民法院提出书面纠正意见。对于人民检察院提出书面纠正意见的案件，人民法院应当重新审理。

（7）决定保外就医、监外执行的权力。决定保外就医、监外执行的权力是指监狱在依法执行刑罚过程中，根据罪犯的情况决定对其保外就医、监外执行的权力。《刑事诉讼法》第265—267条规定了程序层面的保外就医、监外执行制度："对被判处有期徒刑或者拘役的罪犯，有下列情形之一的，可以暂予监外执行：(一)有严重疾病需要保外就医的；(二)怀孕或者正在哺乳自己婴儿的妇女；(三)生活不能自理，适用暂予监外执行不致危害社会的。对被判处无期徒刑的罪犯，有前款第二项规定情形的，可以暂予监外执行。对适用保外就医可能有社会危险性的罪犯，或者自伤自残的罪犯，不得保外就医。对罪犯确有严重疾病，必须保外就医的，由省级人民政府指定的医院诊断并开具证明文件。在交付执行前，暂予监外执行由交付执行的人民法院决定；在交付执行后，暂予监外执行由监狱或者看守所提出书面意见，报省级以上监狱管理机关或者设区的市一级以上公安机关批准。""监狱、看守所提出暂予监外执行的书面意见的，应当将书面意见的副本抄送人民检察院，人民检察院可以向决定或者批准机关提出书面意见。""决定或者批准暂予监外执行的机关应当将暂予监外执行决定抄送人民检察院，人民检察院认为暂予监外执行不当的，应当自接到通知之日起一个月以内将书面意见送交决定或者批准暂予监外执行的机关，决定或者批准暂予监外执行的机关接到人民检察院的书面意见后，应当立即对该决定进行重新核查。"

《监狱法》第25—27条规定了执行层面的监外执行制度，对于被判处无期徒刑、有期徒刑在监内服刑的罪犯，符合《刑事诉讼法》规定的监外执行条件的，可以暂予监外执行。暂予监外执行，由监狱提出书面意见，报省、自治区、直辖市监狱管理机关批准。批准机关应当将批准的暂予监外执行决定通知公安机关和原判人民法院，并抄送人民检察院。人民检察院认为对罪犯适用暂予监外执行不当的，应当自接到通知之日起一个月内将书面意见递交批准暂予监外执行的机关，批准暂予监外执行的机关接到人民检察院的书面意见后，应当立即对该决定进行重新核查。

(8)考核奖惩权。考核奖惩权是指监狱在依法执行刑罚过程中对服刑罪犯进行考核奖惩的权力。《监狱法》第56—58条规定了考核奖惩制度，其中第56条规定，监狱应当建立罪犯的日常考核制度，考核的结果作为对罪犯奖励和处罚的依据。第57条规定，罪犯有下列情形之一的，监狱可以给予表扬、物质奖励或者记功：① 遵守监规纪律，努力学习，积极劳动，有认罪服法表现的；② 阻止违法犯罪活动的；③ 超额完成生产任务的；④ 节约原材料或者爱护公物，有成绩的；⑤ 进行技术革新或者传授生产技术，有一定成效的；⑥ 在防止或者消除灾害事故中作出一定贡献的；⑦ 对国家和社会有其他贡献的。被判处有期徒刑的罪犯有上述所列情形之一，执行原判刑期1/2以上，在服刑期间一贯表现好，离开监狱不致再危害社会的，监狱可以根据情况准其离监探亲。第58条规定，罪犯有下列破坏监管秩序情形之一的，监狱可以给予警告、记过或者禁闭：① 聚众哄闹监狱，扰乱正常秩序的；② 辱骂或者殴打人民警察的；③ 欺压其他罪犯的；④ 偷窃、赌博、打架斗殴、寻衅滋事的；⑤ 有劳动能力拒不参加劳动或者消极怠工，经教育不改的；⑥ 以自伤、自残手段逃避劳动的；⑦ 在生产劳动中故意违反操作规程，或者有意损坏生产工具的；⑧ 有违反监规纪律的其他行为的。依照上述规定对罪犯实行禁闭的期限为七天至十五天。罪犯在服刑期间有上述所列行为，构成犯罪的，依法追究刑事责任。

（9）监内侦查权。监内侦查权是指监狱在依法执行刑罚过程中对服刑罪犯在监狱内的犯罪进行侦查的权力。《刑事诉讼法》第19条规定，刑事案件的侦查由公安机关进行，法律另有规定的除外。《监狱法》承接《刑事诉讼法》的这条规定，第59、60条规定了监狱对狱内服刑罪犯的犯罪案件的监内侦查权，依法从重处罚在服刑期间故意犯罪的罪犯。监狱侦查罪犯在监狱内犯罪的案件，侦查终结后写出起诉意见书，连同案卷材料、证据一并移送人民检察院。

（10）释放权。依法释放权，是指监狱依法将刑期届满的服刑人释放出狱的权力。《刑事诉讼法》第264条第5款规定："判处有期徒刑、拘役的罪犯，执行期满，应当由执行机关发给释放证明书。"具体到有期徒刑的执行，不论是死刑缓期二年执行减为有期徒刑，还是无期徒刑减为有期徒刑，《监狱法》第35—38条规定了监狱的释放权，罪犯服刑期满，监狱应当按期释放并发给释放证明书，罪犯释放后公安机关凭释放证明书办理户籍登记，刑满释放人员依法享有与其他公民平等的权利。

监狱的权力与职责是一致的，执行刑罚是国家赋予监狱的权力，非其莫属；也是监狱的职责，必须依法履行。除上述几点外，监狱的职责主要包括以下几点：① 保护罪犯的合法权益，根据《刑法》《刑事诉讼法》《监狱法》的规定，罪犯是犯了罪受刑罚惩罚的公民，虽然有些权利被剥夺限制了，但其合法的权益仍是要保护的；② 认真贯彻人道主义政策，做好生活卫生、劳动保护、安全生产等各项管理工作；③ 结合劳动生产对犯人实行思想政治、文化知识、生产劳动技术教育，我国现行的刑罚制度是教育刑制，根据我国《宪法》《刑法》《刑事诉讼法》《监狱法》的规定，监狱组织罪犯劳动生产，以使犯人释放后能自食其力不再危害社会，就必须对他们进行政治思想、文化知识、生产劳动技术教育，使之成为拥护社会主义制度的守法公民。

第二，服刑罪犯承受刑罚的权利和义务。罪犯服刑受刑罚惩罚改造，在监狱行刑法律关系中居于主体地位，决定其享有下列权利。

（1）申诉权。服刑罪犯的申诉权，是指在监狱服刑的罪犯对生效判决不服而请求法院重新审理的权利。法律保护罪犯正当的申诉权。根据《刑事诉讼法》第275条规定，监狱在刑罚执行中，如果认为判决有错误或者罪犯提出申诉，应当转请人民检察院或原判人民法院处理。根据《监狱法》第21、23条规定，罪犯对生效判决不服的，可以提出申诉；对于罪犯的申诉，监狱应当及时转递，不得扣留，人民检察院或者人民法院应当及时处理。监狱对于犯人提出的申诉材料，应当及时转交有关部门处理，不得扣留。与此同时，监狱应依法教育犯人，在申诉期间应继续执行判决和裁定，不能停止执行，犯人不得以申诉为由无理取闹、不服管教。

（2）控告权。服刑罪犯的控告权是指在监狱服刑的罪犯对国家机关工作人员的违法失职行为提出批评和检举的权利。根据《宪法》第41条规定，我国公民对于任何国家机关和国家工作人员，有提出批评和建议的权力；对于任何国家机关和国家工作人员的违法失职行为，有向有关国家机关提出申诉、控告或者检举的权利，但是不得捏造或者歪曲事实进行诬告陷害。对于公民的申诉、控告或者检举，有关国家机关必须查清事实，负责处理。任何人不得压制和打击报复。所说的公民，其中就包括服刑罪犯。根据《监狱法》第22、23条规定，对罪犯提出的控告、检举材料，监狱应当及时处理或者转送公安机关或者人民检察院处理，不得扣押。控告的内容包括监狱警察违反监管法规、虐待体罚犯人、贪污受贿、私放犯人等违法行为。如果罪犯利用法律赋予的控告权利，捏造事实，诬陷他人，应根据《刑法》第 243 条规定以诬告陷害罪论处。

（3）辩护权。服刑罪犯的辩护权是指在监狱服刑的罪犯对自己被指控的新罪提出辩护的权利。罪犯在监狱服刑期间，如被指控又犯新罪，有辩护的权利。根据《刑事诉讼法》第 11 条规定，人民法院审判案件，被告人有权获得辩护，人民法院有义务保证被告人获得辩护。罪犯可以自己辩护，也可以委托律师、近亲属、监护人为其辩护。如果没有委托的，人民法院有义务为其指定辩护人，辩护人应依法维护罪犯的合法权益。

（4）不受刑讯体罚、虐待的权利。《刑法》第 247 条规定，司法工作人员对犯罪嫌疑人、被告人实行刑讯逼供或者使用暴力逼取证人证言的，处三年以下有期徒刑或者拘役，致人伤残、死亡的，依照《刑法》第 232、234 条的规定定罪从重处罚。《刑法》第 248 条规定，监狱的监管人员对被监管人进行殴打或者体罚虐待，情节严重的，处三年以下有期徒刑或者拘役；情节特别严重的，处三年以上十年以下有期徒刑；致人伤残、死亡的，依照《刑法》第 232、234 条的规定定罪从重处罚。根据《监狱法》第 5、14 条规定，监狱人民警察依法管理监狱、执行刑罚、对罪犯进行教育改造等活动，受法律保护，但不得有下列行为：① 刑讯逼供或者体罚、虐待罪犯；② 侮辱罪犯的人格；③ 殴打或者纵容他人殴打罪犯；④ 非法将监管罪犯的职权交予他人行使；⑤ 其他违法行为。监狱人民警察有上述行为，构成犯罪的，依法追究刑事责任；尚未构成犯罪的，应当予以行政处分。这些规定是确保服刑罪犯不受刑讯体罚、虐待的权利的法律保障。

（5）私人合法财产不受侵犯的权利。服刑罪犯私人合法财产不受侵犯的权利是指在监狱服刑的罪犯私人合法财产不受侵犯的权利。罪犯虽然被依法剥夺了《宪法》赋予守法公民的某些权利，但还享有《宪法》第 13 条规定的权利，即合法的收入、储蓄、房屋和其他合法财产的所有权，私有财产继承权，等等。《监狱法》在第 14 条专门规定，监狱人民警察不得索要、收受、侵占罪犯及其亲属的财物，不得私放罪犯或者玩忽职守造成罪犯脱逃，不得为谋取私利而利用罪犯提供劳务，不得违反规定而私自为罪犯传递信件或者物品。

权利与义务是对应的，服刑罪犯享有权利的同时必须履行相应的义务，具体包括：① 严格遵守国家的法律法令。罪犯正是因为触犯了国家的法律才被判处刑罚，在劳动改造机关服刑接受法律的制裁，因此在服刑期间必须自觉地遵守国家的法律法令，认罪伏法。② 遵守监规纪律和《犯人守则》等。这与服刑犯人的行为直接相关，是他们服刑生活期间直接的、现实的行为准则，是他们必须遵守的行为规范。③ 积极参加劳动生产。根据《监狱法》的规定和监狱行刑实践，监狱组织服刑罪犯从事劳动生产是对犯人执行刑罚的手段之一，也是行刑教育改造犯人的一种基本手段，一般情况下，服刑期间凡有劳动能力的犯人必须参加劳动生产。④ 接受政治思想、文化知识、劳动生产技术的教育。罪犯正是因为政治思想上没有正确的人生观，文化知识上没有正确的认识力，劳动生产上没有正确的劳动观念，才成为法盲、文盲、流氓、"寄生虫"，触犯刑律受到法律制裁。在监狱服刑过程中，这三大行刑教育改造加上严格的监督管理，是促使罪犯认罪伏法、接受改造以及铲除犯罪的主观罪过心理和客观危害行为的基本手段，要把罪犯改造成为"拥护社会主义的自食其力的守法公民"，就必须使他们接受政治思想、文化知识和劳动生产技术教育。

（二）特点

1. 监狱的权力与犯人的权利的原则区别性

监狱的权力是指监狱执行刑罚所具有的职能，具有国家权力的特性，不同于公民个人的公民权，更不同于犯人的权利。

第一，意义不同。"权力"或称"职权"，只代表国家利益，决不意味着监狱自己的利益。因为监狱是国家机构的组成部分之一，执行刑罚主体的身份就是国家的化身、具体的代表者，法律关系中的"人格"化；而"权利"通常与罪犯个人的利益紧密相连。

第二，法律要求不同。法律要求监狱既不能转让也不能放弃权力，更不能枉法行使，而必须严格依法实施权力，这是国家权力的主权性所决定的，权力与职责相对应；而"权利"是法律规定的罪犯具有从事一定行为的能力或资格，但并不意味着法律一定要求他从事这一行为，而是受个人意志所决定，他不仅可以转让，而且可以放弃，权利与义务相对应。

第三，内容不同。权力的内容重在"力"上，表现为职责范围内的管理与指挥；权利的内容重在"利"上，表现为权利人要求实现的价值。此外还有效力不同，权力与国家强制力直接联系在一起，监狱执行刑罚的权力始终直接伴随着国家强制力；而公民包括罪犯在内，其权益受到侵害时，不能为此自己强制实施制裁的权利行为，而必须求助于一定的国家机关。

2. 监狱权力职责与罪犯权利义务的共同指向性

监狱拥有的权力职责非常广泛，但并非都是直接指向服刑罪犯的犯罪客观危害行为与主观罪过心理，如监狱的生产经营权不指向服刑罪犯的犯罪客观危害行为与主观罪过心理，而是指向产品的原料来源、生产、销售等商品循环环节，同样监狱的财产所有权指向监狱的场地、机器设备等生产资料，只有直接指向服刑罪犯的犯罪客观危害行为与主观罪过心理的那些权力职责才能构成监狱行刑法律关系的内容，从而体现国家对犯罪的否定评价、严厉谴责、惩罚改造。同样道理，服刑罪犯尽管有的权利被剥夺了，有的受到了限制，但仍拥有较为广泛的权利义务，其中有些权利义务不指向其犯罪客观危害行为与主观罪过心理，如婚姻家庭方面的权利、继承权利、财产方面的权利等民事权利义务只指向民事法律问题，诸如此类的权利义务就不能构成刑罚改造法律关系的内容。有些权利义务则直接指向其犯罪客观行为与主观罪过心理，只有刑事方面的这类权利义务才能构成监狱行刑法律关系的内容。

总之，构成监狱行刑法律关系内容的，并不是监狱的全部权力职责、罪犯的全部权利义务，而只能是直接指向罪犯的犯罪客观危害行为与主观罪过心理的监狱执行刑罚的权力职责、罪犯承受刑罚的权利义务，以此表明国家对罪犯的法律制裁是罚当其罪，保证完成执行刑罚改造罪犯的任务。所以说，作为监狱行刑法律关系内容的监狱的权力职责、服刑罪犯的权利义务，有着共同的指向，即都是指向罪犯的犯罪客观危害行为与主观罪过心理。

3. 监狱行刑法律关系中监狱权力职责的主导性

在监狱行刑法律关系中，监狱的权力职责起着主导作用，我国《宪法》《刑法》《刑事诉讼法》《监狱法》赋予了监狱对罪犯执行刑罚的权力职责，该项权力职责的实施与实现无须征得罪犯的同意和认可，也无须以与罪犯协商合意为基础，这是由权力强制性所决定的。监狱行刑法律关系是行刑惩罚改造强制性的矛盾统一关系，监狱居于这个矛盾关系的主导地位，对罪犯实施惩罚改造的权力职责行为，罪犯是必须接受的，毫无选择可言。而罪犯权利的实现有两个条件：第一是罪犯必须履行其法定义务，第二是监狱提供保障。在监狱行刑法律关系中，监狱的行刑权力职责与服刑罪犯的承受刑罚的权利义务是绝对不平等的，这是区别于其他法律关系的一个特征。

三、监狱行刑法律关系的客体

（一）定义

1. 法律关系客体

法律关系客体又称权利客体或权利义务客体，是指该种法律关系主体的权利和义务所共同指向的对象或目标。一般来讲，法律关系的客体可分为以下几类：

第一，物和其他物质财富。法律意义上的物也称标的物，是指能为人们所控制并有经济价值，可以作为财产权利对象的物品或其他物质财富。物是大多数民事法律关系的客体，如财产所有权法律关系的客体只能是供所有人所有、使用、收益和处分的财物。

第二，某种具体行为。法学上所说的行为是指法律关系主体的行为，而且必须是具体法律意义的行为，而不是人的任何行为，作为法律关系客体的行为概括起来有所为和不所为两种。

第三，非物质财富。非物质财富又称与人身相联系的非物质财富，是指法律关系主体从事智力劳动所获得的成果，包括各种科学发明、设计、著作、文艺创作等等，这通常是民事法律关系的客体。

2. 监狱行刑法律关系客体

由于法律关系种类的不同，各种法律关系客体的表现形式也是不同的。就刑事法律关系的客体而言，一般可分为：行为，即司法机关依法进行追究刑事责任而确定某种客观危害行为是否构成犯罪，这种行为包括作为和不作为；物，即被司法机关依法没收、剥夺的犯罪人持有或所拥有的财物；精神内容，即与犯罪人人身相联系的心理状况或精神内容，是司法机关依法确定的犯罪人的主观罪过心理。在刑事法律关系中，上述三个方面往往联系在一起，尤其是客观危害行为与主观罪过心理是犯罪的有机组成的两个必备方面。

监狱行刑法律关系作为刑事法律关系中刑罚执行法律关系的主要组成部分之一，在法律关系客体方面与刑事法律关系的客体有着必要的联系。监狱行刑法律关系的客体应该是犯罪的客观危害行为与主观罪过心理，理由如下：

第一，从法律的一般作用来看。法律的规范作用可以分为指导、评价、教育、预测和强制五个部分，指导是指法律规范判断人们的意志及其支配下的行为是合法还是违法，教育是指通过法律的实施对某个人及其他人的思想意识施加影响以树立示范行为模式，预测是指法律规范对人们不良意识及支配下的违法行为进行制裁以消除不良意识违法行为而增进人们的安全感。可见，法律规范对人的作用集中于主观心理和客观行为两个方面。

第二，从犯罪的有机整体来看。从某种意义上讲，犯罪是对社会造成客观危害的、受行为人主观意志支配的应受到刑罚制裁的违法行为，危害行为必须是已既成事实客观存在或者发生了的，行为人在实施危害社会的行为时主观心理上具有罪过即犯罪故意或犯罪过失。任何犯罪，不仅客观上具有危害社会的行为，而且该行为必须是受人的主观心理活动所支配，表现为犯罪人对与实施的危害行为及其引起的危害结果所抱的心理态度——罪过包括故意和过失、犯罪的目的和动机。根据我国现行《刑法》规定，只有故意或过失地实施危害社会的行为才构成犯罪，要认定某人构成犯罪，不仅要证实他在客观上实施了危害社会的行为，而且要证实他在主观上对自己所实施的危害社会的行为是出于故意或者过失。刑法决不制裁没有实施危害社会行为而只有犯罪思想的所谓"思想犯"，也不制裁不是出于故意或过失而给社会造成一定危害的意外事件，更不追究与犯罪做斗争的不过当的正当防卫和紧急避险的刑事责任。

《刑法》第14条规定："明知自己的行为会发生危害社会的结果，并且希望或者放任这种结果发生，因而构成犯罪的，是故意犯罪。故意犯罪，应当负刑事责任。"第15条规定："应当预见自己的行为可能发生危害社会的结果，因为疏忽大意而没有预见，或者已经预见而轻信能够避免，以致发生这种结果的，是过失犯罪。过失犯罪，法律有规定的才负刑事责任。"第 16 条规定："行为在客观上虽然造成了损害结果，但是不是出于故意或者过失，而是由于不能抗拒或者不能预见的原因所引起的，不是犯罪。"第 20 条第 1、2 款规定："为了使国家、公共利益、本人或者他人的人身、财产和其他权利免受正在进行的不法侵害，而采取的制止不法侵害的行为，对不法侵害人造成损害的，属于正当防卫行为，不负刑事责任。正当防卫超过必要限度造成重大损害的，应当负刑事责任，但是应当减轻或者免除处罚。"第 21 条第 1 款规定："为了使国家、公共利益、本人或者他人的人身、财产和其他权利免受正在发生的危险，不得已采取的紧急避险行为，造成损害的，不负刑事责任。"一般而言，实施什么样的行为，怎样实施行为，是通过人的主观意识或者意志的积极作用来实现的，人完全有选择自己行为的意志自由，犯罪也是如此。他可以不实施犯罪，也可以实施犯罪，在这两种行为的实施方面完全取决于个人主观意志的自由选择。如果人主观上选择、客观上实施了危害社会的行为，那么就构成犯罪，这就是追究犯罪刑事责任的主客观相统一的理论根据。

第三，从刑罚的目的功能来看。我国对犯罪适用刑罚，不是基于报复主义和惩罚主义，而是从改造社会和改造人类的历史使命出发，将刑罚的惩罚与改造结合起来，以最大限度地将罪犯改造成为守法公民为刑罚的目的。刑罚作为国家的一种最严厉的强制方法，基本特征就是给犯罪分子造成一定的痛苦，使他们遭受到一定的损失，从而体现国家对于危害国家和人民利益的犯罪给予的严厉谴责和否定评价。我国废除了残酷的直接以人身为客体的肉体刑，除死刑立即执行外，其他自由刑及死刑缓期二年执行都是通过监禁隔离等手段使犯罪人遭受到一定的损失和痛苦——失去自由，以作为对犯罪的客观危害行为和主观罪过心理的严厉谴责和否定评价。更重要的是，通过监狱行刑制度及其他各种教育改造手段措施，改造罪犯的世界观、人生观、需要结构、情感意志、犯罪价值观等，消除犯罪的客观危害行为，从而把他们改造成守法的公民。可见，刑罚作用的指向是犯罪的客观危害行为和主观心理两个方面，并且最终通过心理的指向作用影响改变支配客观行为。

第四，从监狱行刑实践来看。我国法律明确规定要制裁犯罪、惩办改造犯罪分子，实际上就是惩罚改造犯罪分子的犯罪客观危害行为与主观罪过心理，使他们消除客观危害行为与主观罪过心理，而成为守法的公民。在监狱执行刑罚的实践中，针对、围绕罪犯的犯罪客观危害行为与主观罪过心理，实施了一系列的惩罚和改造活动。监狱结合劳动生产，对犯人实施政治思想、文化知识、生产技术教育，奉行理论联系实际、因人施教和以理服人的原则；改造犯人的思想，应当根据案情性质、犯罪原因、出身经历、文化程度、思想特点和表现等情况，采取摆事实、讲道理、疏通引导的方针，进行耐心细致的说服教育工作；采取集体教育与个别教育相结合、理性教育与感性教育相结合、监内教育与社会教育相结合的方法，还利用各种形式进行辅助教育。在狱政管理方面，监狱依照监管法规对犯人实行科学文明的管理，管理犯人以教育为主、处罚为辅，要管中有教、寓教于管、管教结合，要切实掌握犯人的思想情况，并建立定期分析研究和逐级汇报的制度，犯人的一切活动必须置于干警的直接控制之下。正如马克思所说，在改造世界的生产活动中，"生产者也改变着，炼出新的品质，通过生产而发展和改造着自身，造成新的力量和新的观念，造成新的交往方式，新的需要和新的语言"①。

在监狱执行刑罚的实践中，罪犯的犯罪客观危害行为和主观罪过心理，是监狱行使权力职责所指向的对象，当然法律后果要由罪犯本人来承担。为了保证刑罚的正确、合法执行，维护罪犯的合法权益，法律规定罪犯在服刑受惩罚改造期间享有一定的权利义务，其中有些权利义务直接指向其犯罪客观危害行为与主观罪过心理，以使其接受定罪准确、量刑适当、罚当其罪的刑罚，从而放弃犯罪客观危害行为与主观罪过心理重新做人。由此可见，在监狱行刑法律关系中，罪犯的犯罪客观危害行为与主观罪过心理，实际上是监狱权力职责和罪犯权利义务所共同指向的该法律关系的客体。

（二）特点

1. 确定性

确定性是指监狱行刑法律关系的客体——罪犯的犯罪客观危害行为与主观

---

① 《马克思恩格斯全集》（第四十六卷·上），人民出版社1979年版，第494页。

罪过心理,是经由法定程序并证明是客观存在的,犯罪人为此要承担刑事责任,受法律的制裁。有些法律关系的客体无须法定程序如此复杂艰难地认定,因为他们一般都有法律文件做直接的证明,如婚姻法律关系的客体有结婚证书为证,劳动法律关系的客体有劳动合同为证,等等。有些法律关系的客体具有争议性,民事诉讼法律关系的客体就是如此。尽管刑事审判法律关系的客体中也包括犯罪的客观危害行为与主观罪过心理,但它是否存在正是刑事审判程序所要解决、确认的,即没有确定性。因此,刑事审判法律关系的客体与监狱行刑法律关系的客体不尽一致。

2. 社会危害性、刑事违法性和承受刑罚性

社会危害性、刑事违法性和承受刑罚性是指监狱行刑法律关系的客体——犯罪的客观危害行为与主观罪过心理,是实际发生或客观存在并造成了实际的具体危害和损害后果,侵害了我国《刑法》所保护的社会关系,依据《刑法》规定应当受刑罚的制裁。正是这一特性,决定了在监狱行刑法律关系中监狱的权力职责和罪犯的权利义务必然指向罪犯的犯罪客观危害行为与主观罪过心理,以使罪犯放弃犯罪客观危害行为与主观罪过心理,树立良好的主观心理与行为模式重新做人。这个特性是其他任何法律关系所不具备的。

3. 延续性

延续性是指监狱行刑法律关系的客体——罪犯的犯罪客观危害行为与主观罪过心理,从实施犯罪到释放罪犯这段期间,罪犯的行为与心理包括犯罪时的和犯罪后服刑期间的,一直是监狱行刑权力职责和罪犯权利义务所指向的对象。人的心理具有相对的独立性、连续性,并不因为客观环境的变化而马上消失,罪犯的犯罪主观罪过心理不可能因服刑就立刻消亡,而是继续存在下来,只是没有直接外化为具体的客观危害行为罢了。在服刑期间,罪犯的犯罪客观危害行为与主观罪过心理一般处在潜在的隐蔽状态之中,不过也有少数罪犯直接表现为非潜在的隐蔽状态,狱内罪犯改造持续到犯罪人放弃客观危害行为与主观罪过心理重新做人并回归社会为止。

4. 可塑性

可塑性是指监狱行刑法律关系的客体——罪犯的犯罪客观危害行为与主观

罪过心理在监狱行刑惩罚改造措施手段作用下是可以改造过来的，即消除其犯罪客观危害行为与主观罪过心理，形成良好的心理结构，从而实施合法行为。这一特性是其他法律关系的客体所不具备的，其他法律的客体在将来呈何状况、有何变化，法律上并没有作出任何强制性规定，例如在婚姻法律关系中，其客体——婚姻是否废除取决于当事人双方主体的意思，法律不进行强制改变。

四、监狱行刑法律关系的法律事实

（一）定义

1. 法律关系的法律事实

法律事实是指符合法律规定的，能引起法律关系的产生、变更和消灭的情况现象。具体法律关系的产生和存续，以相应的法律规范的存在为前提。然而，有了这个前提，并不意味着法律关系就会自动出现，只有当法律规范中规定的客观情况出现时，才能引起具体法律关系的产生、变更和消灭。法律事实就是法律规范规定能引起法律关系产生、变更和消灭的情况现象，是把法律规范与具体法律关系联系起来的一个中间环节。例如，根据《刑法》《刑事诉讼法》的规定，实施了犯罪的人才能与人民法院等产生刑事审判法律关系。法律事实必须是法规所规定的，法律事实必须能够引起法律后果，即引起法律关系的产生、变更和消灭。在社会事实中，不是一切事实都能引起法律后果，只有那些具有法律意义的事实才能引起法律后果。法律事实出现时产生的法律后果包括以下几个方面：

第一，法律关系的产生。法律关系的产生是指法律关系主体之间依法形成了某种权利义务关系。例如，由于犯罪，国家的特定司法机关就与犯罪人形成了刑事法律关系。

第二，法律关系的变更。法律关系的变更包括主体的变更和增减、权利义务的变化、客体的变更。

第三，法律关系的消灭。法律关系的消灭是指主体行使权利义务的结束或因其他情况而使法律关系解除或终止。法律事实是多种多样的，根据事实的发生是否以人们的意志为转移,可分为法律事件和法律行为两大类。法律事件是指事实的发生不以人的意志为转移,能够直接引起法律关系产生、变更和消灭的客观现象,由于这种现象的出现,有关方面就取得了一定的权利,承担了一定的义务,如人的死亡引起承继法律关系产生。法律行为是指由于人们的有意识的活动而引起法律关系的产生、变更和消灭的事实,包括作为和不作为。

2. 监狱行刑法律关系的法律事实

就监狱行刑法律关系而言,法律事实是指人民法院、监狱、罪犯、全国人大常委会的法律行为或法律事件,尤以前三者为主,其中人民法院的法律行为最为突出。

第一,人民法院的法律行为。在刑事审判程序中,人民法院作出的有罪裁判决定、结案登记表和执行通知书等执行文书的法律行为,判明了犯罪的性质,确定了刑罚的种类,规定了刑罚的期限,一经发生法律效力,一般情况下监狱就依法对罪犯执行刑罚,与服刑罪犯形成了监狱行刑法律关系。在监狱执行刑罚的规程中,根据监狱的建议要求、罪犯的改造表现等情况,人民法院作出减刑、假释、执行死刑等裁定的法律行为,引起了监狱行刑法律关系的变化、终止。随着刑罚执行期满,又消灭了监狱行刑法律关系。

第二,监狱的法律行为。监狱在依法执行刑罚的过程中,根据《监狱法》的规定,对于服刑期间确有悔改、立功的犯人,依法及时提出减刑、假释意见;对于在监狱服刑期间又犯罪的犯人,依法惩处提出加刑或对死刑缓期二年执行的提请执行死刑,报请人民法院裁定,从而引起监狱行刑法律关系存续时间缩短、延长等变化,或者终止监狱行刑法律关系;作出的保外就医、监外执行决定的法律行为,也引起监狱行刑法律关系的变化。

第三,罪犯的法律行为。在服刑受惩罚被改造的期间,罪犯通过自己的法律行为或法律事件引起监狱行刑法律关系的变化或消灭。例如,根据《监狱法》的规定,犯人在改造期间,有下列表现之一的,应当依法减刑或假释:① 阻止他人重大犯罪活动的;② 检举监内外重大犯罪活动,经查证属实的;③ 有发明创造或者重大技术革新的;④ 在日常生产、生活中舍己救人的;

⑤ 在抗御自然灾害或者排除重大事故中，有突出表现的；⑥ 对国家和社会有其他重大贡献。服刑罪犯的以上行为，能依法引起减刑、假释的法律后果，从而引起监狱行刑法律关系存续时间的缩短、变更等变化。

此外，在监狱服刑罪犯的保外就医、监外执行，引起了监狱行刑法律关系主体的变化，即由社区矫正机关担当社区行刑法律关系的主体地位。犯人在监狱服刑期间，由于种种原因而死亡，使监狱执行刑罚失去了相对应的承受者，即监狱行刑法律关系主体服刑罪犯一方消亡，这个法律事实就引起监狱行刑法律关系的自然结束。

第四，全国人大常委会的法律行为。在监狱执行刑罚过程中，根据我国现行《宪法》的规定，全国人大常委会根据形势的需要，有权对于已受罪刑宣判或者服刑未满的罪犯决定特赦，特赦是指对已受罪刑宣判的特定犯人免除其刑罚执行的一种制度。特赦通常由全国人大常委会决定，并由中华人民共和国主席发布特赦令。从1959年到1982年，我国先后实行了八次特赦，第一次是特赦战争罪犯、反革命犯和普通刑事犯，之后六次特赦的都是战争罪犯，第八次特赦的是国民党县团级以下党政军特人员。监狱根据最高人民法院的特赦通知书，及时释放特赦罪犯，从而结束监狱与特赦罪犯的监狱行刑法律关系。采取特赦释放，对于化消极因素为积极因素、促进在押罪犯的继续改造有重要意义。

此外，在20世纪80年代初严厉打击犯罪活动期间，1983年发布的《最高人民法院、最高人民检察院、公安部、司法部关于严厉打击劳改犯和劳教人员在改造期间犯罪活动的通知》规定，改造期间犯罪的下列劳改犯，一律调往边疆或本省、市、自治区的偏远地区改造：① 组织煽动逃跑、闹监和暴乱的首犯主犯；② 罪犯团伙的首犯、主犯牢头狱霸；③ 杀害或伤害干部民警和其他人员的，或者抢夺干部民警枪支武器的；④ 坚持反动立场、攻击污蔑党的领导、人民民主专政、社会主义制度、组织反革命集团，以及进行其他反革命活动的；⑤ 多次逃跑或者逃跑后重新犯罪的；⑥ 教唆犯罪传授犯罪手段的；⑦ 破坏警戒设施或聚众冲击改造机关的；⑧ 抗拒改造的惯犯，累犯以及进行其他严重犯罪活动的。以上说明，调犯这个法律事实引起了监狱行刑法律关系具体某一个监狱一方主体的更换。

(二) 特点

监狱行刑法律关系的法律事实涉及人民法院、监狱、罪犯、全国人大常委会四个方面，其中包括：人民法院作出有罪判决裁定、执行通知书等执行文书的法律行为，监狱提出加减刑、假释、执行死刑意见以及保外就医监外执行决定的法律行为，罪犯的改造行为、死亡事件，全国人大常委会作出特赦决定的法律行为，等等。

第一，法律事实的统一性。罪犯的改造行为和监狱的法律行为，最后都统一、落实到人民法院作出的有关裁定的法律行为上，以此在法律程序上引起监狱行刑法律关系的变化和消灭。

第二，法律事实的法律规定多样性。监狱行刑法律关系的法律事实是由多种法律所规定的，有关人民法院的，由《刑法》和《刑事诉讼法》作了规定；有关监狱、罪犯方面的，由《监狱法》作了规定；有关全国人大常委会的，由《宪法》作了规定。

第三，法律事实的法律后果多样性。监狱行刑法律关系的法律事实引起的法律后果是多种多样的，有的引起监狱行刑法律关系的产生，有的引起监狱行刑法律关系的终止，有的引起监狱行刑法律关系主体的变更，有的引起监狱行刑法律关系内容的变更，有的引起监狱行刑法律关系存续的延长。

第四，法律事实的法律效力法定性。引起监狱行刑法律关系产生、变更和消灭的法律事实的法律后果由法律所规定，具体而言，是由《刑法》《刑事诉讼法》《监狱法》所规定。例如，《刑事诉讼法》第259条规定："判决和裁定在发生法律效力后执行。下列判决和裁定是发生法律效力的判决和裁定：(一) 已过法定期限没有上诉、抗诉的判决和裁定；(二) 终审的判决和裁定；(三) 最高人民法院核准的死刑判决和高级人民法院核准的死刑缓期二年执行的判决。"有罪判决裁定等执法文书一经发生法律效力，就形成监狱行刑法律关系。《监狱法》第35条规定："罪犯服刑期满，监狱应当按期释放并发给释放证明书。"

第五，法律事实中人民法院行为的主导性。在监狱行刑法律关系的法律事实中，人民法院的法律行为发挥着极其重要的作用，处于主导地位，具体表现为以下几个方面：

（1）法律行为效力的三重性。法律行为效力的三重性是指，人民法院作出执法文书的法律行为不仅消灭了刑事审判法律关系，而且确定了监狱行刑法律关系产生的时间，同时还确立了监狱行刑法律关系终止的时间。

（2）法律行为的特殊性。法律行为的特殊性是指，只有人民法院作出执法文书的法律行为才能最终引起监狱行刑法律关系的产生、变更和消灭，并由监狱而不是该人民法院承担监狱行刑法律关系的一方主体，通常法律行为的原始发出者就是引起法律关系的一方主体，如人民法院作出立案的法律行为引起刑事审判法律关系的产生，并充当该法律关系的主体。

（3）法律行为的衔接性。法律行为的衔接性是指，人民法院作出有罪判决、裁定和执行通知书等执法文书的法律行为，把审判程序与刑罚执行程序连接了起来，构成了我国完整的系统的刑事司法活动。这个特点是其他法律关系的法律行为所不具有的。

从理论上讲，监狱学是一门新兴的法学学科，尚需进一步发展完善，许多问题需要从法学理论的角度深入研究讨论，监狱行刑法律关系就属于其中之一。监狱行刑法律关系是监狱学的基础性理论问题之一。监狱学的许多内容，如对监狱的性质、地位、职能以及罪犯的法律地位、罪犯的惩罚改造、监狱行刑工作方针政策等问题的探究，都以监狱行刑法律关系为基础。因此，研究监狱行刑法律关系，开辟了监狱学的新领域，有利于监狱学的学科建设。从实践上看，监狱行刑工作的许多实际问题，有待于上升到理论的高度去分析、探讨、认识。监狱行刑法律关系与监狱行刑实际工作有密切的联系，监狱应如何惩罚改造罪犯，怎样维护罪犯的法律地位，怎样保护罪犯的合法权益，如何贯彻执行"惩罚与改造相结合，以改造人为宗旨"的监狱行刑工作方针，提高广大监狱警察的法制观念，严格依法办事，在监狱行刑工作的改革中始终明确"监狱执行刑罚改造罪犯的法律任务"，这些实际问题都与正确理解监狱行刑法律关系有着内在的联系。因此，研究监狱行刑法律关系，有助于指导监狱执行刑罚惩罚改造罪犯的实际工作，有利于完善我国执行刑罚改造罪犯的监狱行刑制度。

第二节 监狱行刑管教关系

一、监狱行刑管教关系的特点与要求

(一) 特点

1. 法律性

在对罪犯实施惩罚改造过程中,作为监狱行刑法律关系实践主体的监狱为使行刑法律关系客体即罪犯不良心理、思想和行为发生预期变化,必须通过监狱人民警察采取相应措施(主要是监管、教育、劳动等手段)作用于客体。而这一过程,也必然使监狱人民警察和作为行刑法律关系客体之载体的罪犯发生关系,即监狱行刑管教关系。所谓监狱行刑管教关系,是指监狱在对罪犯执行刑罚的整个过程中,监狱人民警察为落实刑罚执行工作而与罪犯结成的管理与被管理、教育与被教育的关系。因此,我国监狱行刑管教关系与一般管教关系不同,具有鲜明的法定性。

社会上一般的管教关系是基于伦理道德或者有关规章制度产生的。例如,父母对子女的管教,主要是依据传统伦理道德的要求进行的,并通过管束教育使子女掌握适应社会的基本规范;企业领导对职工的管理教育关系,是基于签订劳动契约而产生的,并依据企业的规章制度以及职业道德要求进行管理教育,规范职工行为。而监狱行刑管教关系,是依据法律的规范设定,从对罪犯的收押到释放、日常管教到奖惩,都要严格依据《监狱法》等法律法规进行。离开了国家的法律,监狱就不存在行刑管教工作,也就没有行刑管教关系。

2. 强制性

不同于社会的一般管教关系,监狱行刑管教关系具有强制性。这种强制性体现在以下几个方面:

第一,监狱行刑管教关系的形成具有强制性。家庭管教关系是基于血亲、姻亲关系而自然形成的,企业中领导和职工的管教关系也是在双方协商一致签订劳动合同后产生的。而监狱行刑管教关系是由于罪犯实施了触犯刑律的行

为、经法院判决强制形成的，在这里，罪犯个人对结成这样的管教关系通常没有任何选择自主权。

第二，监狱行刑管教关系运行过程中具有强制性。监狱人民警察依法对罪犯实施管理和教育的行为受法律保护，只要法律拟定的管教关系没有消除，那么罪犯对监狱人民警察的依法管教行为就必须服从。当然，这种管教强制性不排除在对罪犯的管理、教育中要尊重规律、尊重科学。

第三，监狱行刑管教关系的违规应对具有强制性。罪犯的任何破坏行刑管教关系、抗拒管教的行为要给予严惩，《监狱法》第58条规定，对于聚众哄闹监狱、扰乱正常秩序、辱骂或者殴打人民警察等8种行为，监狱可以给予警告、记过或者禁闭，对构成犯罪的要依法追究刑事责任。

3. 行政性

《监狱法》是我国第一部刑罚执行方面的法律，它的颁布和实施结束了我国长期以来以行政法规规定刑罚执法内容的状况。管理和教育作为法定的惩罚和改造罪犯手段，其刑事司法的性质是明显的，但管教关系具有鲜明的行政性。这是因为，监狱人民警察对罪犯的管教关系是在监狱人民警察就职于监狱工作而必须遵循监狱的行政规章制度的基础上产生的。然而，监狱行刑管教关系的行政性也与其他一般行政管理关系不同，具有以下特点：

第一，依据法律法规的行政性。管理、教育罪犯的工作所依据的法规主要是司法部颁布的部门规章，只适用于监狱这一特殊领域，因此具有行政规章性。

第二，工作对象的特殊性。监狱行刑管教关系对象是依法被剥夺或限制自由的犯罪服刑公民，而一般行政管理关系对象要比这种对象广泛得多，一般涉及所有普通公民。

第三，行政执法的强制性。行政执法的强制性表现在两个方面：一方面，行刑管教罪犯所具有的强制性要比一般行政性强制严厉得多，因为前者是以刑罚惩罚为前提的。另一方面，行刑管教关系突出的是强制和服从。

4. 统一性

管理与被管理、教育与被教育本身是一对矛盾体。由于罪犯在长期的犯罪过程中，养成了不良行为习惯，养成了一系列错误的思想道德观念，因此监狱人民警察在对罪犯实施管教过程中，尤其在罪犯入监初期，不可避免地要受到罪犯的抵制乃至反抗。但是，由于管教的目的与大多数罪犯弃旧图新、改恶从善的愿望是一致的，因此罪犯改造常常要经历一个由强制逐渐到半强制再到自觉的过程。

行刑管教关系的矛盾统一体还体现为：罪犯虽处在被管理被教育的地位，但管教是一个互动过程，因此，并不排斥罪犯接受管理教育的主动性和积极性。为提高管理和教育的针对性和实效性，让罪犯心悦诚服地接受管教，监狱人民警察不能只强调强制性而忽视管理教育的科学性，也不能忽视应有的惩罚性而讲管教的自觉性，只有把强制性与科学性、惩罚性与自觉性有机地结合起来，才能更好协调行刑管教关系并充分发挥管教作用。

（二）要求

1. 注意保护罪犯合法权益

在监狱行刑管教关系中，尽管罪犯处于被管理、受教育的地位，但罪犯也依法享有权利和义务。改革开放之初，当有人强调罪犯也依法享有权利时，曾引起部分理论和实际部门同志的强烈反响。40多年过去了，大多数监狱人民警察对罪犯履行义务的同时还依法享有权利已不再有认识上的障碍，但在实际处理罪犯权利和义务时，仍有少数监狱人民警察对依法保障罪犯权利心存疑虑，或担心罪犯搞"合法斗争"，或担心自己执法水平不高，或担心强调罪犯权利反而会"授之以柄"，造成工作被动，以致对罪犯权利或遮遮掩掩、不敢公开向罪犯宣传，或消极履行职责、不能主动保护罪犯权利，更有甚者打骂、体罚、虐待罪犯，侵犯罪犯的合法权利。其实，在管教工作实践中，承认并依法保护罪犯权利，是承认罪犯是人、是中华人民共和国公民的具体体现。只有依法保护其合法权利，法律所确定的监狱行刑管教关系才能真正形成，监狱工作的根本目标才能真正实现。

2. 注意调动管教关系实施主体和承受主体两方面的积极性

惩罚是刑罚的内在要求，罪犯处在被管理、受教育的地位，并在强制的前提下接受管教。因此，在行刑管教关系中，罪犯极易被看成是消极、被动的对象，从而忽视其自身在改造过程中的积极作用。其实，不论是对罪犯的管理，还是对罪犯的教育，都是一种双向的互动。监狱人民警察在管教罪犯的时候，同时也在受到罪犯的影响，这种影响可能是正向的或积极的，也可能是负向的或消极的。因此，监狱人民警察在对罪犯的管教过程中必须充分考虑管教对象或管教关系承受主体的反应，及时在管教措施上作出相应调整，只有这样，才能有的放矢，达到预期的惩罚改造效果。

然而，时至今日，有些监狱人民警察仍习惯于"我说你听，我打你通"。这种管教方式很少或根本不考虑管教对象——罪犯的实际情况，如是否管教人员心存抵触、是否有沟通需要等，结果造成形式主义泛滥，既浪费了人力、财力和物力，又造成了管教效率低下。管理学、教育学、罪犯心理学等相关学科知识告诉我们，所谓知识的内化，即将管教的内容化作管教对象自己的东西，必须以罪犯的认同为前提，而罪犯是否认同和认同程度如何，又与管教内容和方式、氛围等存在密切关系。为此，对罪犯的管理教育，尽管是在强制前提下进行的，但要想取得良好效果，仍必须以罪犯自觉接受为基础。监狱人民警察要转变观念，善于营造良好的氛围，选择适合的沟通途径、方式，尽可能地使罪犯心悦诚服地接受管教。

3. 注意协调行刑管教之间的关系

管与教作为监狱行刑管教关系的内容，共同服务于惩罚改造罪犯这一法定任务。但是，由于作用不同、功能各异，因此必须注意协调管与教之间的关系。当前，受现行监狱功能多元制和考核指标软而不硬等方面的影响，监狱行刑管教关系在运行过程中，仍在一定程度上存在着重管轻教、以管代教等问题。管理既是改造罪犯的一种有效手段，对罪犯发挥行为养成等直接作用，又是其他改造手段充分发挥作用的基础和前提。因为没有在严格管理下建立起来的良好秩序，其他改造活动也就难以正常开展。因此，管理对罪犯改造的作用是无庸置疑的。但是，要将罪犯改造成为守法公民，仅有管理这一手段是远远不够的，教育是一种治本措施，对罪犯错误的思想道德观念、病态的心理和不良的行为习惯具有直接的矫正作用，而且管理、组织罪犯劳动必须与教育紧密结合，才能发挥更好的矫正效果。为此，教育对罪犯的改造作用更应引起人们的重视。

协调管、教关系，要深化监狱体制改革，逐步削弱并最终消除监狱运行对罪犯劳动创造效益的依赖作用。围绕监狱功能的单一化，逐步推行监、企、社相分离。首先，本着降低行刑成本、提高行刑效果的观念，大量推进行刑方式多样化、社会化。其次，建立科学的考核体系指标，把目前监狱主要关心防范狱内案件发案率，转移到主要关心罪犯的改造质量上来，这就必须建立罪犯改恶从善程度的科学标准和科学的考核方法，自觉地将安全考核指标纳入整个改造质量指标之中，改变某些单位以安全指标代替改造指标的现象。最后，要进一步提高监狱人民警察素质。监狱人民警察在管教关系中要始终处于主导作用，才能使管教工作朝着我们设定的目标发展，但在事实上能否起到主导作用，仅有法律赋予的职权是不够的。在信息爆炸的时代，一方面，监狱人民警察受环境、工作条件等所限，知识更新缓慢，知识老化现象十分严重。另一方面，罪犯结构发生了变化，原在社会上走南闯北的流窜惯犯、原系党员干部的罪犯增多。这些人见多识广，就社会知识来说，监狱人民警察在他们面前不仅没有优势，有时还处于劣势。在这种情况下，要使罪犯在监狱人民警察的影响下产生有益改变，是很困难的。为此，监狱人民警察要通过继续学习，改善知识结构，更新知识，拓宽视野，加强调查研究，以适应管教工作的实际需要。

二、监狱行刑管教关系的主体

（一）实施主体

1. 监狱行刑管教关系实施主体的特点

监狱行刑管教关系实施主体是指承担国家赋予的行使国家行刑权的监狱所规定的落实刑罚的工作职责，具体从事对罪犯管理和教育的监狱人民警察，具有特定性、主导性、层次性。

第一，特定性。对罪犯实施管理和教育是一项严格的执法活动，是国家法律赋予监狱人民警察的职权，所以，任何其他组织和个人都不得行使这个权力，当然，这不排除社会力量参与对罪犯的帮助乃至管理。监狱人民警察要依法坚持直接管理，不能将管教权交给他人行使。由此可见，我国监狱行刑管教关系实施主体是特定的，只能是监狱人民警察，而不可能也不允许是其他什么组织或个人。

第二，主导性。管教主体是管理和教育的组织者和实施者，相对于被管理和教育的罪犯来说，始终处于更为积极主动的位置，这是由行刑管教工作的性质所决定的。罪犯是因犯罪而被判决投送到监狱服刑的，而监狱人民警察是受国家委托从事对罪犯的管教工作，很显然，由于双方的法律身份不同，他们在管教活动中的地位和作用也不一样，监狱人民警察是管教活动的施动者，而罪犯是这一活动的受动者，当然这种施动与受动关系，即管与被管、教与被教的关系，丝毫不影响罪犯在接受管教过程主观能动性的发挥。此外，作为管教主体的监狱人民警察为提高管教工作实效，应根据罪犯个体和群体特点等进行针对性管教。

第三，层次性。从存在形式看，管教主体有整体、群体和个体三种形式。管教主体的整体存在形式，是指整个监狱人民警察这个集合体，我国《监狱法》中提到的"监狱人民警察"以及平时使用未经限定的"监狱人民警察"一词，其含义指整体，而不是指某一个体或某群监狱人民警察。这种管教主体的整体存在形式只具有理论意义，而不具有实践意义，因为作为管教整体对罪犯实施管教只是一种虚拟而不是现实的形式。管教主体的群体存在形式，通常表现为三名以上监狱人民警察共同参与对罪犯的管理与教育，这种存在形式现实中较为多见，而且一些限定的"监狱人民警察"一词也是在群体这一意义上使用的。与以上两种存在形式不同，个体存在形式表现为单个人民警察独立与罪犯发生管教关系。与管教主体的三种存在形式相适应，监狱行刑管教关系也存在整体模式、群体模式、个体模式和混合模式四种。

2. 监狱行刑管教关系实施主体的角色要求

对罪犯的惩罚改造是一项伟大的社会系统工程，监狱人民警察经过自己的伟大实践，改造了成千上万的罪犯，因而被人们誉为"无名英雄""人类灵魂工程师"。他们获得了社会的认可，无愧于"监狱人民警察"这一角色要求。角色的社会地位意味着一种期待和要求。监管改造罪犯是一项特殊的社会实践活动，因此，社会对监狱人民警察这种角色有特殊的希望和要求。

第一，政治坚定，立场分明。从政治角度上讲，监狱是我国人民民主专政工具之一，是对敌斗争的有力武器。对罪犯实施惩罚改造也是无产阶级改造人类、改造社会的重要组织部分，它具有鲜明的阶级性。为此，监狱人民警察要有崇高的共产主义理想和信念，坚定的无产阶级政治立场，高度的政治警觉性，鲜明的爱憎观，严格的组织纪律性，并在思想上和行动上和党中央保持一致，努力将罪犯改造成守法公民。

第二，执法严格，公正廉明。监狱工作的特殊性决定了监狱人民警察必须具备特殊的品质。首先，要有认真履职的态度。罪犯的特殊身份地位及其权利的依赖性特点，决定了他们的一些基本权利必须依赖于监狱人民警察认真履行义务才能得到保障。为此，监狱人民警察要坚持社会主义的人道主义，切实将罪犯当人对待，尊重罪犯人格尊严，保障罪犯法定权利，并根据罪犯改造表现，给予相应的待遇，借此调动罪犯改造积极性，促使其加速改造，早日弃旧图新，成为守法公民。其次，要有乐于奉献的精神。如果没有这种精神，面对日趋严峻的监管改造形势，不去做深入细致的工作，而是一味地讲待遇、要地位，那么将罪犯改造成为守法公民的监狱工作目标也就难以实现。再次，要有入污泥而不染的高尚品格。罪犯投入改造以后，其已沾染上的这样或那样的恶习不可能马上消失，仍会以各种形式表现出来并污染监狱环境。在改造过程中，一些罪犯为逃避惩罚和改造，一方面会对来自监狱人民警察的正面影响活动以各种形式进行抵制反抗，另一方面会有意识地利用监狱人民警察的一些缺点、弱点，从精神上和物质上投其所好、主动进攻。监狱人民警察要完成惩罚改造罪犯的任务，时刻面临着"近墨者黑"和被拉拢、被腐蚀的危险。这就要求监狱人民警察要深刻认识自己肩负的历史使命的艰巨性和复杂性，以坚韧不拔的斗争意志和压倒一切罪犯的气势，以入污泥而不染的高尚品格，用真理和正义去战胜谬误和邪恶，去实现改造罪犯为守法公民的目标。最后，要有廉洁奉公、刚正不阿的精神。监狱人民警察掌握着对罪犯实施行刑罚的权力，不仅罪犯会利用种种手段拉拢腐蚀监狱人民警察，以达到逃避惩罚和改造的目的，而且其亲属也会通过各种途径疏通关系，寻求监狱人民警察对罪犯的关照。这就要求监狱人民警察树立法律至上的观念，具备执法不阿、公正廉明的品格。

只有这样,监狱人民警察才能不为金钱所惑、权力所威、人情所扰,做到对任何罪犯都从人民根本利益出发,严格管理、严格要求,决不姑息迁就。

第三,掌握专业技能,具备特殊能力。监管改造罪犯是一项政策性、法律性和业务性都很强的专业活动,要求从事这种活动的监狱人民警察,不仅要熟悉掌握专业技能,如管理使用戒具和监控设施、具备擒敌防身技能等,而且必须具备符合监管改造专业活动要求的特殊能力,这些能力包括以下几方面:

(1)表达能力。不论是对罪犯的管理,还是对罪犯的教育,都离不开语言和文字,这是人们用于表达思想、交流感情、协调行动的工具。为此,监狱人民警察必须具备良好的文字写作和口头表达能力,要善于运用准确、生动的语言和文字宣传党的监狱工作方针、政策和国家法律,教育影响罪犯的思想行为,要善于说理和辩驳,以有效地回击罪犯的言语攻击和强词夺理。

(2)调查研究能力。知己知彼方能百战百胜,改造罪犯,不仅要认识罪犯本质,掌握罪犯思想、行为特点及其转化规律,而且要了解罪犯的家庭情况及社情。为此,监狱人民警察要经常深入实际,开展调查,并在及时、大量掌握第一手资料的基础上,进行综合分析、细致研究,把握客观事物的本质及内在联系,为改造工作提供指导。同时,通过调研活动进一步增强监狱人民警察的法律意识、罪情意识,增强其做好改造工作的历史责任感和使命感。

(3)组织能力。坚持对罪犯实行监狱人民警察的直接管理,是罪犯监管的一条基本原则。因此,罪犯生活、学习、劳动、开会、活动等,都离不开监狱人民警察的组织、指挥、监督和协调。如果监狱人民警察没有一定的组织管理能力,就不能有效地对罪犯实施控制,也就难保三个秩序的稳定,从而也谈不上对罪犯进行真正的改造。

(4)创新能力。随着监管改造工作难度加大、工作要求提高,监管改造工作和其他工作一样面临适应与创新问题,这就需要广大监狱人民警察,充分发挥自己的聪明才智,大胆实践,不断探索,推进监管改造工作由经验型、粗放型、封闭型、开放型向科学型转变。

(5)应变能力。不同类型的罪犯有不同的心理特点,同类型甚至同一罪犯在不同的时期也会有不同的行为表现,而且随着犯情日趋复杂、狱情日趋严峻、监内各种不确定因素增多，发生突发性事件的危险越来越大。不同的对象、不同的问题，要用不同的方法去处理，突发性事件更需要监狱人民警察具备临危不惧、处事不惊的应变能力。这就需要监狱人民警察不断发现新问题、研究新情况、运用新策略，只有这样，才能不断适应动态监管改造过程，以变应变、以快应快、以变制胜。

第四，丰富学科知识，合理知识结构。工作对象的特殊性决定了监狱人民警察必须具备对是非曲直的判断力，对监狱工作方针、政策、法律的理解执行能力，监管改造罪犯所需的决策能力、表达能力、交际能力和应变能力，以及制服罪犯、保护自我的防卫能力，而这些能力的获得也离不开对相应知识的掌握。为此，一名合格的监狱人民警察，既要精通专业知识，又要博闻强记，尽可能多地了解一些诸如语言、历史、地理、社会学等学科知识，更要不断适应形势发展，自觉更新知识，运用现代科学技术成果，更有效地监管改造罪犯。专、博、新的知识结构应包括以下知识：

（1）马克思主义基础理论知识。马列主义、毛泽东思想、邓小平理论和习近平治国理政思想是监管改造工作的理论基础，也是监狱人民警察监管改造罪犯的有力思想武器，不仅能为我们提供正确理解和解决问题的思想、立场、方法和观点，而且也是罪犯教育的基本内容。为此，监狱人民警察必须具备扎实的思想理论知识，也只有这样，监管改造工作才会有正确的方向、较高的效率。

（2）文化科学知识。文化科学知识面广量大，但尽可能多地掌握一些与监管改造工作密切相关的知识，有利于更好地学习掌握专业知识，也有利于各种能力的锻炼和提高。

（3）专业知识。监管改造工作是一项法律性、科学性、综合性和实践性都很强的工作，做好这项工作，知识既要广、博、新，更要专。监狱人民警察既要掌握刑法、刑事诉讼法、监狱法等法律知识，又要懂得监狱法学、教育改造学、狱政管理学、罪犯改造心理学、狱内侦查学等分支学科知识，还要了解生产经营管理知识。

第五，心理保持平衡，品格趋于完善。监管改造罪犯需要监狱人民警察具备良好的政治素质、法律素质、知识素质、能力素质,而这一工作的特殊性,要求监狱人民警察具备良好的心理素质。这是因为,首先,监狱人民警察要长期和心理不良乃至变态的罪犯打交道,在互动过程中难免会受到罪犯的消极、不良心理影响;其次,监管改造过程其实是监狱人民警察和罪犯斗智斗勇、心与心较量的过程,监狱人民警察如没有良好的心理素质,就难以矫正、改善罪犯的不良心理;最后,监狱人民警察精神长期处于高度紧张状态,从而极易诱发各种心理疾病。由此可见,监狱人民警察心理素质的培养显得尤为重要。

(1)监狱人民警察要学会自我调节和控制。在监管改造罪犯过程中,监狱人民警察要善于用坚定的意志控制自己的情感和情绪,调节自己的心理状态,始终以积极的心态去影响罪犯和面对自己可能遇到的挫折。

(2)监狱人民警察要有丰富、积极的情感和顽强的意志。监狱人民警察要善于运用自己的真情实感去感化罪犯,以自己伟大的人格力量去影响罪犯,要以必胜的信念、坚持不懈的精神,正确对待罪犯改造过程中的反复,做到反复抓、抓反复,确保改造工作目标的最终实现。

(3)监狱人民警察要有"包容型"的性格特征。监狱人民警察既要具备"内倾型"性格的沉着、稳重、办事认真的素质,又要具备"外倾型"性格的果断、敏捷、活泼好交际的素质,只有这样,才能在纷繁复杂的斗争中占据优势。

3. 监狱行刑管教关系实施主体的作用

监狱人民警察作为监狱行刑管教关系主体,在监狱规定的职责范围内依法对罪犯实施惩罚和改造的具体事务的落实工作,其作用体现在各个方面。

第一,改造罪犯。罪犯作为社会主义现代化建设的破坏者,也是无产阶级改造社会的一个重要组成部分。监狱作为国家的刑罚执行机关,担负着惩罚改造罪犯的重任,监狱人民警察具体负责罪犯的监管改造工作,发挥着改造罪犯的骨干作用。

第二,维护社会。军队、警察等是国家强制机关的重要组成部分,也是保卫政权、维护社会稳定、促进改革的核心力量。当前我国正处于深化改革的关键时期,随着社会转型、体制转轨、人们观念转变,各种刑事犯罪特别是杀人、抢劫、贩毒等恶性案件发案率仍居高不下。为巩固改革成果、促进改革开放向纵深发展，必须加大对各种犯罪的打击力度，为改革开放创造一个稳定的环境，这就需要包括监狱在内的专门机关充分发挥职能作用。因此，监狱人民警察发挥着维护社会稳定、促进改革的"卫士"作用。

第三，捍卫法律尊严。从刑罚执行过程来看，监狱行刑是刑罚执行活动的重要一环，不仅法院判决的实现最终大多有赖于监狱行刑，而且就刑罚执行这一程序来看，监狱人民警察还有独特的捍卫法律的作用。首先，通过执行法院判决，使罪犯得到应有的惩罚，并通过惩罚将罪犯改造成为守法公民，一方面可教育广大公民遵纪守法，另一方面也可警戒那些有犯罪之虞者，促使其悬崖勒马，同时也可避免罪犯继续危害社会、破坏法律秩序。其次，监狱人民警察通过深入细致的工作，可帮助有关机关纠正冤假错案，协同有关部门处理好罪犯的检举、揭发，为其他司法机关提供破案线索，以维护法律的严肃性。最后，通过严格执法，对罪犯实行严格、科学、文明的管理，正确处理罪犯的减刑、假释等，确保行刑公正，提高改造质量。由此可见，监狱人民警察通过严格执法可捍卫法律的尊严。

第四，支持国家经济建设。监狱的主要任务是惩罚改造罪犯，为国家经济建设创造一个良好的环境。但目前，且在相当长的时期内，监狱的经费还不可能完全靠国家财政拨款。这就需要监狱大力发展监狱生产，一方面，为罪犯提供劳动机会，并通过劳动使其改恶从善；另一方面，创造一定的经济效益，弥补监狱经费之不足，从而减轻国家财政负担，使国家有更多资金用于经济建设。因此，监狱人民警察作为监狱管教生产的组织指挥者，发挥着支持国家经济建设的作用。

（二）承受主体

1. 监狱行刑管教关系承受主体的特点

我国监狱行刑管教关系的承受主体是指被依法判处有期徒刑、无期徒刑和死刑缓期二年执行并正在监狱服刑的罪犯。罪犯因自己的犯罪行为而受到法律制裁，其作为监狱人民警察的工作对象具有以下特点：

第一，罪犯身份的特殊性。罪犯虽依法享受法律赋予的权利和义务，但由于其人身自由受到剥夺或限制，因此在服刑期间实际享有的权利和义务与其他守法公民不同，呈现出以下特点：

（1）特定性。罪犯因服刑改造需要，其有些权利的表现形式具有特定性。比如，罪犯有通过悔改或立功表现获得减刑、假释的权利，有刑满释放时获得释放证明的权利，而这些权利形式在一般公民那里是不存在的。

（2）限定性。罪犯的权利和其他公民相比是不完整的，他们有的权利被依法剥夺或限制，有的权利则因人身自由受到限制而无法实现，处于停止行使状态。

（3）动态性。罪犯从一般公民变成犯罪公民，其权利发生了变化，当经过一定时期的改造，人身自由得到恢复以后，其公民权利也会随之恢复到拘留、逮捕前的状态。此外，罪犯在服刑改造期间，其实际享有的权利也会随其改造表现好坏而不断发生变化。

（4）依赖性。由于罪犯人身自由受到严格限制，因此法律规定的罪犯权利在很多情况下依靠罪犯自身是无法实现的，而必须依赖于监狱人民警察认真履职。

第二，罪犯改造的复杂性。罪犯改造是一个由强制、半强制到自觉的渐进过程。罪犯入监以后，在长期的犯罪生涯中逐步形成的错误的思想观念、恶劣的行为习惯以及不良的心理定势，仍会以各种形式表现出来，干扰、抵制监狱人民警察正面的管理和教育。为此，罪犯入狱初期改造的强制性显得尤为明显。但是，随着罪犯思想的转变、行为习惯的改变以及不良心理定势的打破，罪犯对监狱的管理教育等一系列改造措施不再抵制，逐渐适应并主动配合，其改造也由强制逐渐转向半强制和自觉。罪犯的改造不仅是一个渐进的过程，而且是一个迂回、曲折和螺旋式上升的过程。由于罪犯改造同时受到多种因素影响，因此其头脑中新质要素和旧质要素的斗争异常激烈，斗争有时会使思想改造出现波动，甚至出现一定程度的倒退，但总的趋势是向前的、上升的。

第三，罪犯改造作用的可变性。管教是监狱人民警察和罪犯之间的一种互动，尽管监狱人民警察在这一互动过程中始终处于主导地位，但作为管教对象的罪犯在这一过程中也不总是消极、被动的，其主观能动作用也随其恶习转变而逐渐增大。投改初期，罪犯原有的犯罪心理尚未得到矫正，并对行为仍有支配作用。此外，罪犯对来自监狱的正面管理教育大多是在强制情况下被动接受的，但随着对自己罪行的认识稍渐加深，其内在的悔改意识也渐渐强烈，因而其在改造过程中的主观能动作用也会越来越大。

第四，管教承受主体存在形式的多样性。罪犯作为管教客体在与监狱人民警察发生管教关系时，有三种存在形式：一是整体形式。罪犯整体既不是指具体的某一名罪犯，也不是某一类或一群罪犯，因而其作为管教关系客体只有理论意义。二是群体形式。三人以上即为群，所以，某一小组、中队、大队乃至监狱的罪犯都可称为群体，它是现实的也是普遍的管教客体存在形式。三是个体形式。这种形式大多存在于个体教育、强化管理等管教活动之中，因而也是常见的管教客体存在形式。

2. 监狱行刑管教关系承受主体的角色要求

罪犯是依法被国家审判机关判处刑罚、正在接受监管改造的人的一种法律称谓，实质上是一种法律角色定位。罪犯角色不是自由获得的，而是由国家法律强制赋予特定犯罪人的，其角色要求也是由有关法律法规、规章制度所规定的。

第一，认罪服刑。认识罪行，认清其危害，心悦诚服地接受法院的判决，是罪犯悔罪的表现，也是其接受惩罚改造的基础和前提。作为一种共同的期望和要求，罪犯必须认罪服判。

第二，遵守监规纪律。监规纪律是监狱里法律法规的具体化，遵守监规纪律既是维护监所改造秩序的要求，也是培养罪犯遵纪守法习惯、进行行为养成训练的重要途径。罪犯因无视国家法律、触犯刑律而被判入狱，因此，要求其循规蹈矩、遵章守法也是理所当然的。

第三，服从管教。管理教育是监狱监管改造罪犯的两项基本也是行之有效的手段。依法、严格、科学和文明管理作为一项基础性工作，具有监控、矫正、保障等诸多功能，而教育作为一种治本措施，也具有警戒、说服、感化等作用。为此，监狱要从根本上实现监管改造目标，必须充分发挥管理和教育功能，而作为管教客体的罪犯，也被要求自觉服从并积极配合监狱人民警察的管教。

第四，积极参加劳动。劳动和监管、教育一样，也是监管改造罪犯的重要手段之一。组织有劳动能力的罪犯参加劳动，一方面可以使罪犯养成劳动习惯，学会一技之长；另一方面可以创造一定的经济效益，以弥补监狱经费之不足。因此，就罪犯来说，积极参加劳动，既是其改恶从善的需要，也是将功赎罪的需要，还是学会一技之长、刑释后实现自食其力的需要。

罪犯角色要求并不等于他们改造过程中的现实表现。当前，随着押犯构成的变化，罪犯观念发生变化，其角色意识日趋淡化。有的罪犯身在囹圄却不承认自己是罪犯，不想穿囚服，不想吃囚饭；有的罪犯身份意识不强，改造讲条件，有好处就干，没好处不干；有的罪犯甚至认为减刑裁定到手，改造就到头。如此种种是当前监管改造罪犯过程中出现的一些新情况、新特点。了解这些新情况、新特点，并针对性地做好工作，是理顺管教关系、提高管理效果的重要要求。

3. 监狱行刑管教关系承受主体的作用

罪犯是社会秩序的破坏者，他们在没有得到彻底改造之前，对社会的作用是消极的。作为监狱行刑管教关系的客体，在与监狱人民警察的互动过程中，罪犯作用表现为良性和恶性两个方面。

第一，良性作用。罪犯之所以称为罪犯，是因为他们实施了危害社会的犯罪行为。他们长期受环境中消极因素的影响，逐渐形成了错误的思想观念、恶劣的行为习惯，对他们处以刑罚，目的是要通过惩罚将其改造为守法公民。但是，罪犯的犯罪心理和犯罪个性不会因被投入监狱而很快、完全地解体消失，那些自私、纵欲、欺诈、报复等欲望和要求还会继续表现出来，一方面形成一股负面能量去对抗监狱人民警察的正面教育能量；另一方面继续支配其行为，做出与罪犯角色要求不相符的举动。在这种情况下，要矫正罪犯，监狱人民警察必须对罪犯施以较其负面能量更大的正面教育能量，方能逐渐化解罪犯负面能量，促使罪犯逐渐朝着监狱为其设定的目标发展。所谓良性作用，是指罪犯在正面教育的影响下，其心理结构中的积极因素被激活，并逐渐形成常态心理结构，即罪犯的错误思想观念逐渐被正确的思想观念所取代，其恶劣的行为习惯逐渐得到矫正，进而自觉地服从管教、遵守监规纪律，配合监狱人民警察与违反监狱纪律的罪犯作斗争。

第二，恶性作用。行刑管教关系客体的恶性作用表现为两个层次：第一层次表现为罪犯恶习所形成的负面能量，对来自监狱人民警察的正面教育能量虽造成了一定的损耗，但在相互作用过程中，未占据主导力量。因此，尽管罪犯的改造过程十分曲折、艰难，但总体上仍是朝着既定目标前进的。第二层次表现为罪犯的恶习本来就很深，加之和改造环境中不良因素（如交叉感染、深度感染等）结合，其形成的负面能量足以抵消或抵制来自监狱人民警察的正面教育能量，以致罪犯原有犯罪心理结构无所触动，甚至被进一步强化。这一层次的恶性作用往往引起罪犯重新犯罪等改造质量不高的问题。为此，要从根本上提高改造质量，从管教主客体的正负作用看，要从增强正面影响力、削弱和消除改造环境中的负面能量入手，只有这样才能真正实现监狱工作目标。

三、监狱行刑管教关系的内容

（一）释义

1. 行刑管教关系的内容定义

所谓行刑管教内容，是指监狱人民警察对罪犯实施管理和教育的具体范围。行刑管教关系的内容是由行刑管教关系所承载的。行刑管教关系是监狱人民警察在监狱对罪犯依法执行刑罚过程中，依据惩罚改造罪犯的目标，遵循监狱工作方针、政策、法规，对罪犯进行有目的、有计划、有组织、系统化的监管和教育活动所结成的一种关系。

2. 行刑管教关系内容的意义

研究行刑管教内容，对于认识复杂的行刑管教关系也有重要意义。由于罪犯总是生活在一定环境中的现实的人，因此尽管他们本身就是监狱人民警察的工作对象，但对他们的管理和教育，涉及罪犯思想、行为及生活的方方面面，具有人、财、物相结合以及点、线、面相统一的特点。

（二）管与教

1. 管

"管"就是指对罪犯实施的监管。监管具有行政管理性质，构成了监狱工作最基本的方面，贯穿于惩罚改造罪犯的全过程。

第一，行为管束。对罪犯的行为管束，是维护监所稳定的需要，也是对罪犯进行行为矫正的需要。罪犯从入监那天起，一方面，其行为要受到监规纪律的严格约束；另一方面，监狱要对其进行队列、行进等举止的严格训练，以培养其良好的行为习惯。

第二，财物管理。财物管理包括对罪犯私有财物的管理和与罪犯有关的公有物资的管理。由于财物管理涉及罪犯私有财产权利和罪犯在服刑期间的相关权利的保障，因此也是管理的重要内容。

第三，现场管理。所谓现场管理，是指对罪犯生活、劳动、学习等场所的管理。组织现场管理，一方面是为了维护正常的秩序，确保罪犯改造的正常进行；另一方面是为了避免罪犯交叉感染和深度感染，进一步提高改造质量。

第四，要害管理。要害管理包括对要害地点、要害物资、要害人头及要害时段的管理。由于这些因素对监管安全构成较大威胁，因此管理中常常将之列为重中之重。

第五，生活卫生管理。生活卫生管理是对罪犯日常的衣、食、住以及疾病的预防和治疗等方面进行管理的各项活动，它是监狱贯彻执行革命人道主义政策的要求，也是监狱改造与生产顺利进行的保证，具有政策性强、涉及面广、意义重大和具体复杂的特点。

2. 教

"教"就是对罪犯的教育。不仅教育具有感化、引导、启发等功能，而且管理作用的发挥也离不开教育，所以，教育才是改造罪犯的根本性措施。围绕将罪犯改造成为守法公民，对罪犯的教育主要包括以下几方面内容：

第一，思想教育。罪犯的行为受其思想的支配，要改造罪犯，除要矫正其恶劣行为之外，还要从根本上转变其各种错误的思想、道德观念。可见，思想教育在教育改造中处于主导地位，起着核心作用。对罪犯的思想教育主要包括开展法制教育、认罪服法教育、道德教育、人生观教育、形势政策前途教育以及劳动教育。

第二，文化知识教育。愚昧无知、文化落后是罪犯走上犯罪道路的重要原因之一，在惩罚的前提下，有组织、有计划、系统地对罪犯进行文化科学知识教育，一方面有利于罪犯提高认识能力，另一方面有利于罪犯思想教育和技术教育的开展。针对罪犯文化水平普遍低下、年龄参差不齐的实际情况，对他们的文化知识教育应以扫盲和完成国家义务教育为主要目标，并着重选择一些政治性内容和知识性内容，结合较好的课本作为教材。

第三，职业技术教育。有组织、有计划地对罪犯进行职业技术教育，既可调动罪犯改造的积极性，促进罪犯改造，提高改好率，又可以提高罪犯技术素质，促进监狱生产，还可以为罪犯刑满释放后就业创造条件。根据监狱工作实际，罪犯要本着"干什么、学什么"和着眼就业原则选择所学技术和工种。

案例分析
浙江省乔司监狱服刑人员吴某某的行刑改造个案[①]

吴某某，1976年5月生，湖北人，中专文化，捕前职业农民，离异，家人只有母亲及女儿。2003年因盗窃罪被判处有期徒刑两年，2015年因盗窃罪被判处有期徒刑十四年。

一、罪犯教育改造方案的制定和实施

（一）个人成长经历

吴某某自幼丧父，母亲独自一人将其抚养长大。因为家里没有父兄的庇护，从小受到其他孩子的嘲笑和欺负却无力反抗，吴某某养成了内向、沉默的性格。成年后的吴某某多次盗窃犯罪，虽然结了婚育有一女，但最终还是因为服刑的缘故导致婚姻破裂。生活不如意，让吴某某更加不愿与人交流，在服刑改造期间只顾埋头劳动，没有正常的人际交往。

（二）入监改造表现

吴某某自到监狱服刑以来，性格表现比较内向，不善与人交流，但在劳动改造上十分努力，是监区的改造能手，还曾因为劳动改造上的出色表现被评为

---

① 参见《司法部发布4个监狱工作指导案例》，载《法治日报》2021年4月16日。

年度改造积极分子。2020年春节期间，吴某某通过拨打亲情电话得知自己在老家湖北的堂哥因感染新冠肺炎去世，这对其造成了极大的打击。得知堂哥去世当晚，吴某某就开始出现失眠情况，整个人变得更加沉默，常常一人独自落泪，吃饭也是草草几口，劳动的时候完全无法集中注意力，劳动质量和数量显著下降。民警从谈话中了解到，吴某某不仅对堂哥的去世难以接受，而且觉得家里人和自己早晚都会因为这个可怕的病毒而死。

怎么会出现这样一种传播力那么强、人类前所未见的病毒的呢？堂哥都会染病身亡，那么年迈的母亲、年幼的女儿是不是更加危险呢？新冠病毒传播力那么强，监狱里面只要有一个人感染了，是不是所有人都不安全了？堂哥的情况会不会发生在自己身上？如果得了新冠肺炎谁来救自己？这许许多多的疑惑伴随着恐惧，几乎一度占据了吴某某的整个头脑，他内心被巨大的恐惧所包围，除了伤心流泪，他找不到任何出路。

（三）教育改造的难点

1. 亲人的逝去是无法改变的事实。堂哥是所有亲戚中唯一没有因为吴某某没有父亲而看不起他的人，不但在经济上给予他帮助，还是唯一能让他说心里话的人，是他为数不多的亲友中关系最好的一个。堂哥的去世是触发吴某某危机状态的导火线，面对无法改变的现实情况，如何引导其去接受现实和顺利过渡是至关重要的。

2. 新冠疫情的发生带来了未知恐惧。这种从未出现过的新型病毒，让所有人都感到措手不及，因为对它的未知，让很多人产生了超乎常态的恐惧。遭受丧失亲人痛苦的吴某某，内心的恐惧发酵起来，泛化到了监狱内外的所有地方，让他感觉到根本没有一处安全的地方，时刻处于焦虑、紧张的状态。

3. 吴某某的个性特点无法短时间改变。除许多外在的因素，吴某某沉默内向的性格更让其内心承受了巨大压力，无处宣泄，在事情发生之后常常出现走神和独自流泪的情况。

（四）改造目标

1. 完成丧亲的哀悼过程。帮助吴某某接受亲人去世的现实，合理表达内心的悲伤，学习理智积极的面对方式，逐步走出哀伤的状态。

2. 改善吴某某的性格影响。通过积极关注、合理安排其他服刑人员互助，为吴某某建立起一定的支持体系，部分消除其内向性格导致的孤独无助状态，更好地融入正常的改造环境。

3. 逐步恢复正常改造状态。在调整好吴某某身心状态的前提下，鼓励其积极投入各项改造任务，继续发挥自身在劳动改造方面的特长，放下包袱，重新出发。

（五）改造措施

1. 正视现实，合理哀悼，升华情感。为了帮助吴某某正确面对这个不容易接受的事实，监区从三个方面对其开展了协助、教育和引导的工作。一是及时介入、开展人性关怀。民警在吴某某得知堂哥去世之后，第一时间对其开展个别谈话教育。在表达对吴某某的关心之余，也肯定了其对堂哥的去世产生的伤心悲痛是人正常的情感反应，对此表示充分的理解，从情感上到改造生活中都给予了有力的支持。二是提供技术支持，缓解悲伤情绪。监区特意安排了有经验的咨询师民警定期对吴某某开展心理干预，通过"保险箱"技术帮助其处理突如其来的巨大情绪，缓解悲伤情绪带来的压力，并协助其建立积极的态度面对现实情况，不被伤心情绪所淹没，逐步完成堂哥去世带来的心理哀悼过程。三是主动引导吴某某找到继续生活的动力，防止极端事件的发生。增加吴某某亲情电话的次数，让其确认母亲和女儿的健康状况，意识到自身作为儿子和父亲所肩负的责任。同时，通过文化修心教育，让吴某某学习中国传统文化，理解"诸姑伯叔、犹子比儿"的含义，通过今后努力照顾堂哥的家人来升华对堂哥的感情，摆脱面对亲人死亡带来的无能为力的消极心态。

2. 直面病毒，引导学习，树立信心。通过个别谈话教育，民警全面掌握了吴某某内心存在的不安和疑问，知道其因为对新型病毒的不了解，产生了大量不理性的想法。因此，民警在开展疫情知识普及教育的基础上，针对吴某某的特殊情况，进行了专项的健康教育。在吴某某观看疫情新闻、学习防疫知识之后，根据其疑问持续进行了专门的解答，帮助其正确掌握疫情防控知识，客观看待堂哥去世这一情况的特殊性，努力消除因为无知导致的过度恐惧，让其能较客观地看待疫情风险，清楚地认识到监狱严格的防护措施给服刑人员带来的安全保障。在吴某某慢慢消除恐惧心理的同时，安排其协助卫生协管人员开展日常的消毒、检测工作，不仅有效转移了吴某某的注意力，更让其亲身感受到监狱防疫工作，树立疫情防控的信心。

3. 克服危机，调整自我，努力前行。为了帮助吴某某克服不善与人交流的不足之处，民警除了加强与其的个别教育之外，还特意安排其在合作性岗位上工作。尤其是根据吴某某在劳动方面的特长，让其作为"师傅"去帮助和指导不熟练的人员，让其能够有更多与人交流的机会。经过一段时间的尝试，吴某某不仅能感受到自己的特长，增加了自信心，还与其他服刑人员建立了一定的人际关系，不再总是一个人独处。民警也进一步引导吴某某认识到，小时候总是受人欺负的那个吴某某已经长大了，虽然堂哥已经不在了，但也不是所有事情都需要他一个人去承担，接受民警和其他服刑人员的关心和支持，能够帮助他更好地成长。在民警的鼓励下，吴某某慢慢恢复了原有状态，增强了信心。为了不辜负堂哥的关爱，他决心继续努力下去。

二、教育改造成效

经过一段时间的危机干预，吴某某的状态逐步得到改善，情绪趋于平稳，对比前后的 SAS、SDS 测试结果，其焦虑数值已进入正常范围、抑郁情绪下降至轻微状态，在劳动改造中能专注地完成工作任务，饮食、睡眠等情况良好。虽然提起堂哥的离开还是感到伤心，但是吴某某不会为此而放弃今后的生活，为了逝去的亲人他会更加努力，把能更好地照顾家人作为动力。

生老病死是人类始终无法回避的课题，在监狱这个特殊的环境下，在抗击疫情的特殊时期，依然会有人面临亲人的离开。错误和悲伤都可能按下生活的暂停键，但也可能成为个体成长的契机，如何引导服刑人员这一特殊群体不被突发事件所压垮，再次鼓起积极生活的勇气，努力为社会输出"合格的人"，是监狱民警们始终努力的目标。

第四章

监狱运行保障制度

监狱是国家机构体系中的一个具体行政机关。监狱的运作绝对不仅仅是监狱一个具体机关的事情，而是必然涉及国家机构体系，即各类国家机关的支持，由此形成了各种有关监狱的制度。其中，就监狱法的制度而言，前提基础是监狱运行保障制度。

第一节 监狱组织保障制度

一、监狱管理体制

（一）监狱建制体系

1. 中央政府的监狱机构体系

我国采取单一制形式调整国家整体与部分之间、中央与地方之间的相互关系的国家结构形式。就行政方面讲，国务院即中央人民政府是全国地位最高的行政机关，凡属全国性的监狱事务或者涉及若干省、自治区、直辖市的监狱事务，关系到整个社会发展和社会主义建设中涉及国家整体利益的监狱事务，都应当归中央政府决定和管理。国务院下辖的中央政府的监狱机构体系，具体负责全国性的、政策性的、人事性的监狱工作，主管中央政府的监狱工作，指导地方政府的监狱工作。

概括而言，中央政府的监狱机构体系，一方面负责统辖国家整体的监狱工作，另一方面落实承担具体的刑罚执行事务，这是由我国的单一制国家结构所决定的。统一的国家监狱管理体制，有利于监狱工作的统一、监狱事业的发展，因为监狱建设不仅需要大量的人力、物力、技术、资金和资源，而且需要国家统筹兼顾、适当安排，从宏观上注意缩小地区间的不平衡。

2. 省、自治区、直辖市政府的监狱机构体系

我国在中央政府统一领导下，实行分级管理的制度，其中省、自治区、直辖市的人民政府为一级地方政府。中央政府与地方政府在监狱事务的职权划分上，遵循在中央统一领导下充分发挥地方的主动性积极性的原则、因地因时制宜的原则、分工合作的原则，凡属地方省级事务、关系到当地一些特殊情况的事务，可归地方决定和管理，中央与地方之间互相配合互相支持，既有分工又有合作。

地方政府下辖的地方政府监狱机构体系负责所在行政区划范围内的刑罚执行事务，除了上述的通例外，有些计划单列市和较大的城市还设置了本市政府直接管辖的监狱机构体系，当然，仍属于一级地方政府的监狱机构体系范围之内。实践证明，监狱机构体系隶属关系直接明确具体、经济财政保障落实到位，是其最大的优势。

（二）监狱机构体系归属划分的理由意义

1. 有利于促进依法治国、建设法治国家方略的实现

从理性上讲，监狱管理体制改革有利于促进依法治国、建设法治国家方略的实现。党的十一届三中全会以来，我国在完善社会主义法制方面做出了巨大努力并取得了重大成就，颁布实施了许多法律，配置了相应的法律机构。毫无疑问，要实施、实现依法治国，必须依法建立健全管理体制，依法调节各种相应的法律关系。监狱管理体制改革是依法治国的重要组成部分，中央与地方之间关于监狱事务的权限以及决定和管理事务的范围划分要用法律、法规等规范性文件固定下来，并由法制予以保障，从理智上引导、从法治上规范各级政府

及其下属机关的行为,有利于促进"依法治国"方略的实现。

2. 有利于克服体制上的弊端

监狱管理体制改革利于克服体制上的弊端,符合以实际功效或利益为行为准则的要求。我国现行监狱管理体制的弊端主要表现为两个方面:其一是责、权、利不统一。监狱系统要求责、权、利高度集中,要求人、财、物高度统一,而现行监狱管理体制中,管人的不管财、管财的又不管物,有权的无责任、有责任的无利益,责、权、利与人、财、物严重脱节,许多问题如监狱财务保障、监狱产业扶持等,不是哪个监狱能够单独解决得了的,必须由各级政府自上而下通盘考虑,从体制上彻底解决。其二是监狱覆盖层面不全。我国目前实际存在的有中央政府的监狱部门(公安部的监狱、司法部的监狱)、地方政府的监狱部门、新疆建设兵团的监狱部门等,而监狱管理体制只涵盖了司法部的监狱部门和地方政府的监狱部门,只在实际工作中常以文件的形式提及新疆建设兵团的监狱部门,没有囊括国家的所有监狱部门,不符合监狱的实际情况,这种体制上的弊端常使监狱工作陷入被动境地。

国家监狱实行二级建制,明确了中央政府与地方政府对所属监狱的权限职责范围,设监狱、养监狱、管监狱有机地结合起来,防止上有政策下有对策、相互推诿扯皮现象的出现,把责、权、利与人、财、物统一到法制轨道上来,从而利于解决责、权、利不统一的弊端。

二、监狱机构体系三位一体

(一)监狱机构体系三位一体的构成

1. 领导机关

领导机关是在一定的环境下为实现既定的工作目标对下属单位进行统御和指引的机关,在监狱机构体系中处于关键的决策地位。

第一,中央政府监狱机构体系中的领导机关。中央政府监狱机构体系中,领导机关是司法部。《监狱法》明确规定"司法部主管全国的监狱工作",从而确立了司法部对国家所有监狱部门的整体领导关系,当然包括对中央政府监狱机构体系的领导、对地方政府监狱机构体系的领导等。对不同的被领导对象,司法部的领导力度与方式是有区别的，具体领导职责为：根据《监狱法》及国务院的有关行政法规，制订监狱工作的方针、政策、行政法规，编制监狱工作的中长期规划、年度计划并监督实施，监督和指导监狱执行刑罚惩罚改造罪犯的工作，指导监狱系统的队伍建设和思想政治工作，直接管理中央监狱机构体系的领导干部，协助省、自治区、直辖市政府管理地方监狱体系的领导干部，负责全国各行政区域监狱设置、撤销、迁移等事项的审批，与有关部门疏通、协调、解决下属单位自身解决不了的问题，如当前急需协调解决的问题主要有财政保障、生产销售、税收减免等，需要司法部向国务院积极反映有关情况、提供资料，由中央政府从宏观上进行统一的整体性协调。

第二，地方政府监狱机构体系的领导机关。地方政府监狱机构体系中领导机关是省、自治区、直辖市政府的司法厅（局），其领导责任为：根据国务院和司法部制定的监狱工作方针、政策，结合本行政区域内的实际情况，部署监督监狱工作的方针、政策、法规的落实，制定本辖区内的监狱工作规章制度，编制本辖区监狱工作的近、中、长期规划，指导本辖区监狱系统警察队伍组织建设和思想政治工作，直接管理本辖区监狱机构体系的领导干部，负责本辖区监狱机构体系的其他整体性、宏观性工作。

2. 管理机关

管理机关是为实现系统的既定目标，积极协调系统内部诸要素之间的联系和行为，进行有计划的组织、指挥和控制的机关，在监狱机构体系中处于中间地位和过渡环节。

第一，中央政府监狱机构体系的管理机关。中央政府监狱机构体系中的管理机关是国务院司法部的监狱管理局，其管理职责主要为：根据《监狱法》等有关法律、法规和司法部的规定，指导全国监狱执行刑罚的工作，监督检查《监狱法》及其有关法律、法规和政策的执行情况，指导全国监狱对罪犯的教育和改造工作，规划全国监狱的布局，掌握重要罪犯和省际间的调犯工作，组织司法领域人权问题的研究，指导全国监狱的生产、基建、装备、财务和工人管理工作，监督国有资产的保值增值，管理中央直属监狱。

第二，地方政府监狱机构体系的管理机关。地方政府监狱机构体系中的管理机关是省、自治区、直辖市政府司法厅（局）的监狱管理局，其管理职责主要为：根据《监狱法》等有关法律、法规和司法部监狱管理局的有关规定，结合本辖区的实际情况，指导所在辖区的监狱执行刑罚的工作，监督检查《监狱法》及其有关法律、法规和政策在本辖区的执行情况，掌握重要罪犯和本辖区的调犯工作，指导本辖区监狱对罪犯的教育和改造工作，指导本辖区监狱的生产、基建、装备、财务和工人管理工作并监督本辖区监狱国有资产的保值增值。

3. 职能机关

职能机关是指按照领导机关的方针政策，在管理机关的统辖下，具体执行刑罚的各类监狱，具体包括中央政府管辖的监狱和省、自治区、直辖市政府管辖的各种监狱等。职能机关的改革完善需考虑在各行政区划内设置监狱的可能性、必然性，要从有利于监狱人民警察的工作和生活以及囚犯的改造出发，综合考虑当地的政治、经济、治安、文化、人口等因素，而不能搞平均分配。因此，在中央政府监狱机构体系中设置直属监狱，非常必要。

（二）监狱机构体系三位一体的意义

1. 符合国家机关发展趋势的要求

随着社会的发展、科学文明程度的提高，国家机构体系日臻健全，涉及的领域越来越广泛，日常事务日益复杂，统一指挥、统一管理、统一落实的必要性和重要性早已为人们所认识，因而有了政策领导、行政管理、业务落实等机关的划分。然而，目前我国的监狱机构体系尚存在着明显的不足，或者有的机关空缺，或者工作范围及目的不明确，或者工作程序不规范，因而不同程度地影响了监狱工作由传统的经验型向现代的科学型的转轨进程。因此，监狱机构体系行刑政策领导、行刑运作管理、行刑业务落实，不仅在组织关系上，而且必须在实质联系上形成"一条龙"式的运行规程，才能使整个监狱行刑工作摆脱被动、支离破碎的境地，为从根本上提高监狱行刑工作的整体水平奠定坚实的组织基础。可见，健全我国的监狱机构体系——确立监狱机构体系三位一体，既是监狱管理体制改革的重点所在，又是创建现代化文明监狱的当务之急,还是监狱行刑工作对监狱机构体系健全发展的必然要求。

2. 有利于发挥监狱的整体效能

监狱整体行刑效益的提高,监狱整体水平实现法制化、规范化、科学化和现代化,是监狱发展的价值取向,需要以科学的管理体制为组织保障。如果管理体制不合理、不科学,监狱的运作发展则会因为没有坚实的组织基础而举步维艰,进而势必影响监狱整体行刑效益及监狱整体水平的发挥。党的十五大报告明确提出,"根据精简、统一、效能的原则进行机构改革,建立办事高效、运转协调、行为规范的行政管理体系……实现国家机构组织、职能、编制、工作程序的法定化"[1],为监狱管理体制的改革指明了原则、内容、方向。只有将我国现存的各类、各种监狱纳入统一的国家整体监狱管理体制之内,才能实现监狱组织、职能、编制、工作程序的法定化,使全国的监狱统一管理、步调一致、运作协调、行为规范,进而提高监狱的整体效能。

第二节 监狱物质保障制度

一、监狱建筑制度

(一) 监狱建筑总体要求和警戒设施建筑

1. 监狱建筑总体要求

监狱建筑是国家对罪犯执行刑罚,为罪犯提供在服刑期间生活教育、劳动生产、学习以及对他们进行监管、制止继续犯罪的建筑。监狱建筑是执行刑罚惩罚改造罪犯的物质空间环境,其总体上要符合安全、坚固、庄重、文明、适用的基本要求,警戒设施要坚固、可靠,防逃措施要适用、有效;罪犯生活、生产建筑和监狱人民警察行政办公建筑要分区明确,布局合理,并能使用现代化监控和管理手段。监狱建筑总体设计要做到有利于监管改造,方便生产和生

---

[1] 《江泽民在中国共产党第十五次全国代表大会上的报告》,http://www.gov.cn/test/2008-7/11/content_1042080.htm,2021年6月30日访问。

活,为有效地执行刑罚奠定物质基础。

2. 警戒设施建筑

监狱的警戒设施建筑一般由大门、门卫值班室、围墙、电网、岗楼、隔离带及监控报警系统组成。警戒设施建筑的作用是把在押罪犯控制、约束在一定范围内生活、学习、娱乐和劳动生产,罪犯的行动不准超越规定的范围。在装有监控报警设施的监狱,监控系统一旦发出报警讯号,有关部门可以立即做出反应、采取措施,制止违反监狱规定的行为。

(二) 监狱办公区建筑

1. 监狱人民警察行政办公区建筑

监狱人民警察行政办公区是指监狱工作者从事监狱管理和其他相关活动的区域,包括两部分建筑:一是相对独立的行政办公建筑,包括办公室、监控室或者监控指挥中心、档案室、图书资料室、电化教育室、食堂、医务室、计算机室、器材存放室、警械装备库、检察院驻狱办公室等。二是与罪犯监舍结合在一起的行政办公区,包括监区建筑、分监区警察值班(监控)室、分监区教育谈话室、分监区警察办公室及警察卫生间等。

2. 武警活动区建筑

武警活动区建筑是指驻监狱武警部队生活与活动区域的建筑,包括武警部队的营房、训练场所、枪械武器库、执勤区域围墙、大门、岗楼等。

(三) 罪犯生活、生产区建筑

1. 罪犯生活区建筑

罪犯生活区建筑一般包括寝室、洗漱室、厕所、储藏室、医务室、医院、图书阅览室、教育娱乐室、教育及教学用房、接见室、伙房食堂、沐浴室、理发室、开水房和晾晒场、体育活动场所的建筑。这些建筑场所的作用,在于为罪犯服刑提供基本的生活、学习条件。

2. 罪犯生产区建筑

罪犯生产区建筑是安排罪犯劳动的场所,因从事劳动生产的种类不同,建筑要求也有区别。生产性建筑除按行业建筑设计规范进行设计、满足生产工艺要求外,还必须考虑到劳动力是服刑的罪犯这个情况。罪犯在劳动生产中的行为活动是要受到约束的，因此劳动生产区内及其周围要设置警戒设施，车间之间尽可能封闭，不能封闭的室外作业场所，也要划定罪犯活动范围，设立警戒标志，防治罪犯脱离约束。对总配电室、通讯总机室、监控控制室、干警值班室、生产调度室和储存有毒、易燃、易爆物品的仓库等生产要害部位，要从建筑上采取防范措施，防止罪犯破坏要害部位造成停工、停产、伤亡等重大事故。

二、监狱财务制度

（一）监狱财务制度的沿革

1. 20世纪90年代前的劳改财务制度

中华人民共和国成立以后，我国为监狱制定的一系列财务管理办法和规定，对保证监狱执行刑罚职能，提高执法水平和改造罪犯质量，起到了重要作用。我国劳改机关财务管理在20世纪50年代实行"以收抵支，差额预算管理"，60年代改为"统收统支，全额预算管理"，80年代以后又改为"财务包干"。

2. 劳改财务制度的经验教训

从劳改财务管理演变过程来看，劳改财物制度是随着国家经济管理体制和财政管理体制改革发展而变化的。尽管在当时起到过积极作用，但是由于过去几十年把监狱的全部管理和经济活动当作"企业"对待，劳改机关经费的来源主要依赖于从企业生产经营成本费用中提取，因此以后虽然提高了劳改事业专项拨款和将劳改企业若干社会性、政策性开支改为预算拨款，但仍不能从根本上把监狱的监管改造经费和监狱的生产经营成本费用严格划开，劳改机关正常经费得不到应有的保证，生产经营成果也得不到正确考核，不利于加强财务管理和经济核算。

（二）现行监狱财务制度

1. 监狱财务制度的依据

随着经济形势的发展和《监狱法》《中华人民共和国预算法》等重要法规的实施，原有的财务管理办法和规定已不适应监狱管理工作的需要。为了加强监狱财务管理，财政部制定了《监狱财务制度》，于1997年2月21日下发执行。坚决贯彻这一制度，对促进监狱管理工作正常进行具有重要意义。

《监狱法》第 8 条第 1 款规定："国家保障监狱改造罪犯所需经费。监狱的人民警察经费、罪犯改造经费、罪犯生活费、狱政设施经费及其他专项经费，列入国家预算。"《国务院关于进一步加强监狱管理和劳动教养工作的通知》（国发〔1995〕4 号）以及有关法律行政法规等也作了类似规定。

我国的监狱与监狱生产经营单位属于不同主体，监狱是国家刑罚执行机关，属于政府隶属的行政机关；而监狱生产经营单位是为组织罪犯进行生产劳动和改造的场所，是特殊性质的国有企业。为保障不同主体权益的合理性，需要在财务制度上具体划分监狱财务制度和监狱生产经营单位财务制度，以明确不同主体的财务管理职能、任务和内容，以此加强不同主体的财务管理和经济核算。

2. 监狱财务制度的内容

为规范监狱财务管理和加强经济核算工作，监狱作为国家刑罚执行机关，不能按"企业"对待，应按行政单位建立监狱经费保障体系，应按照有关政策、法规予以规范，确立监狱财务管理的新模式，把监狱全部财务活动规范为监狱财务管理和监狱生产经营单位财务管理"两个笼子"。

监狱财务实行"全额管理、经费包干"办法，执行行政单位财务会计制度；监狱生产经营单位财务实行企业管理，执行《企业财务通则》《企业会计准则》以及行业财务会计制度。监狱财务管理的主要内容包括七项，即预算管理、收入管理、支出管理、资产管理、负债管理、监狱划转预算的财务管理、财务监督。

第三节　监狱人事保障制度

一、监狱人民警察的招录制度

（一）监狱人民警察的录用条件

根据《中华人民共和国人民警察法》等有关规定，吸收社会公民从事监狱人民警察职业，要求他们必须符合一定条件。这些条件主要包括五项，即国籍条件、政治条件、品德条件、受教育条件和身体条件。只有符合这些条件，才能报考监狱人民警察职业。

国籍条件要求，报考者必须是具有中华人民共和国国籍，并享有政治权利的公民。政治条件要求，报考者要坚持党的四项基本原则，拥护党的路线、方针、政策，服从组织分配。品德条件要求，品行端正，遵纪守法，热爱监狱事业，具有吃苦耐劳和廉洁奉公的精神。受教育条件要求，报考者一般应具有大专以上受教育程度。身体条件要求，报考者要身体健康，心理素质良好，年龄一般在18—25周岁以下，男性身高1.65米以上，女性身高1.6米以上，无残疾，无口吃，裸视1.0以上，体型端正，机警敏捷。

（二）监狱人民警察的录用原则

招录监狱人民警察必须坚持的录用原则包括公开原则、平等原则、优化原则、试用原则。只有坚持这些录用原则，才能招录到合格的公民从事监狱人民警察职业。

公开原则要求，将招录人员的具体事项向社会公开，即招录政策公开；招录的数量、岗位、责任和待遇公开；招录办法、时间、考试科目、招录程序公开；考试成绩和录取结果公开。目的在于增加工作透明度，防止不正之风，以便更加广泛地吸引各方面的优秀人才。

平等原则要求，报考者法律地位平等，即考试、录用的权利和机会均等，凡是符合报考资格条件的所有公民均可报名应考。在执行资格审查、考试规则、评分标准等过程中，应一视同仁，在录用标准面前人人平等。

优化原则要求，对参与考试合格者，通过竞争面试和考试，对其成绩及资历、品德、健康状况等方面进行综合评定，按综合成绩采取先高分后低分的顺序进行排列、择优录取。

试用原则要求，新录用的监狱人民警察都要经过一定时间的试用。应届毕业的大学生、研究生除特殊专业外，试用期一般为一年；从在职人员中录用的人员，试用期一般不少于3个月。在试用期内，他们应接受警察院校教育培训和工作实习；根据其试用期间的表现，用人单位可按规定提出试用期满合格，同意正式使用，或试用期间不合格不予使用的意见，上报有关部门。

二、监狱人民警察的考核制度

（一）监狱人民警察的考核内容

依法对监狱人民警察进行考核，是监狱人民警察管理的主要内容，是加强监狱人民警察建设，激励和调动他们的主观能动性，提高他们素质的需要。考核的内容应以履行岗位职责和完成工作目标为基本依据，内容包括"德、能、勤、绩"四个方面。

"德"主要考察监狱人民警察的政治思想品质，包括坚持四项基本原则，拥护党的路线、方针、政策；遵纪守法，依法对罪犯监管改造；忠于职守，实事求是，廉洁奉公，遵守职业道德，严格要求，规范自己。

"能"主要考察胜任本职工作的学识和能力，包括是否具有所在职位的文化和专业能力，是否有发现问题、处理问题、解决问题的能力，以及工作中的开拓创新、组织、协调、应变领导的能力等。

"勤"主要考察监狱人民警察工作态度，勤奋精神，爱业精神，钻研业务精神，以及纪律性和出勤率等情况。

"绩"主要考察监狱人民警察在履行职责中所做出的实际工作，包括数量、质量、效益和贡献。

（二）监狱人民警察的奖惩种类

根据《中华人民共和国人民警察法》《公安机关人民警察奖励条例》的具体规定，监狱对监狱人民警察德、能、勤、绩四个方面进行综合考核后，给予不同奖励或惩处。

奖励分为嘉奖、三等功、二等功、一等功、授予荣誉称号三类五等。同时，对受奖的警察，按照国家有关规定，可以提前晋升警衔，并给予一定的物质奖励。惩处分为警告、记过、记大过、降级、撤职、开除六种，对于轻微的错误行为一般给予批评教育。

通过奖惩，努力把竞争机制引进监狱人民警察管理制度中，积极创造一个"能者上、劣者下""能进能出"的良好环境，保证从严治警和从优待警两个方面都能得到真正的落实，保证监狱人民警察队伍的高素质、高水平。

案例分析
监狱民警应胸怀博大才可能改造服刑犯罪人[1]

一、监狱民警要有博大的胸怀

一个监狱民警，是做一个胸怀博大的人，还是做一个器小易盈的人？胸怀对一个监狱民警非常重要，有大胸怀才有高境界，有高境界才有伟事业。法国文豪雨果说过："世界上最宽阔的是海洋，比海洋更宽阔的是天空，比天空更宽广的是人的胸怀。"这种比海洋和天空更为宽阔的人的胸怀，便是一颗宽容博大的胸怀。而一个有大胸怀的监狱民警，才能以比海洋、比天空更宽广的胸怀去做改造罪犯的工作，把他们从罪恶的苦海拯救出来，拉向光明的彼岸，成就改造社会、改造人的伟大事业。

监狱民警要做到胸怀博大，首先对于罪犯要学会宽恕，要有包容心、同情心，给有过之人自新机会。宽恕说起来容易，但真正从内心认同并付诸行动是相当困难的。法国解构主义大师德里达说过："不可宽恕者是宽恕的前提。"这话乍听起来有些拗口，但仔细想想，确实有道理。不错，一个人的罪过如果非常容易得到宽恕者的宽恕，那样的宽恕不会让人感动，让人刻骨铭心。而正因如此，对不可宽恕者宽恕才能体现出宽恕者的豁达大度。

二、被害人之父宽恕杀人犯

有报道称，2013年7月26日晚，郑某某的儿子郑某约了本村的朋友尤某某和侯某一起到郑家喝酒吃饭。席间，因为给尤某某倒酒他没有喝，侯某心中不悦，就开始语言相激，已经有些醉意的尤某某面露不悦之色。晚上10点多，尚未离开的尤某某帮郑某收拾，一旁的侯某仍在不停地埋怨尤某某不给面子，两人因此争吵。尤某某冲向厨房要拿刀砍人，被郑某拦住劝回了家。到家后，

---

[1] 参见贾洛川：《监狱民警改造力基因探寻——监狱民警修养的新视角》，中国法制出版社2017年版，第10—15页。

尤某某仍未消气，摘下挂在屋内墙上的东洋刀回到郑家，他先用刀朝劝架的郑某身上乱刺，又朝侯某身上乱扎，两个好朋友随即倒在血泊里。眼前的惨状让尤某某酒醒了许多，他赶紧打电话报警，并帮助郑某按着伤口止血。但为时已晚，侯某当场死亡，郑某也因伤势过重在4天后死亡。对于这样一起案件并不复杂但后果十分严重的命案，作为被害人的父亲，郑某某无论对凶手提出什么样严厉的要求，大概都是可以理解的。但是，郑某某没有那么做。相反，他做了一个常人难以置信的决定。在法庭上，他替凶手求情，请求法庭从轻发落，刀下留人。在央视《新闻1+1》的镜头里，年过半百的郑某某脸上的皱纹就像皲裂的黄土地，一看就知道这中年汉子日子过得不容易。记者的提问单刀直入："你为什么要原谅杀害你儿子的凶手？"面对央视记者带着理性与不解的提问，郑某某的回答憨得和邻居大老爷们唠家常似的："没想那么多，我的儿子没了，当然恨。想了一星期，一下子想明白了，要是老尤家的儿子没了，不也和我一样？他的后半辈子谁来养？"这样的回答足够简单，简单得让人难以置信，但也足够震撼，震撼得让人潸然泪下，甚至我们相信再凶残的罪犯都会为之动容。郑某某这样如此淡然的回答，恰恰是他"想了一个星期"，用不能承受生命之重的痛切感受凝练而成。因为他已经感受到失子之痛，他不想让另一个父亲遭受同样的打击——即使他的儿子罪有应得。

这个事例体现了德里达所言的宽恕，郑某某在宽恕着一个不可宽恕者。据说，宽恕是上帝的特权，一般庶人是无权宽恕的。社会心理学家对宽恕的解释是："有权力责备处罚而不责备处罚，有权力报复而不加报复的一种道德心理结构。"① 因为宽恕意味着赦免别人的罪过，拥有这样特权的自然不会是普通人，至少是有一定权力的人。但郑某某是极普通的中国农民，他的举动，他用宽恕所迸发出来的伟大的人格力量，远不只是挽救了一个原本应该走向生命终点的死囚那么简单。② 虽然他不是神，也没有权力，只是一个普通百姓，但他仍然保持着一颗宽容的心，宽恕了伤害过自己亲人的罪人，体现了有容乃大的博大胸怀，更令人打心底钦佩不已。

---

① 吴宏彪：《掌控力》，北京理工大学出版社2011年版，第165页。
② 参见秋子：《宽恕的力量》，载《江苏警视》2015年第9期。

三、监狱民警应有博大胸怀

就监狱民警而言,他代表国家对罪犯执行刑罚,手握决定罪犯苦乐祸福的重权,他既有惩治的特权,也有宽恕的特权。这里有很大的自由裁量空间,一般而言,罪犯犯了罪,固然要受到法律的制裁,要不就不用入监服刑了。但监狱民警应本着教育挽救的态度,引导罪犯告别昨天,重新开始。要看到罪犯本人并非是不可饶恕的,不要一味用厌弃、憎恶的眼光盯着他们。当一张白纸上染了黑墨后,我们应该做的不是任其停留,或是以为这个黑墨可以遮住整张白纸,而应该努力把它去掉。正如梁漱溟先生所言,凤凰可以集香木自焚而得重生,人也一样。每次忏悔、自省后的自己都是涅槃后的凤凰,都是一个新的生命。知道了哪些是臭的,才能够舍弃;去浊扬清,生命之水才能焕发生机,才能长流长清。① 因此,监狱民警在自己的权力范围内也是可以并应该对罪犯予以宽恕的。当然,这里所讲的宽恕不是不讲原则,更不是丧失立场,而是只要罪犯还不至于是死罪,还有一点可取之处,就不要一味纠缠他们的过去,而是向前看,着眼明天,创造条件,促其走向新生。

监狱民警要做到胸怀博大,在说理上要豁达一些。人们常说理屈词穷、理直气壮,特别是人占了理,讲起话来自然底气十足,甚至得理不饶人。殊不知,以这样的态度讲话,常常损人颜面,以这样的态度为人,往往失去君子风范。所以,理直也不必气壮,不妨豁达一些,心平气和一些,最终使对方心服口服,从心底里听从和敬重你。正如明代思想家吕坤所说:"心平气和,而有刚毅不可夺之力。"可见,理直气和是一种力量,是化解纷争的至高境界。对于监狱民警来说,也要学会心平气和讲道理,不要动不动就发脾气、甩脸子,这样不一定会使罪犯心服口服,反而可能会激化矛盾。

监狱民警要做到胸怀博大,要忘记别人对你的伤害。在日常工作中,由于工作空间所限,监狱民警所打交道的无非是同行与罪犯,在这个过程中难免会遇到一些不快,甚至会遇到别人对你的伤害。先说同事之间,在工作中难免会

---

① 参见朱夏楠编著:《梁漱溟人生智慧书》,中国广播电视出版社2010年版,第270—237页。

有一些磕磕碰碰，甚至会有人觉得你影响了他某些个人利益的实现而不惜打击你、中伤你。面对这种情况，你要做的就是不要放在心上，学会忘记，让对方在你的大度面前自惭形秽、甘拜下风。另外，在与罪犯打交道的过程中，有时也会有一些桀骜不驯的罪犯言语顶撞监狱民警，拒不出工，拒不接受管教，出监狱民警的洋相。但监狱民警作为执法者、教育者、管理者，不能去计较，如果老是记仇，不可能有一个好的管教心态。作为监狱民警，要学会及时忘记罪犯对你的伤害，忘记仇恨。仇恨会像天空的阴霾，挡住我们发现爱、发现美的眼睛。我们知道，要改变一个人特别是罪犯，不是一天两天的事，也不是一件容易的事。但只要将罪犯的过错写在沙滩上，将他们的亮点刻在心里，那么我们眼里的罪犯就是可教的，有不少美好的一面。这就更会坚定我们改造罪犯的信心，坚持不懈地做转化工作，从而使罪犯在监狱民警博大胸怀的感召下，发自内心地认罪悔罪，迈上新生之路。

第五章
Chapter 5

监狱执行刑罚制度

监狱执行刑罚是指监狱依照法律规定，将法院做出的已发生法律效力的刑事判决所判处的刑罚付诸实践。尽管监狱执行刑罚活动的内容不断增加，社会对监狱的要求越来越复杂，但这都不能改变或增损监狱执行刑罚的本义。监狱执行刑罚制度的本义主要包括监狱执行刑罚的行刑效力、刑务制度和行刑警戒监管制度等内容。

第一节 行刑效力

一、行刑的对象效力

（一）剥夺或限制罪犯的个人生活自由

1. 剥夺或限制罪犯的居住自由

剥夺或限制罪犯的居住自由是指，罪犯不能根据自己的需求和意愿，选择并装饰监舍，而必须服从监狱的统一部署和安排。

2. 剥夺或限制罪犯的饮食自由

剥夺或限制罪犯的饮食自由是指，罪犯不能根据自身的需求挑选自己喜爱食用的食物，而必须严格按照监狱的规定和要求来满足自己的饮食要求，没有选择的自由。

3. 剥夺或限制罪犯的穿戴自由

剥夺或限制罪犯的穿戴自由是指，罪犯必须严格遵守监狱的规定和要求，只能穿囚犯服，而不能根据自身的需求和喜好随意着装打扮，如蓄长发、纹眉、涂口红等。

(二) 剥夺或限制罪犯的社会生活自由

1. 剥夺或限制罪犯的社会学习自由

剥夺或限制罪犯的社会学习自由是指，罪犯不能根据自己的意愿在社会上进行自由地学习，必须服从监狱对学习时间、学习场所、学习课程、学习程度的统一安排。

2. 剥夺或限制罪犯的社会劳动自由

剥夺或限制罪犯的社会劳动自由是指，罪犯不能根据自己的需要和意愿选择劳动，必须遵守监狱对劳动工种、劳动时间、劳动岗位、操作规程等方面的统一部署。

3. 剥夺或限制罪犯的社会活动自由

剥夺或限制罪犯的社会活动自由是指，罪犯不能根据自己的需要和意愿随便活动，必须遵守监狱的有关规定。

4. 剥夺或限制罪犯的家庭生活自由

剥夺或限制罪犯的家庭生活自由主要包括：剥夺或限制罪犯的性爱自由，剥夺或限制罪犯的亲自赡养自由，剥夺或限制罪犯的亲自扶养自由。监狱执行刑罚，把罪犯与社会隔离并监禁于特定的监舍内，使罪犯脱离了家庭生活，这就剥夺或限制了罪犯的性爱自由；把罪犯的行为活动限制于监狱之内，切断其与家庭的日常生活联系，使之不能身体力行地尽赡养、扶养，这就剥夺或限制了罪犯的亲自赡养自由和亲自扶养自由。

上述内容实际上是剥夺或限制了服刑罪犯的人身自由及其与人身自由相联系的权利自由，通常包括服刑罪犯的日常生活及社会活动方面的权利自由，或者对权利自由的内容进行限制，或者对权利自由行使的方式进行限制。监狱行刑剥夺或限制罪犯的人身自由，不仅仅是对罪犯的惩罚，更重要的是使罪犯丧失在社会上实施犯罪的身体能力。

二、行刑的时空效力

1. 行刑的时间效力

行刑的时间效力是指监狱执行刑罚实现刑罚强制约束力的时间期限。行刑的时间效力是刑罚的时间效力的自然延伸，是刑罚的时间效力的实践过程。根据《刑法》《刑事诉讼法》《监狱法》的规定，监狱执行的刑罚有死刑缓期二年执行、无期徒刑、有期徒刑；死刑缓期二年执行的时间效力为二年，二年期满，根据犯人的服刑表现，或立即执行死刑，或减为无期徒刑、有期徒刑仍由监狱执行。

根据我国《刑法》第 29、33 条的规定，无期徒刑的强制约束力是终身的，直至无期徒刑犯死亡为止；有期徒刑约束力时间为 6 个月以上 15 年以下，数罪并罚最高期限不超过 20 年。监狱对上述刑罚的执行，奉行教育刑思想，对罪犯进行惩罚改造，在罪犯有所悔改的情况下，刑罚的期限会有所缩短，根据《监狱法》第 78、82 条的规定，减刑后，有期徒刑的执行不能少于原判刑期的 1/2，无期徒刑的执行不能少于 10 年；对于假释犯，有期徒刑实际执行的时间为原判刑期的 1/2 以上，无期徒刑实际执行的时间为 10 年以上。当然，罪犯在监狱服刑期间又犯罪的情况下刑罚的期限会有所延长。行刑的时间效力为惩罚改造活动提供了时间因素，从而使行刑呈现出过程的形态。

2. 行刑的空间效力

监狱行刑的空间效力是指监狱执行刑罚实现刑罚强制约束力的所在场所。根据我国《刑法》《刑事诉讼法》《监狱法》的规定，死刑缓期二年执行、无期徒刑、有期徒刑由监狱（包括未成年犯管教所）执行。监狱是上述刑罚的执行场所，刑罚的强制约束力必须施加于刑罚执行场所内。

行刑的空间效力要求，刑罚执行不仅要有执行机关，而且要有执行场所，监狱执行刑罚就使行刑的空间效力有了具体的物质空间环境。行刑的空间效力奠定了监狱内一切行刑活动的法律依据及其行刑的特性，要求罪犯在监狱内依法服刑接受惩罚改造，除了依法假释、监外执行、释放，一切脱离监狱的罪犯的行为都成为违法行为。

第二节 刑务制度

一、行刑常规制度

（一）收押

1. 收押的概念

收押或称收押入监，是指将被判处一定刑罚的罪犯依照法定程序收入监狱执行刑罚的一项行刑程序，标志着对被判处刑罚的犯罪人监狱执行刑罚的开始。根据法律的规定，监狱是我国的刑罚执行的主干机关，一般包括成年男犯监狱、女犯监狱、未成年犯管教所，大部分刑罚措施由监狱执行，小部分刑罚措施由公安机关等执行，还有一部分刑罚由社区矫正机关执行。被判处一定刑罚的罪犯，专指被依法判处死刑缓期二年执行、无期徒刑、有期徒刑三个月以上的罪犯，不包括依法被判处其他刑罚的犯罪人。收押必须依法定程序进行，监狱实施收押行为时，必须按法定程序履行一定的手续完成相关的工作。

2. 收押管辖

在我国，罪犯在被判处死刑缓期二年执行、无期徒刑、有期徒刑三个月以上的判决生效之后，根据罪犯的犯罪性质、罪行轻重、刑期长短、年龄大小及性别等不同情况，每个监狱划分了各自的收押管辖范围。

第一，根据犯罪性质确定收押管辖范围。在我国各省市自治区，监狱依据罪犯的犯罪性质来划定自己的收押管辖范围：有的监狱主要收押财产犯、经济犯、贪污贿赂犯；有的监狱主要收押暴力犯、淫欲犯、毒品犯等。

第二，根据刑罚轻重确定收押管辖范围。在我国各省市自治区，监狱依据罪犯的刑罚轻重来划分自己的收押管辖范围：有的监狱主要收押重刑犯，即被判处死刑缓期二年执行、无期徒刑、十年以上有期徒刑的罪犯；有的监狱主要收押轻刑犯，即判处十年以下有期徒刑的罪犯。

第三，根据罪犯的性别、年龄、健康状况确定收押管辖范围。在我国各省市自治区,监狱分为男监、女监或女分监、未成年犯管教所,男监收押男犯,女监或女分监收押女犯,未成年犯管教所收押未成年犯。

此外,根据罪犯的年龄及健康状况,按照法律规定,设置了专门监狱,一般称为新康监狱或病犯监狱或老病残犯监狱,专门收押老病残犯服刑。此外,还有些省份建立了新收犯监狱,先由公安机关将罪犯送押来,然后再由新生犯监狱按照一定原则分送到其他监狱服刑。

3. 收押步骤

监狱收押罪犯入监必须按照法定程序,遵循以下步骤,办理一定的手续。

第一,公安机关及时将罪犯送交监狱。我国《监狱法》规定,法院对被判处死刑缓期二年执行、无期徒刑、有期徒刑的罪犯,应当将执行通知书、判决书送达羁押该罪犯的公安机关,公安机关应当自收到通知书、判决书之日起一个月内将该罪犯送交监狱执行刑罚。

第二,验证法律文书。法院将被判处死刑缓期二年执行、无期徒刑、有期徒刑的罪犯交付监狱收押执行刑罚时,应把以下法律文书送达该监狱:① 检察院的起诉书副本;② 法院的判决书;③ 法院的执行通知书;④ 法院的结案登记表。监狱在罪犯被交付执行时,应当对上述四个法律文书进行审查、验证、核对,必须审查法院对该犯的判决书是否已发生法律效力、法律文件是否齐全。如果监狱没有收到上述法律文书,则不得将交付执行的罪犯收押入监;如果监狱发现上述法律文件不齐全或者记载有错误,则可要求作出生效判决的法院予以补充或更正;如果监狱发现其中可能导致错误收监的情况,则不予收监。

第三,收押健康检查。罪犯被交付执行刑罚,符合收监条件的,应当予以收监。罪犯收监后,监狱应当对其进行身体检查。经检查,对于具有暂予监外执行情形的,监狱可以提出书面意见,报省级以上监狱管理机关批准。

第四,收押人身及物品检查。监狱对收押入监的罪犯,应当严格检查其人身及所携带的物品,如发现违禁品,应予以没收,非生活必需品则由监狱代为保管或者征得罪犯同意后退回其家属。对罪犯的人身、物品检查,一定要严肃认真,不得有侮辱罪犯人格的行为;对女犯的检查,应由女警进行。

第五，收押登记。对收监执行刑罚的罪犯，监狱应当逐一填写《罪犯入监登记表》，内容包括罪犯姓名、性别、民族、出生时间、文化程度、拘留及逮捕日期、逮捕机关、判决的法院、罪名、刑种、刑期起止日期、剥夺政治权利年限、捕前职业、政治面貌、特长、籍贯、口音、家庭住址、本人简历、入监时间等，并贴附罪犯的免冠正面照片。

第六，向罪犯家属发出通知书。收押罪犯入监后，监狱应当通知罪犯家属，通知书应当自收监之日起五日内发出，对无亲属的罪犯，监狱可以通知其原所在单位、基层社会组织或者居住地的公安派出所。

收押罪犯是监狱执行刑罚的首要环节，关系到由收押入监而产生的一切行刑活动，是行刑过程中所有其他行刑制度的基础和前提。因此，认真细致地做好收押过程中的每一项具体工作，对于确保刑罚的正常运作和加强罪犯的改造具有重要意义。

（二）释放

1. 释放的概念

释放是指监狱执行刑罚对被监禁的犯罪分子解除监禁状态恢复人身自由，使他们回归社会的行刑过程的最后一道程序。释放意味着监狱执行刑罚对某个被释放罪犯惩罚改造任务的结束，施加于罪犯的强制、监管、改造等项措施的运作停止，是释放人员重新步入社会、开始新生活的根本转折点。

根据《刑法》《刑事诉讼法》《监狱法》的规定，结合监狱行刑实践，我国监狱的释放工作主要有刑满释放、根据重新修改的判决或裁定释放、特赦释放三种类型。

第一，刑满释放。刑满释放是指罪犯被法院所判处的刑期或经裁定减刑后的刑期届满，监狱执行刑罚完毕，而获得释放。刑满释放是监狱执行刑罚中一项经常性的工作，监狱在进行刑满释放工作时，要严格遵循罪犯释放的工作程序，准确掌握每个罪犯的刑期起止日期，在罪犯刑期届满之日 24 小时内办理释放手续，依法按期释放罪犯，不能拖延。

第二，根据重新修改的判决或裁定释放。这类释放是指监狱执行刑罚依据法院重新修改的判决或裁定，把无罪的在押人或服满改判刑期的罪犯，解除监禁依法予以释放，这类释放在监狱的行刑实践中极为少见。当然，在刑事司法实践中，由于多种复杂的主客观因素的影响，难免出现原判在事实认定或法律适用上出错的情况，使得一些不该判刑的人被判了刑，或者应当轻判的罪犯被判了重刑。一旦发现这类情况，法院按照法定的审判监督程序，撤销原判决并作出无罪释放或判处较轻刑罚的判决或裁定。监狱应当以法院重新修改的判决裁定为依据，立即着手处理关押于监狱中的无罪公民或服刑期限已达到改判所确定刑期的罪犯的出狱事宜，并协助法院做好这部分人的有关工作。

第三，特赦释放。特赦释放是指国家对受罪刑宣告并处在行刑过程中的特定罪犯，免除其刑罚的全部或一部分的执行，提前予以释放出狱。特赦是赦免的一种，是由国家元首或者国家最高权力机关以特赦令实施。我国 1954 年《宪法》规定了大赦、特赦，而 1978 年《宪法》和 1982 年《宪法》只规定了特赦。我国从未使用过大赦，自 1949 年至今先后实行了 9 次特赦。2015 年 8 月 29 日，在中国人民抗日战争暨世界反法西斯战争胜利 70 周年之际，我国对四类服刑罪犯予以特赦，全国共特赦服刑罪犯 31527 人。2019 年 6 月 29 日，为庆祝中华人民共和国成立 70 周年，践行依法治国理念和人道主义精神，我国对九类服刑罪犯实行特赦，特赦罪犯 15858 人。随着我国法治建设的全面和深入进行，特赦作为一种独具"政治艺术"和"国家智慧"的制度，需要进一步进行法治完善，才能更好地体现国家的"政治自信"、法治精神和人文关怀。

2. 释放的程序

释放罪犯是监狱行刑工作中一项严肃、细致的执法活动，必须严格依照法定程序进行。

第一，制作出监鉴定。监狱在释放罪犯之前，应当对罪犯进行出监鉴定，全面、客观地评价罪犯在刑罚执行期间的改造情况，主要从认罪伏法、思想改造、遵守监规、劳动、生产技能等方面作出实事求是的鉴定，特别是对立功受奖、减刑、又犯罪或其他抗拒改造等重大改造情况要明确细致地填写。监狱应把《罪犯出监鉴定表》连同判决书一起移送释放人员安置落户所在地的公安机关，以便于公安机关了解情况进行定期考察，继续接茬帮教。

第二，签发释放证明书。释放证明书是罪犯被解除监禁、恢复人身自由、依法获得释放的法律凭证，也是释放人员到居住地公安机关办理户籍登记时必须持有的证明文件。根据法律的规定，监狱释放罪犯时，必须给被释放人员签发释放证明书，并对其宣布释放。释放人员出狱后，公安机关凭释放证明书给他们办理户籍登记。此外，对服刑3年以上的释放人员，监狱在发给释放证明书的同时，还应发给文化学历证和技术等级证，以便于释放人员就业。

第三，发放回家路费和生活补助费，退还罪犯个人财物。根据法律的规定，对获得释放的人员，监狱应发给回家路费、途中伙食费，办理户口迁移手续。对于在执行刑罚期间因公致残的罪犯，可根据国家规定和具体情况发给生活补助费，或者由国家担负其生活费用。

监狱负责保管的罪犯现金和物品，在释放罪犯时，全部如数退还本人并办理手续。一般情况下，罪犯办理完出监手续后即可出监；对于患重病的罪犯，释放时应通知其家属来接或由监狱派人护送回家。刑满释放人员一般都依法享有与其他公民平等的权利，但原判剥夺政治权利的，释放出狱后开始执行剥夺政治权利的附加刑。

二、行刑权利救济制度

（一）罪犯以书面形式提出行刑申诉

1. 行刑申诉

行刑申诉是指监狱行刑过程中服刑罪犯对已发生法律效力的判决所确定的罪与刑，向法院或检察院提出撤销或变更原判刑罚的要求。服刑罪犯行刑申诉的最高法律依据是《宪法》赋予一般公民的申诉权利，《刑事诉讼法》第252条及《监狱法》第7、21、23、24条的规定是服刑罪犯行刑申诉的直接法律依据和法律保障，也是司法机关正确处理行刑申诉的实际操作法律依据。

行刑申诉的基本含义可以从五个方面来理解：第一，行刑申诉是监狱行刑法律关系中罪犯的一项服刑权利；第二，行刑申诉发生在监狱对罪犯执行刑罚的过程中；第三，行刑申诉向法院或检察院提出；第四，行刑申诉以书面请求的方式提出；第五，行刑申诉以撤销或变更原判罪与刑为目的。

2. 行刑申诉的书面形式

根据《监狱法》的规定，罪犯在监狱对其执行刑罚过程中，可以书面形式提出行刑申诉。司法实践中，罪犯的行刑申诉可归纳为三类：第一类为无理申诉，案件事实准确无误、定罪量刑正确，罪犯却无理取闹、企图翻案；第二类为部分有理申诉，申诉虽然有一定理由，但只涉及案件的次要情节，主要罪行属实，并不影响原判；第三类为有理申诉，案情事实有误，可能影响原判的准确性。

（二）监狱对行刑申诉的处理

1. 监狱及时转交申诉材料

为方便罪犯的行刑申诉，监狱应设立行刑申诉箱，指定专人负责开箱等事宜，对罪犯提出的申诉材料，应及时转递、不得扣押。根据不同情况，监狱区别对待地处理罪犯的行刑申诉问题，对无理取闹的进行批评教育，帮助其端正态度、主动撤回申诉；对极少数被法院驳回申诉后仍无理取闹的，依照监管法规给予严肃处理；对申诉有一定理由的，教育他们不要在次要情节事实上纠缠，而应积极改造，努力争取减刑；对有理申诉的，应本着维护罪犯合法权益的精神，予以支持帮助。根据《监狱法》第 24 条的规定，认为罪犯的判决可能有错误的，应当提请检察院或法院处理，检察院或者法院应当自收到监狱提请处理意见书之日起六个月内将处理结果通知监狱。

2. 法院对申诉审判前不停止对原判决刑罚的执行

罪犯提出行刑申诉，在法院未作出改判之前，不能停止对原判决刑罚的执行。对法院依法改判的申诉，监狱应根据改判的不同情况，做好申诉人的思想工作和其他善后工作；对改判后仍有余刑须在监狱继续服刑的，监狱应教育他们安心改造、争取早日出狱；对法院依法宣布无罪释放的，监狱应积极配合法院，与当地有关部门联系并取得支持，做好罪犯的安置工作。

三、行刑变更制度

（一）减刑

1. 减刑的概念

减刑是监狱执行刑罚对具有悔罪或者立功等法定情节的服刑罪犯依法适当

减轻刑罚或者缩短刑期的一种刑罚执行制度。根据《监狱法》第29、31条的规定，监狱行刑工作中的减刑是指对被判处死刑缓期二年执行、无期徒刑、有期徒刑罪犯的减刑，既包括刑种的减轻，也包括刑期的缩短。2016年发布的《最高人民法院关于办理减刑、假释案件具体应用法律的规定》，具体规定了减刑的操作。

减刑充分体现了惩办与宽大相结合、区别对待的政策精神，表明服刑时间长短是可以通过罪犯的自我改造努力来改变的，服刑时间与罪犯的改造难易程度相适应。减刑是服刑罪犯追求结束服刑期的一个合法手段，对于促使罪犯改恶从善、悔过自新、加速改造、早日重返社会有积极的作用。根据2016年《最高人民法院关于办理减刑、假释案件具体应用法律的规定》，减刑是激励罪犯改造的刑罚制度，减刑的应用应当贯彻宽严相济刑事政策，最大限度地发挥刑罚的功能，实现刑罚的目的。

2. 减刑的适用

减刑的适用，主要包括三项内容：一是适用的因素，二是限制，三是适用的条件。

关于适用的因素，对于罪犯符合《刑法》第78条第1款规定"可以减刑"条件的案件，在办理时应当综合考察罪犯犯罪的性质和具体情节、社会危害程度、原判刑罚及生效裁判中财产性判项的履行情况、交付执行后的一贯表现等因素。"财产性判项"是指判决罪犯承担的附带民事赔偿义务判项，以及追缴、责令退赔、罚金、没收财产等判项。

关于限制，主要有不得再减刑和一定时期内不予减刑两种情况。对被判处终身监禁的罪犯，在死刑缓期执行期满依法减为无期徒刑的裁定中，应当明确终身监禁，不得再减刑。被判处有期徒刑、无期徒刑的罪犯在刑罚执行期间又故意犯罪，新罪被判处有期徒刑的，自新罪判决确定之日起三年内不予减刑；新罪被判处无期徒刑的，自新罪判决确定之日起四年内不予减刑。罪犯在死刑缓期执行期间又故意犯罪，未被执行死刑的，死刑缓期执行的期间重新计算，减为无期徒刑后，五年内不予减刑。对拒不认罪悔罪的，或者确有履行能力而不履行或者不全部履行生效裁判中财产性判项的，一般不予减刑。

关于适用的条件,减刑须具备一定条件,罪犯在服刑期间确有悔改或者立功表现或者重大立功表现,这是适用减刑的实质性条件。根据《最高人民法院关于办理减刑、假释案件具体应用法律的规定》,"确有悔改表现"是指同时具备以下条件:① 认罪悔罪;② 遵守法律法规及监规,接受教育改造;③ 积极参加思想、文化、职业技术教育;④ 积极参加劳动,努力完成劳动任务。对职务犯罪、破坏金融管理秩序和金融诈骗犯罪、组织(领导、参加、包庇、纵容)黑社会性质组织犯罪等罪犯,不积极退赃、协助追缴赃款赃物、赔偿损失,或者服刑期间利用个人影响力和社会关系等不正当手段意图获得减刑、假释的,不认定其"确有悔改表现"。罪犯在刑罚执行期间的申诉权利应当依法保护,对其正当申诉不能不加分析地认为是不认罪悔罪。具有下列情形之一的,可以认定为有"立功表现":① 阻止他人实施犯罪活动的;② 检举、揭发监狱内外犯罪活动,或者提供重要的破案线索,经查证属实的;③ 协助司法机关抓捕其他犯罪嫌疑人的;④ 在生产、科研中进行技术革新,成绩突出的;⑤ 在抗御自然灾害或者排除重大事故中,表现积极的;⑥ 对国家和社会有其他较大贡献的。第四和第六种情形中的技术革新或者其他较大贡献应当由罪犯在刑罚执行期间独立或者为主完成,并经省级主管部门确认。具有下列情形之一的,应当认定为有"重大立功表现":① 阻止他人实施重大犯罪活动的;② 检举监狱内外重大犯罪活动,经查证属实的;③ 协助司法机关抓捕其他重大犯罪嫌疑人的;④ 有发明创造或者重大技术革新的;⑤ 在日常生产、生活中舍己救人的;⑥ 在抗御自然灾害或者排除重大事故中,有突出表现的;⑦ 对国家和社会有其他重大贡献的。第四种情形中的发明创造或者重大技术革新应当是罪犯在刑罚执行期间独立或者为主完成并经国家主管部门确认的发明专利,且不包括实用新型专利和外观设计专利;第七种情形中的其他重大贡献应当由罪犯在刑罚执行期间独立或者为主完成,并经国家主管部门确认。

3. 减刑的程序

减刑程序是监狱对在刑罚执行期间确有悔改或立功表现的罪犯减轻原判刑罚所必须遵循的法定办事规程手续。

第一,监狱向法院提出减刑建议书。减刑对象可分为以下三类:

（1）死缓犯的减刑。对于确有悔改或者立功表现的死缓犯，二年期满后，由罪犯所在监狱提出减刑意见书，报经省、自治区、直辖市监狱管理局审核后，提请当地高级人民法院裁定。

（2）无期徒刑犯的减刑。对服刑满二年的无期徒刑犯，由所在中队集体研究提名并写出"减刑意见书"，送狱政处（科）审查并经监狱主管领导同意后，写出"提请减刑意见书"，报经监狱上级机关审核后，提请当地高级人民法院依法裁定。

（3）有期徒刑犯的减刑。由罪犯所在监区集体研究提名，送狱政处（科）审核并经监狱主管领导同意后，写出提请减刑意见书，连同有关证明材料，一并送请当地中级人民法院依法裁定。

第二，法院在规定时限内依法审核裁定。根据《监狱法》第30条的规定，人民法院应当自收到减刑建议书之日起一个月内予以审核裁定；案情复杂或案情特殊的，可延长一个月。这个规定对于保证减刑制度适时、有效的实施，充分调动罪犯的改造积极性，避免影响行刑严肃性的现象发生，具有现实意义。

第三，检察院进行法律监督。减刑裁定的副本应抄送人民检察院，人民检察院接到人民法院减刑裁定副本后，应当进行审查。检察人员可以向罪犯所在监狱和有关人员调查，可以向有关机关调阅有关资料。经审查，如认为人民法院减刑裁定不当，应当在收到裁定书副本后二十日内，由作出减刑裁定的上级人民法院或同级人民检察院向作出减刑裁定的人民法院提出书面纠正意见，并监督人民法院是否在收到纠正意见后一个月内重新组成合议庭进行审查，监督重新作出的裁定是否符合法律规定。

4. 减刑的内容

减刑的内容主要包括减刑起始时间、减刑刑期时间、减刑间隔时间（指前一次减刑裁定送达之日起至本次减刑报请之日止的期间）三项。这三项内容，以具体刑罚种类为标准，分别纳入到有期徒刑罪犯、无期徒刑罪犯、死刑缓期执行减为无期徒刑罪犯、管制拘役罪犯、附加剥夺政治权利罪犯、缓刑罪犯、特定罪犯的减刑中。

第一，关于有期徒刑罪犯的减刑。判决生效后剩余刑期不满二年有期徒刑的罪犯，符合减刑条件的，可以酌情减刑，减刑起始时间可以适当缩短，但实际执行的刑期不得少于原判刑期的 1/2。被判处十年以上有期徒刑，符合减刑条件的，执行三年以上方可减刑；被判处不满十年有期徒刑，符合减刑条件的，执行二年以上方可减刑。有期徒刑减刑的起始时间自判决执行之日起计算。

确有悔改表现或者有立功表现的，一次减刑不超过六个月有期徒刑；确有悔改表现并有立功表现的，一次减刑不超过九个月有期徒刑；有重大立功表现的，一次减刑不超过一年有期徒刑。

被判处十年以上有期徒刑的，两次减刑之间应当间隔二年以上；被判处不满十年有期徒刑的，两次减刑之间应当间隔一年六个月以上。减刑间隔时间不得低于上次减刑减去的刑期。罪犯有重大立功表现的，可以不受上述减刑起始时间和间隔时间的限制。

对符合减刑条件的职务犯罪罪犯，破坏金融管理秩序和金融诈骗犯罪罪犯，组织、领导、参加、包庇、纵容黑社会性质组织犯罪罪犯，危害国家安全犯罪罪犯，恐怖活动犯罪罪犯，毒品犯罪集团的首要分子及毒品再犯，累犯，确有履行能力而不履行或者不全部履行生效裁判中财产性判项的罪犯，被判处十年以下有期徒刑的，执行二年以上方可减刑。减刑幅度应当比照本规定第六条从严掌握，一次减刑不超过一年有期徒刑，两次减刑之间应当间隔一年以上。

对被判处十年以上有期徒刑的职务犯罪罪犯，破坏金融管理秩序和金融诈骗犯罪罪犯，组织、领导、参加、包庇、纵容黑社会性质组织犯罪罪犯，危害国家安全犯罪罪犯，恐怖活动犯罪罪犯，毒品犯罪集团的首要分子及毒品再犯，累犯，以及因故意杀人、强奸、抢劫、绑架、放火、爆炸、投放危险物质或者有组织的暴力性犯罪被判处十年以上有期徒刑的罪犯，数罪并罚且其中两罪以上被判处十年以上有期徒刑的罪犯，执行二年以上方可减刑，减刑幅度应当比照本规定第 6 条从严掌握，一次减刑不超过一年有期徒刑，两次减刑之间应当间隔一年六个月以上。罪犯有重大立功表现的，可以不受上述减刑起始时间和间隔时间的限制。

第二，关于无期徒刑罪犯的减刑。被判处无期徒刑的罪犯在刑罚执行期间，符合减刑条件的，执行四年以上方可减刑。减刑幅度为：确有悔改表现或者有立功表现的，可以减为二十三年有期徒刑；确有悔改表现并有立功表现的，可以减为二十二年以上二十三年以下有期徒刑；有重大立功表现的，可以减为二十一年以上二十二年以下有期徒刑。无期徒刑减为有期徒刑后再减刑时，减刑幅度比照原判为有期徒刑的减刑规定执行。两次减刑之间应当间隔二年以上。

对被判处无期徒刑的职务犯罪罪犯，破坏金融管理秩序和金融诈骗犯罪罪犯，组织、领导、参加、包庇、纵容黑社会性质组织犯罪罪犯，危害国家安全犯罪罪犯，恐怖活动犯罪罪犯，毒品犯罪集团的首要分子及毒品再犯，累犯，以及因故意杀人、强奸、抢劫、绑架、放火、爆炸、投放危险物质或者有组织的暴力性犯罪的罪犯，确有履行能力而不履行或者不全部履行生效裁判中财产性判项的罪犯，数罪并罚被判处无期徒刑的罪犯，符合减刑条件的，执行三年以上方可减刑，减刑幅度应当比照《最高人民法院关于办理减刑、假释案件具体应用法律的规定》第 8 条从严掌握。减刑后的刑期最低不得少于二十年有期徒刑；减为有期徒刑后再减刑时，减刑幅度比照该规定第 6 条从严掌握，一次不超过一年有期徒刑，两次减刑之间应当间隔二年以上。罪犯有重大立功表现的，可以不受上述减刑起始时间和间隔时间的限制。

第三，死刑缓期执行减为无期徒刑罪犯的减刑。死刑缓期执行的罪犯减为无期徒刑后，符合减刑条件的，执行四年以上方可减刑。减刑幅度为：确有悔改表现或者有立功表现的，可以减为二十五年有期徒刑；确有悔改表现并有立功表现的，可以减为二十四年六个月以上二十五年以下有期徒刑；有重大立功表现的，可以减为二十四年以上二十四年六个月以下有期徒刑。减为有期徒刑后再减刑时，减刑幅度比照原判为有期徒刑的减刑规定执行。两次减刑之间应当间隔二年以上。罪犯有重大立功表现的，减刑时可以不受上述起始时间和间隔时间的限制。

死刑缓期执行的职务犯罪罪犯，破坏金融管理秩序和金融诈骗犯罪罪犯，组织、领导、参加、包庇、纵容黑社会性质组织犯罪罪犯，危害国家安全犯罪罪犯，恐怖活动犯罪罪犯，毒品犯罪集团的首要分子及毒品再犯，累犯以及因故意杀人、强奸、抢劫、绑架、放火、爆炸、投放危险物质或者有组织的暴力性犯罪的罪犯,确有履行能力而不履行或者不全部履行生效裁判中财产性判项的罪犯,数罪并罚被判处死刑缓期执行的罪犯,减为无期徒刑后,符合减刑条件的,执行三年以上方可减刑,一般减为二十五年有期徒刑,有立功表现或者重大立功表现的,可以比照《最高人民法院关于办理减刑、假释案件具体应用法律的规定》第10条减为二十三年以上二十五年以下有期徒刑;减为有期徒刑后再减刑时,减刑幅度比照该规定第6条从严掌握,一次不超过一年有期徒刑,两次减刑之间应当间隔二年以上。

被判处死刑缓期执行的罪犯经过一次或者几次减刑后,其实际执行的刑期不得少于十五年,死刑缓期执行期间不包括在内。

死刑缓期执行罪犯在缓期执行期间不服从监管、抗拒改造,尚未构成犯罪的,在减为无期徒刑后再减刑时应当适当从严。

被限制减刑的死刑缓期执行罪犯,减为无期徒刑后,符合减刑条件的,执行五年以上方可减刑。减刑间隔时间和减刑幅度依照《最高人民法院关于办理减刑、假释案件具体应用法律的规定》第9条的规定执行。

被限制减刑的死刑缓期执行罪犯,减为有期徒刑后再减刑时,一次减刑不超过六个月有期徒刑,两次减刑间隔时间不得少于二年。有重大立功表现的,间隔时间可以适当缩短,但一次减刑不超过一年有期徒刑。

第四,特定罪犯的减刑。特定罪犯的减刑,是指未成年罪犯、老年罪犯、患严重疾病罪犯或者身体残疾罪犯以及服刑期间有犯罪罪犯的减刑。对在报请减刑前的服刑期间不满十八周岁,且所犯罪行不属于《刑法》第81条第2款规定情形的罪犯,认罪悔罪,遵守法律法规及监规,积极参加学习、劳动,应当视为确有悔改表现,减刑时减刑幅度可以适当放宽,或者减刑起始时间、间隔时间可以适当缩短,但放宽的幅度和缩短的时间不得超过规定中相应幅度、时间的1/3。老年罪犯、患严重疾病罪犯或者身体残疾罪犯减刑时,应当主要考察其认罪悔罪的实际表现。老年罪犯是指报请减刑、假释时年满六十五周岁的罪犯,患严重疾病罪犯是指因患有重病、久治不愈而不能正常生活、学习、劳动的罪犯,身体残疾罪犯是指因身体有肢体或者器官残缺、功能不全或者丧失功能而基本丧失生活、学习、劳动能力的罪犯，但是罪犯犯罪后自伤致残的除外。对基本丧失劳动能力，生活难以自理的上述罪犯减刑时，减刑幅度可以适当放宽；或者减刑起始时间、间隔时间可以适当缩短，但放宽的幅度和缩短的时间不得超过规定中相应幅度、时间的1/3。

被判处有期徒刑、无期徒刑的罪犯在刑罚执行期间又故意犯罪，新罪被判处有期徒刑的，自新罪判决确定之日起三年内不予减刑；新罪被判处无期徒刑的，自新罪判决确定之日起五年内不予减刑。罪犯在死刑缓期执行期间又故意犯罪，未被执行死刑的，死刑缓期执行的期间重新计算，减为无期徒刑后，五年内不予减刑。

（二）假释

1. 假释的概念

假释是指监狱在行刑过程中对于被判处有期徒刑或者无期徒刑的罪犯，在刑罚执行一定时间以后，如果确有悔改，不致再危害社会，依法将其附条件提前释放的一种刑罚执行变更制度。

假释具有以下含义：假释的适用对象限于被判处有期徒刑或无期徒刑的罪犯，假释的启动是在原判刑罚执行一定时间以后，假释的实质是附条件的提前释放并具有假释考验期，假释附条件不执行的是原判刑期的剩余刑期而非全部刑期。可见，假释能够对原判刑罚进行调控，具有调动罪犯改造积极性、培养罪犯自律意识和自控能力的作用，并为罪犯由服刑生活复归社会生活发挥桥梁作用。《刑法》《监狱法》和《最高人民法院关于办理减刑、假释案件具体应用法律的规定》具体规定了假释制度。

2. 假释的条件

假释的条件主要包括以下六项内容：

第一，假释适用的对象。假释适用的对象必须是被判处有期徒刑或无期徒刑的罪犯，假释是对犯罪分子附条件的提前释放，在一定时期内保留继续执行尚未执行的刑罚的可能性，由此决定了假释只能适用被判处有期徒刑、无期徒刑的罪犯，死缓犯只有在减为无期徒刑或有期徒刑后才能适用假释，对被判处附加刑、拘役的罪犯，由于其人身自由没有被剥夺，因此不存在假释问题。贪污贿赂罪犯适用假释时,应当从严掌握。

第二,假释不适用的对象。对累犯以及因故意杀人、强奸、抢劫、绑架、放火、爆炸、投放危险物质或者有组织的暴力性犯罪被判处十年以上有期徒刑、无期徒刑的罪犯,不得假释。因前款情形和犯罪被判处死刑缓期执行的罪犯,被减为无期徒刑、有期徒刑后,也不得假释。这是因为这类罪犯人身危险性大、主观恶习较深,他们放归社会后极难不再危害社会,因而对他们不适用假释。只要是累犯,不论被判处无期徒刑还是有期徒刑,都不能被假释;因杀人、爆炸、抢劫、强奸、绑架等暴力性犯罪被判处无期徒刑的犯罪分子,即使被减为有期徒刑也不能假释,这是假释的禁止性规定。犯罪分子因杀人、爆炸、抢劫、强奸、绑架等暴力性犯罪而被判处十年以下有期徒刑,如果有突出表现,则尚有被假释的可能性。对拒不认罪悔罪的,或者确有履行能力而不履行或者不全部履行生效裁判中财产性判项的,不予假释。

第三,假释适用的时间。假释是在罪犯确有悔改表现、没有再犯罪的危险时才能对其适用的一种行刑变更制度。只有当刑罚执行一定时间以后,无期徒刑实际执行十三年以上,有期徒刑实际执行1/2以上,才能根据罪犯在这段时间内的实际表现,判断其是否已经悔改、是否有再犯罪的危险,决定是否对其适用假释。死刑缓期执行的罪犯减为无期徒刑或者有期徒刑后实际执行十五年以上方可假释,该实际执行时间应当从死刑缓期执行期满之日起计算,死刑缓期执行期间不包括在内,判决确定以前先行羁押的时间不予折抵。如果有特殊情况(是指有国家政治、国防、外交等方面特殊需要的情况),经最高人民法院核准,可以不受上述执行刑期的限制。

第四,假释适用的罪犯要求。罪犯必须确有悔改表现、没有再犯罪的危险,才能适用假释,这是获得假释的实质条件。判断什么是悔改表现,前面"减刑"已做了说明,在此不赘述。根据司法实践,认定"没有再犯罪的危险",除符合《刑法》第81条规定"在执行刑罚时间上,有期徒刑的犯罪分子被执行原判刑期1/2以上,无期徒刑的犯罪分子被实际执行十三年以上;在服刑效果上,认真遵守监规,接受教育改造,确有悔改表现。如果有特殊情况,经最高人民法院核准,可以不受上述执行刑期的限制。排除不得假释的累犯以及因故意杀人、强奸、抢劫、绑架、放火、爆炸、投放危险物质或者有组织的暴力性犯罪被判处十年以上有期徒刑、无期徒刑的犯罪分子。对犯罪分子决定假释时,应当考虑其假释后对所居住社区的影响"的情形外,还应当根据犯罪的具体情节、原判刑罚情况,在刑罚执行中的一贯表现,罪犯的年龄、身体状况、性格特征,假释后生活来源以及监管条件等因素综合考虑。因此,没有再犯罪的危险一般是指:罪犯确已悔罪、服刑期间一贯表现良好,假释后生活来源合法稳定,对社区没有不良影响,不致重新犯罪,或因老、弱、病、残犯丧失作案能力。

第五,假释适用的从宽掌握。对下列罪犯适用假释时可以依法从宽掌握:① 过失犯罪的罪犯、中止犯罪的罪犯、被胁迫参加犯罪的罪犯;② 因防卫过当或者紧急避险过当而被判处有期徒刑以上刑罚的罪犯;③ 犯罪时未满十八周岁的罪犯;④ 基本丧失劳动能力、生活难以自理,假释后生活确有着落的老年罪犯、患严重疾病罪犯或者身体残疾罪犯;⑤ 服刑期间改造表现特别突出的罪犯;⑥ 具有其他可以从宽假释情形的罪犯。罪犯既符合法定减刑条件,又符合法定假释条件的,可以优先适用假释。

第六,减刑假释的再适用。罪犯减刑后又假释的,间隔时间不得少于一年;对一次减去一年以上有期徒刑后,决定假释的,间隔时间不得少于一年六个月。罪犯减刑后余刑不足二年,决定假释的,可以适当缩短间隔时间。依照《刑法》第86条规定被撤销假释的罪犯,一般不得再假释;但依照该条第2款被撤销假释的罪犯,如果罪犯对漏罪曾作如实供述但原判未予认定,或者漏罪系其自首,符合假释条件的,可以再假释。被撤销假释的罪犯,收监后符合减刑条件的,可以减刑,但减刑起始时间自收监之日起计算。年满八十周岁、身患疾病或者生活难以自理、没有再犯罪危险的罪犯,既符合减刑条件,又符合假释条件的,优先适用假释;不符合假释条件的,则适用减刑,减刑幅度可以适当放宽,或者减刑起始时间、间隔时间可以适当缩短,但放宽的幅度和缩短的时间不得超过本规定中相应幅度、时间的1/3。

3. 假释的程序

假释的程序是指司法机关将罪犯附条件提前释放必须遵循的法定办事规

程。《刑事诉讼法》《监狱法》和 2016 年发布的《最高人民法院关于办理减刑、假释案件具体应用法律的规定》规定了假释程序。

第一，监狱提出假释建议书。对被判处无期徒刑、有期徒刑的罪犯，符合法律规定的假释条件的，由监狱根据考核结果向人民法院提出假释建议。其中，对于有期徒刑犯，由罪犯所在的监区集体讨论研究提名，送狱政处（科）审查，经监狱审核批准后，写出《提请释放意见书》，连同其他有关证明材料，报请当地中级人民法院裁定。交通不便的边远地区和监狱集中的地区，可由派驻监狱的人民法庭依法裁定。对于无期徒刑犯，由罪犯所在监狱集体讨论研究提名，送狱政处（科）审查同意，经监狱审核批准后，写出《提请假释意见书》，连同其他有关证明材料，一并报请省、自治区、直辖市监狱管理局审核，经审核同意后提请当地高级人民法院依法裁定。

第二，法院在法定时限内审核裁定。人民法院应当自收到假释建议书之日起一个月内予以审核裁定，案情复杂或情况特殊的，可以延长一个月。根据《最高人民法院关于办理减刑、假释案件具体应用法律的规定》，申报假释的材料包括提请假释意见书、罪犯评审鉴定表、奖惩审批表、终审法院判决书或裁定书、历次减刑裁定书的复制本以及罪犯悔改或者立功表现具体事实的证明材料。

第三，监狱假释犯人。人民法院裁定假释的，监狱应当按期假释罪犯并发给其假释证明书。对于假释犯，由社会矫正机关进行社区矫正。

第四，检察院进行法律监督。假释裁定的副本应当抄送人民检察院，人民检察院如果认为人民法院假释裁定不当，应当依照《刑事诉讼法》规定的期限提出抗诉；对于人民检察院抗诉的案件，人民法院应当重新审理。

（三）暂予监外执行

1. 暂予监外执行的概念

暂予监外执行是指监狱对符合法定条件的服刑罪犯暂时予以变更刑罚执行场所、方式的一项行刑制度，充分体现了我国监狱对罪犯的人道主义政策。

在监狱执行刑罚制度中，暂予监外执行的基本含义可以从几个方面来理解：监外执行的对象是被判处无期徒刑、有期徒刑并在监内服刑的罪犯；符合

《刑事诉讼法》《监狱法》和 2014 年《暂予监外执行规定》规定的条件；把原裁判所确定的刑罚执行场所由监内转为监外；把刑罚执行方式由监禁转为散放式；监外执行时间计入刑期。

2. 暂予监外执行的适用对象

暂予监外执行的适用对象，有三个方面的内容：一是符合条件的对象，二是从严审批的对象，三是排除适用的对象。

符合条件的对象，有两种情形：一是按照所服刑的刑种来圈定，二是按照所犯罪行和行刑期限结合起来圈定。以所服刑的刑种为标准，符合条件的对象分为两种：第一种是对被判处有期徒刑、拘役或者已经减为有期徒刑的罪犯，有下列情形之一，可以暂予监外执行：① 患有属于《保外就医严重疾病范围》的严重疾病，需要保外就医的；② 怀孕或者正在哺乳自己婴儿的妇女；③ 生活不能自理的（所谓生活不能自理，是指罪犯因患病、身体残疾或者年老体弱，日常生活行为需要他人协助才能完成）。第二种是对被判处无期徒刑的罪犯、怀孕或者正在哺乳自己婴儿的妇女，可以暂予监外执行。以所犯罪行和行刑期限为标准，符合条件的对象分为三种：第一种是对犯罪和行刑时间有要求的，第二种是适度从宽的，第三种是不受行刑时间限制的。对犯罪和行刑时间有要求的是指，对需要保外就医或者属于生活不能自理的累犯以及故意杀人、强奸、抢劫、绑架、放火、爆炸、投放危险物质或者有组织的暴力性犯罪的罪犯，原被判处死刑缓期二年执行或者无期徒刑的，应当在减为有期徒刑后执行有期徒刑七年以上方可适用暂予监外执行；原被判处十年以上有期徒刑的，应当执行原判刑期 1/3 以上方可适用暂予监外执行。适度从宽的是指，对未成年罪犯、六十五周岁以上的罪犯、残疾人罪犯，适用暂予监外执行可以适度从宽。不受行刑时间限制的是指，对患有属于《保外就医严重疾病范围》的严重疾病、短期内有生命危险的罪犯，可以不受执行刑期的限制。

从严审批的对象，有两种情形：一是对特定犯罪从严，二是对再次适用从严。对特定犯罪从严是指，职务犯罪、破坏金融管理秩序和金融诈骗犯罪、组织（领导、参加、包庇、纵容）黑社会性质组织犯罪的罪犯适用保外就医应当从严审批，对患有高血压、糖尿病、心脏病等严重疾病，但经诊断短期内没有生命危险的，不得暂予监外执行。对再次适用从严是指，对在暂予监外执行期间因违法违规被收监执行或者因重新犯罪被判刑的罪犯，需要再次适用暂予监外执行的，应当从严审批。

排除适用的对象是指，需要保外就医或者属于生活不能自理，但适用暂予监外执行可能有社会危险性，或者自伤自残，或者不配合治疗的罪犯，这些罪犯不得暂予监外执行。

3. 暂予监外执行的启动程序

暂予监外执行的启动程序，主要有两项内容：一是适用条件核实，二是保外就医。

在适用条件核实方面，主要包括四项内容：其一是申请，其二是诊查，其三是核实，其四是监督。申请，即由罪犯本人或者其亲属、监护人向监狱提出书面申请。诊查，即对在监狱服刑的罪犯需要暂予监外执行的，监狱应当组织对罪犯进行病情诊断、妊娠检查或者生活不能自理情况的鉴别。对罪犯的病情诊断或者妊娠检查，应当委托省级人民政府指定的医院进行。医院出具的病情诊断或者检查证明文件，应当由两名具有副高以上专业技术职称的医师共同作出，经主管业务院长审核签名，加盖公章，并附化验单、影像学资料和病历等有关医疗文书复印件。对罪犯生活不能自理情况的鉴别，由监狱组织有医疗专业人员参加的鉴别小组进行，鉴别意见由组织鉴别的监狱出具，参与鉴别的人员应当签名，监狱负责人应当签名并加盖公章。对罪犯进行病情诊断、妊娠检查或者生活不能自理情况的鉴别时，与罪犯有亲属关系或者其他利害关系的医师、人员应当回避。核实，即监狱对拟提请暂予监外执行的罪犯，应当核实其居住地。需要调查其对所居住社区影响的，可以委托居住地县级司法行政机关进行调查。监督，即监狱应当向人民检察院通报有关情况，人民检察院可以派员监督有关诊断、检查和鉴别活动。对有关职务犯罪罪犯适用暂予监外执行，还应当依照有关规定逐案报请备案审查。

在保外就医方面，主要包括三项内容：其一是保证人的选定，其二是保证人的条件，其三是保证人的义务。关于保证人的选定，罪犯需要保外就医的，应当由罪犯本人或者其亲属、监护人提出保证人，保证人由监狱审查确定，罪犯没有亲属、监护人的，可以由其居住地的村（居）民委员会、原所在单位或者社区矫正机构推荐保证人，保证人应当向监狱提交保证书。保证人应当同时具备下列条件：① 具有完全民事行为能力，愿意承担保证人义务；② 人身自由未受到限制；③ 有固定的住处和收入；④ 能够与被保证人共同居住或者居住在同一市、县。罪犯在暂予监外执行期间，保证人应当履行下列义务：① 协助社区矫正机构监督被保证人遵守法律和有关规定；② 发现被保证人擅自离开居住的市、县或者变更居住地，或者有违法犯罪行为，或者需要保外就医情形消失，或者被保证人死亡的，立即向社区矫正机构报告；③ 为被保证人的治疗、护理、复查以及正常生活提供帮助；④ 督促和协助被保证人按照规定履行定期复查病情和向社区矫正机构报告的义务。

4. 暂予监外执行的决定

暂予监外执行的决定，主要包括三项内容：一是审议公示，二是批准决定，三是办理手续。

关于审议公示，监狱应当就是否对罪犯提请暂予监外执行进行审议，经审议决定对罪犯提请暂予监外执行的，应当在监狱内进行公示；对病情严重必须立即保外就医的，可以不公示，但应当在保外就医后三个工作日以内在监狱内公示。公示无异议或者经审查异议不成立的，监狱应当填写暂予监外执行审批表，连同有关诊断、检查、鉴别材料、保证人的保证书，提请省级以上监狱管理机关或者设区的市一级以上公安机关批准。已委托进行核实、调查的，还应当附县级司法行政机关出具的调查评估意见书。监狱审议暂予监外执行前，应当将相关材料抄送人民检察院，决定提请暂予监外执行的，监狱应当将提请暂予监外执行书面意见的副本和相关材料抄送人民检察院，人民检察院可以向决定或者批准暂予监外执行的机关提出书面意见。

关于批准决定，批准机关应当自收到监狱提请暂予监外执行材料之日起十五个工作日以内作出决定，批准暂予监外执行的，应当在五个工作日以内将暂予监外执行决定书送达监狱，同时抄送同级人民检察院、原判人民法院和罪犯居住地社区矫正机构。暂予监外执行决定书应当上网公开。不予批准暂予监外执行的，应当在五个工作日以内将不予批准暂予监外执行决定书送达监狱。

关于办理手续，监狱应当向罪犯发放暂予监外执行决定书，及时为罪犯办理出监相关手续。在罪犯离开监狱之前，监狱应当核实其居住地，书面通知其居住地社区矫正机构，并对其进行出监教育，书面告知其在暂予监外执行期间应当遵守的法律和有关监督管理规定，罪犯应当在告知书上签名。监狱应当派员持暂予监外执行决定书及有关文书材料，将罪犯押送至居住地，与社区矫正机构办理交接手续，应当及时将罪犯交接情况通报人民检察院。罪犯原服刑地与居住地不在同一省、自治区、直辖市，需要回居住地暂予监外执行的，原服刑地的省级以上监狱管理机关应当书面通知罪犯居住地的监狱管理机关，由其指定一所监狱接收罪犯档案，负责办理罪犯收监、刑满释放等手续，并及时书面通知罪犯居住地社区矫正机构。

第三节　行刑警戒监管制度

一、行刑警戒制度

（一）武装警戒

1. 武装警戒的定义

武装警戒是指由中国人民武装警察部队依法以公开的军事武装形式对监狱场所外围实施的行刑警戒活动，是国家为保证监狱执行刑罚惩罚和改造工作顺利实施而采取的一项行刑安全防范性军事措施，属于国家强制力的重要体现。通过实施武装警戒，可以使执行刑罚的监狱场所与社会相隔离，借以震慑、预防、制止监狱内外违法犯罪分子对监狱场所的侵害，保障监狱场所的安全，保障监狱行刑工作的顺利进行。

监狱关押的都是被判处刑罚的犯罪分子，其社会危害性都是严重的。通过强制方法将犯罪分子关押到监狱服刑，必须考虑如何做到管得住、跑不了，不仅需要有专门的外围物质防范设施，而且需要一定的武装人员，才能基本确保监狱安全。监狱安全得到了保障，也有助于促进社会安全。当然，武装警察部队与监狱人民警察虽然都有权佩带武器警械，但两者有着本质区别。武装警察部队是国家武装力量的组成部分,它进行的是公开的武装活动,对监狱场所外围实施的行刑警戒是一项军事性措施,随时准备对危害目标安全的行为予以军事打击;而监狱人民警察属于人民警察的组成部分,是一支司法行政管理力量,主要以行政管理手段对犯罪服刑人进行行刑行政管理,只有在追捕和内部巡逻时才公开佩带武器警械。

2. 武装警戒的主体

根据《监狱法》第 41 条规定,监狱的武装警戒由人民武装警察部队负责。人民武装警察部队是一支内卫武装部队,执行《中华人民共和国兵役法》以及中国人民解放军的条令、条例和有关规章制度,享受中国人民解放军的同等待遇,是中华人民共和国武装力量的组成部分,担负国内安全保卫任务。人民武装警察部队以武警内卫部队为主体,包括列入武装警察部队序列的公安边防部队、公安警卫部队,担负生产建设任务的武警水电部队、交通部队、黄金部队,担负护林防火、灭火任务的武装森林警察部队。其中,武警内卫部队的基本任务是担负监狱场所的外围武装看押任务和押解任务。

3. 武警警戒的范围

驻守监狱的武警部队的武装警戒范围主要包括三项内容:防范和制止服刑人员逃跑、行凶,镇压暴动和骚乱;防范和打击狱外敌对分子的袭击和劫夺服刑人员等犯罪活动;押解服刑人,追捕逃犯。

第一,防范和制止服刑人员逃跑、行凶,镇压暴动和骚乱。监狱如果没有武装警戒,犯罪服刑人就会逃跑、行凶,监狱就有可能发生暴动和骚乱。监狱的武装警戒就是为了防范和制止监狱内的服刑人逃跑、行凶,镇压犯罪分子的暴动和骚乱,这是武装警戒的重要任务。因此,及时发现和制止监狱犯罪服刑人的逃跑、行凶、破坏、暴乱等违法犯罪行为,才能使他们从被迫接受改造走向自觉接受改造,从而确保监狱安全,进一步而言,也就保障了社会安定。

第二,防范和打击监狱外敌对分子的袭击和劫夺服刑人员等犯罪活动。由于国内外社会成分复杂,国内外的一些敌对分子总是把我们的国家机关作为袭击目标,使得关押犯罪人的监狱也常常成为袭击和破坏的目标之一。此外,近年来社会犯罪发生了一些变化,涉黑、涉毒、涉枪、集团性犯罪增多,一些犯罪团伙成员落入法网后，其他成员或出于报复，或为了营救骨干分子，或为了杀人灭口等目的，极有可能袭击和劫夺在押的犯罪服刑人。因此，担负监狱武装警戒的武装警察部队应严密防范社会上的敌对分子对监狱的袭击破坏和对服刑人的劫夺，这也是武装警戒防范的重要任务。

第三，押解服刑人，追捕逃犯。在监狱行刑实践中，常常需要将服刑人由一监狱转移到另一监狱，有时也会因生产劳动等需要将服刑人押往狱外劳作，这些实践活动需要武装警察部队配合，予以途中押解和现场看押。脱逃是监狱服刑人为逃避监狱行刑惩罚改造，以非法方式逃离监管场所的一种重新犯罪行为，具有极大的危害性。为维护国家法律的尊严、保障社会秩序安定、维护监狱场所的安全，武装警察部队应协助监狱迅将逃犯捕获归案，以制止和减少逃犯对社会的侵害。

（二）武装警戒的原则

1. 为监狱行刑惩罚改造服务的原则

监狱行刑惩罚改造服刑人是监狱和武警部队的共同职责，两者目标一致，只是分工不同而已。作为武警看押部队，计划安排执勤，布置兵力，保障勤务，都要坚持为监狱行刑惩罚改造工作服务的原则。

武警看押部队日常业务工作中，制订学习、训练计划，制定思想教育、政策法纪教育等活动计划，都要以利于保证监狱行刑惩罚改造工作的顺利进行为宗旨。兵力部署要因时、因地、因设施进行，不让服刑人有可乘之机。勤务保障要考虑不能对监狱行刑惩罚改造工作产生不利影响，如果出现不利影响则即刻调整。

2. 内管外警相互配合、协调一致的原则

监狱与武警双方密切配合，是搞好监狱的武装警戒工作所必需的。监狱应及时将监狱的情况和服刑人的情况通报武警看押部队，使武警看押部队做到知己知彼。监狱应关注武警看押部队的建设，通报情况，主动协调，出现问题及时沟通解决。武警看押部队也应积极主动掌握监狱的情况，主动了解服刑人的情况，自觉配合监狱的行刑管教工作，服从监狱的业务领导，全力完成警戒任务。实践表明，监狱与武警密切配合，监狱行刑工作秩序就相对稳定。

3. 预防为主、惩治为辅的原则

监狱行刑工作要求不出事故、少出事故，应该提前做好防患于未然的安全工作。监狱行刑的外围安全工作由武警的武装警戒负责，武装警戒工作要把预防工作做到前面，坚持预防为主，努力将危险事故遏制在萌芽状态。

武警部队在执勤工作的整个过程中，应全面发挥以武力为后盾的现实临场震慑作用，多做防范工作。武警部队一般不直接使用武力，只有在万不得已的情况下，才被允许使用武力。即使使用武力镇压直指首恶分子，也不可随意扩大打击面，以防伤及无辜。

（三）武装警戒的实施

1. 武装警戒的基本要求

武装警戒是一项严肃的安全防范工作，必须认真细致落实，要求武警看押部队掌握情况、严密布置、统一指挥，以确保安全。武警看押部队必须了解监狱的基本情况，了解监狱服刑犯的基本情况，了解监狱周围的自然环境和人文社情；在实施武装警戒的过程中，随时了解并掌握情况的发展变化，及时调整和改进执勤方案；兵力布置方案应与监狱业务协商达成一致，统一认识、统一指挥，以避免不必要的矛盾和监控漏洞。

2. 武装警戒的具体实施

武装警戒的具体实施建立在制定执勤方案和应急方案的基础之上。执勤方案包括警戒的具体时间和任务、警戒的目标和内容等基本情况，应急方案包括出现重大事故时需要做出反应的设想与计划。

第一，部署警戒兵力，建立岗哨。在监狱出入口、制高点、重点部位建立岗哨，布置兵力；在监狱围墙的外侧部署巡逻兵力；在狱外劳动现场布置警戒哨兵。执勤战士要明确执勤职责要求，时刻保持高度警惕，掌握处置一般问题的方法，及时消除事故的隐患，防止危险事故发生。

第二，预备机动兵力，保持戒备。驻守监狱的武警部队，除了部署警戒兵力、建立岗哨之外，还应预备机动兵力，保持戒备。即使在没有危险事件发生的情况下，武警部队也应正常警戒；而一旦危险事件发生，武警部队必须紧急处理。因此，武警部队既要保证正常的执勤工作持续进行，又要保证有机动力量可以抽调集结，随时处理突发事件。

二、行刑监管制度

（一）行刑监管的原则

1. 依法监管原则

依法监管原则是指监狱人民警察在从事罪犯监管过程中必须恪守社会主义法治，严格依照国家法律和监管法规办事，体现"有法必依、执法必严、违法必究"。监狱是依照法律对罪犯执行刑罚的机关，国家法律是监狱工作的依据，也是罪犯监管的准绳，只有坚持依法监管原则，才能消除违反社会主义法治的行为，才能保证监管活动符合人民的意志和要求；只有坚持依法监管原则，才能既有效地强迫罪犯履行法定义务，体现刑罚的威慑和警戒作用，又保障罪犯的合法权益，使罪犯加深对国家法律、政策的认识，明确改造方向，积极接受改造。

2. 严格监管原则

严格监管原则是指对罪犯严格按照法律和监管法规的规定实施管理，并通过采取有效的方式、方法和措施，以达到标准化、规范化、制度化的管理目标。对罪犯实施严格监管，是由我国监狱的性质和任务所决定的，只有严格监管，才能体现法律的严厉和威严，使罪犯萌发改造意念；只有严格监管，才能使罪犯进入有计划、有组织、紧张有节奏的改造生活轨道；只有严格监管，才能在罪犯中形成一种积极向上的改造氛围，才能消除各种不良诱因，形成良好的改造环境。

3. 科学监管原则

科学监管原则是指对罪犯监管要遵循改造罪犯的一般规律，在科学理论指导下，运用科学的手段和技术来实施监管。改造罪犯是一项非常艰苦的系统工程，对罪犯的监管，贯穿于罪犯改造各个方面和整个过程。管理科学程度是影响改造效果的直接因素，只有科学监管，才能提高监管工作的针对性和有效性，才能不断提高监管工作水平，达到监管的最佳效果。

4. 文明监管原则

文明监管原则是指在罪犯监管工作中，必须采取文明监管方式和方法，切实保障罪犯的合法权益，建立文明的管理环境，实现监管的文明化。文明监管是人类进步的体现，是社会主义制度优越性的表现，是我国精神文明和物质文明建设的基本要求，精神文明和物质文明的发展会促进罪犯监管文明的发展，为创造良好环境、提高罪犯物质生活待遇提供了条件和保障。同时，罪犯监管的文明化要与全社会精神文明和物质文明的发展程度和水平保持一致，不可能超越社会文明的发展程度和发展水平。

5. 直接监管原则

直接监管原则是指监狱人民警察必须深入罪犯学习、生活、劳动三大现场，亲自对罪犯进行有效的监管，保证罪犯时刻在监狱人民警察的直接控制之下。监狱人民警察只有对罪犯实施直接监管，才能保证依法对罪犯实行惩罚，保证刑罚正确有效地执行，保证劳动和教育有计划、有成效地实施。监狱人民警察只有直接管理罪犯，才能及时收集各方面的改造信息，了解犯情动态，才能对罪犯进行有效的监督和控制，从而有效保证监管场所的安全。

（二）行刑监管的内容

1. 分押分管制度

监狱执行刑罚，必须对服刑人进行分押分管。分押分管制度是指根据一定的标准，对服刑改造的罪犯分开关押、分别管理和分级处遇的一种行刑监管制度，主要内容包括监狱或监区分类、分类收监、分别关押和分级管理。

监狱工作自身发展的内在规律以及国际行刑趋势要求建立和完善分押分管制度，以提高执法水平和改造质量。监狱行刑实践中，根据犯罪服刑人的性别、年龄、身体健康状况等情况，实行分押分管制度，监狱分押分管成年男犯，女监分押分管成年女犯，未成年管教所分押分管未成年犯，老病残犯监狱分押分管老年犯、病犯、残疾犯。

2. 内部警戒制度

内部警戒制度是指运用一定的设施、装备和人力，由监狱人民警察组织实施的，用于监督和控制罪犯，保证监狱内部监管安全和秩序稳定的警戒制度，在监狱工作中具有十分重要的作用。

3. 行为监管制度

行为监管制度是指监狱依照国家制定的罪犯改造行为标准和规则，用以调整罪犯行为的管理制度，对罪犯具有普遍的、一致的约束力，是矫治罪犯不良行为习惯的有效手段，是规范化管理的保障。根据《监狱服刑人员行为规范》，行为监管制度主要内容包括基本规范、生活规范、学习规范、劳动规范、文明礼貌规范五个方面。监狱按照这五个方面的行为规范，对服刑人进行监督管理，并进行考核奖惩。考核奖惩制度是监狱对罪犯服刑表现进行考查和综合评定，并根据不同表现给予不同奖罚的管理制度。

考核奖惩是对罪犯准确实施惩罚改造的前提和保障，是体现政策、调动罪犯改造积极性的重要手段。考核奖惩贯彻公正原则、公开原则、准确及时原则，考核的内容有思想改造和劳动改造两个部分，考核方法主要有记分法、记事法和查评法三种。对罪犯的奖惩分为刑事奖惩和行政奖惩两类，刑事奖励包括减刑、假释，刑事惩罚是指对罪犯又犯罪的处理，包括加刑、执行死刑；行政奖励包括表扬、物质奖励、记功、离监探亲，行政惩罚包括警告、记过和禁闭。

4. 监管信息管理制度

监管信息管理制度是指监狱在执行刑罚惩罚改造罪犯过程中对各种资料消息、情报、数据等信息进行处理的制度，这是一个复杂的信息交流和信息处理过程。罪犯监管过程中所遇到的大量的信息，要从不同角度做不同的分类，帮助管理者加强对监管信息的认识，以便对不同信息采取相应的管理措施，达到信息最优方案。

案例分析
郭某某违法减刑案[①]

2020年3月14日，北京市东城区的一家超市内发生了一起由防疫引发的命案，刑满释放刚刚才7个多月的郭某某再次犯罪。该案引起了社会的普遍关

---

① 笔者根据案件有关报道信息所整理。

注，在国人同心同德抗疫之际，刚从监狱释放的郭某某怎么还重蹈覆辙再次犯罪呢？社会舆论强烈要求严惩郭某某故意伤害行为，并对其9次减刑等问题提出质疑。悲剧再次发生的根源无疑是郭某某本人，但悲剧的程序起点在哪里？此外，郭某某连续9次减刑是否合规？这些都值得深思。

一、行刑过程中9次减刑"操作"出问题

减刑制度的设置与运行，以促使犯罪服刑人认罪伏法、真心悔过为目的，以犯罪服刑人早日刑满释放回归社会为结局。郭某某能够在监狱服刑期间得到9次减刑，必须符合实体正当、程序正当的要求，最关键的是操作正当，但实际上其9次减刑的实体、程序正当是"纸面"的，根源就在于"操作"不正当。

（一）9次减刑"纸面正当"

1. 裁定9次减刑遭质疑

2007年6月25日，郭某某在监狱服刑2年4个月后，北京高院第一次裁定将其无期徒刑减为有期徒刑19年、剥夺政治权利终身改为剥夺9年。2008年9月20日，北京市一中院第二次裁定给他减刑10个月；2009年11月20日，第三次裁定减刑10个月；2011年1月20日，第四次裁定减刑11个月；2012年3月20日，第五次裁定减刑11个月；2013年4月26日，第六次裁定减刑11个月；2014年7月17日，第七次裁定减刑1年；2015年10月29日，第八次裁定减刑1年；2018年10月22日，第九次裁定减刑6个月。就这样，郭某某自第一次减为有期徒刑19年后，又共减去刑期6年11个月。最终，郭某某共服刑14年5个月，于2019年7月24日刑满释放回家。

社会有关人士表示："这样高频大幅的减刑，让人惊掉下巴。"《经济观察报》首席记者李某某对郭某某一案写道：多位从事刑事司法工作的资深人士——包括警察、检察官、律师以及纪检委系统的干部，大家几乎一致的反应是"不正常""很不正常"。一位资深法律工作者评价道：看得出，从郭某某被判处无期徒刑进入监狱服刑开始，每一个环节都有人在为他操心。前八次减刑，每次都只相隔一年，而且减刑幅度很大。在整个服刑期间，每一步都没有耽误。

2. 裁定9次减刑的分析

那么，究竟应如何看待这些问题呢？需要从实体上、程序上、结果上分析。减刑并非监狱一家说了算,而是监狱、检察院、法院合力的结果,最终由法院裁定。

实体上,减刑条件是由《刑法》《监狱法》《最高人民法院关于办理减刑、假释案件具体应用法律若干问题的规定》明确规定的。《刑法》第78条规定,被判处管制、拘役、有期徒刑、无期徒刑的犯罪分子,在执行期间,如果认真遵守监规,接受教育改造,确有悔改表现的,或者有立功表现的,可以减刑。这从实体法的层面规定了减刑必须具备的实质要件,只要服刑罪犯达到了这些要求,就可以减刑。《监狱法》第29条规定,被判处无期徒刑、有期徒刑的罪犯,在服刑期间确有悔改或者立功表现的,根据监狱考核的结果,可以减刑。这从执行法的层面规定了减刑必须具备的实质要件,服刑罪犯达到了这些要求后,还须经监狱考核达到要求的结果,才可以减刑。郭某某的行为表现如何符合上述要求,监狱怎么考核,如何达到符合结果的要求,是监狱行业非常专业的事项,本文无须赘述。

程序上,减刑裁定过程是由《刑事诉讼法》规定的。《刑法》第79条规定:"对于犯罪分子的减刑,由执行机关向中级以上人民法院提出减刑建议书。人民法院应当组成合议庭进行审理,对确有悔改或者立功事实的,裁定予以减刑。非经法定程序不得减刑。"《刑法》关于减刑的实体性程序规定,牵引出了《刑事诉讼法》关于减刑的程序处理规定。《刑事诉讼法》第183条规定了合议庭组成,第184条规定了合议庭评议原则,第273条规定了对减刑、假释的处理,第274条规定了检察院的减刑监督。根据《刑事诉讼法》的规定,减刑处理的核心内容是由法院组成合议庭审理并裁定,被判处管制、拘役、有期徒刑或者无期徒刑的罪犯,在执行期间确有悔改或者立功表现,应当依法予以减刑的时候,由执行机关提出建议书,报请人民法院审核裁定,并将建议书副本抄送人民检察院,人民检察院可以向人民法院提出书面意见。郭某某的减刑由监狱提出减刑建议书,经法院审理并裁定,同时检察院全程监督,因此符合程序规定。

结果上,减刑办理涉及《最高人民法院关于办理减刑、假释案件具体应用法律若干问题的规定》《最高人民法院关于办理减刑、假释案件具体应用法律的规定》，具体是1997年、2012年《最高人民法院关于办理减刑、假释案件具体应用法律若干问题的规定》和2016年《最高人民法院关于办理减刑、假释案件具体应用法律的规定》，从法院具体办理减刑应用法律的层面作了详细规定，其共同的核心内容是：在执行期间，如果认真遵守监规，接受教育改造，确有悔改表现的，或者有立功表现的，可以减刑；有重大立功表现的，应当减刑。确有悔改表现是指同时具备以下四个方面情形：认罪伏法；认真遵守监规，接受教育改造；积极参加政治、文化、技术学习；积极参加劳动，完成生产任务。在监狱服刑期间，郭某某的行为表现必须符合上述要求，且经监狱考核达到符合结果的要求，才可以减刑，而且其服刑总时间、减刑的幅度和间隔时间必须符合规定。

第一，服刑总时间。《刑法》第78条规定，被判处无期徒刑的罪犯减刑以后实际执行的刑期不能少于13年。郭某某从无期徒刑减刑后实际服刑时间为14年11个月，属于13年以上，符合《刑法》规定。

第二，减刑的间隔、幅度。这是由《最高人民法院关于办理减刑、假释案件具体应用法律若干问题的规定》《最高人民法院关于办理减刑、假释案件具体应用法律的规定》来决定的，本案涉及三个时段的该类规定，即1997年、2012年《最高人民法院关于办理减刑、假释案件具体应用法律的规定》和2016年《最高人民法院关于办理减刑、假释案件具体应用法律的规定》。那么，郭某某的9次减刑符合规定吗？

郭某某第一次减刑是在2007年，从无期徒刑减为19年有期徒刑。1997年《最高人民法院办理减刑、假释案件具体应用法律若干问题的规定》第6条规定，无期徒刑罪犯在执行二年以后可以减刑，减刑幅度为一般可以减为十八年以上二十年以下有期徒刑。因此，郭某某第一次减刑符合规定。

第二、三、四、五次减刑的幅度依次分别为10个月、10个月、11个月、11个月，每次减刑间隔都在1年至1.5年之间。由于这四次减刑是在2008年至2012年之间，因此适用1997年《最高人民法院关于办理减刑、假释案件具体应用法律若干问题的规定》，其中第2、5条规定，有期徒刑罪犯，一般一次减刑不超过一年有期徒刑，被判处五年以上有期徒刑的罪犯，一般在执行一半以上方可减刑；两次减刑之间一般应当间隔一年以上。可见，郭某某的这四次减刑符合减刑幅度、间隔时间的规定。

第六、七、八次减刑的幅度依次分别为 11 个月、1 年、1 年，依次间隔 1 年 1 个月、1 年 2 个月、1 年 3 个月。由于这三次减刑是在 2013 年至 2015 年之间，因此适用 2012 年《最高人民法院关于办理减刑、假释案件具体应用法律若干问题的规定》，其中第 6 条规定，被判处五年以上有期徒刑的罪犯，一般在执行一年六个月以上方可减刑，两次减刑之间一般应当间隔一年以上。可见，郭某某的这三次减刑幅度、间隔时间均符合规定。

第九次减刑间隔时间近 3 年，减去了 6 个月刑期。由于这次减刑在 2018 年，因此适用 2016 年《最高人民法院关于办理减刑、假释案件具体应用法律的规定》，其中第 6 条规定，不满五年有期徒刑的，应当执行一年以上方可减刑。可见，郭某某的该次减刑符合减刑幅度、间隔时间的规定。

（二）9 次减刑"操作不当"

1. 后续调查

北京市委高度重视此案，北京市委政法委直接督办，推动办案单位依法从严从快办理。针对郭某某的犯罪前科及其服刑期间多次被减刑的情况，北京市委政法委组织北京市高级法院、北京市检察院、北京市司法局、北京市监狱管理局等单位开展相关核查工作。经北京市纪委监委调查，郭某某先后在天河监狱、潮白监狱、清园监狱、延庆监狱、柳林监狱服刑，其违规减刑问题主要发生在潮白监狱、清园监狱。郭某某之父系中国原子能科学研究院退休职工，在郭某某服刑期间，以直接或通过他人请托监狱系统、检察院、法院相关工作人员并给予款物的方式，谋求关照郭某某的服刑并帮助其快速减刑。

由于监狱系统、检察院、法院相关工作人员共同关照郭某某案件，使得郭某某 9 次减刑既符合实体规定又符合程序规定，其服刑总时间、减刑的幅度和间隔时间都做得天衣无缝。正是因为有这些熟知减刑制度规定的法律实务者亲自关照照顾，郭某某 9 次减刑才均符合实体规定和程序规定。但是，这一切都是建立在他们受贿收礼的基础之上，对郭某某而言是花钱买减刑，对监狱、法院、检察院那些热情关照的工作人员而言是被收买。总之，郭某某 9 次减刑属于操作不正当,"皮之不存毛将焉附",由此彻底戳穿暴露了其9次减刑的实体程序不正当性。

2. 相关判决

2021年1月29日,北京市第二中级人民法院、西城区人民法院在同日宣判与"郭某某减刑案"相关的"隋某某等受贿、徇私舞弊减刑案"以及"郭某某之父等行贿案"。被告人隋某某、郭某某之父、王某某、刘某某、郭某霞、程某某、王某分别被判处有期徒刑7年6个月至有期徒刑2年6个月不等的刑罚;甘某某、赵某某、王某、李某、段某某、陈某分别被判处有期徒刑3年、缓刑3年至有期徒刑1年6个月、缓刑1年6个月不等的刑罚;部分被告人还被判处40万元至14万元不等的罚金刑。

二、悲剧的发生根源在于案件当事人

郭某某,北京人,38岁,实施本案犯罪时才刚从监狱里刑满释放回家7个多月。2004年8月29日,当时还是大学生的他因为杀害自己的女朋友,被判处无期徒刑。2020年3月14日,他再次犯下伤害致死罪案。

(一) 昔日捂死段姓女友

2004年8月29日凌晨3点,北京工业大学实验学院工商管理专业大四学生郭某某和女友段某某,在北京市崇文区某酒店房间内发生争执。在争吵中,郭某某先掐住女友的脖子,接着用枕头将其闷死,随后自杀未成投案自首。据他在法庭上说,引发争吵的是女友承认在跟他恋爱前曾经跟其他人发生过性关系。被郭某某杀害的女友姓段,名叫段某某,贵阳人,是他的大学同学,班上的文艺委员。这次返校与郭某某见面,是她刚刚结束暑假从贵州回到北京的第一天。

(二) 今日殴毙段姓公民

2020年3月14日下午3点,在北京市东城区一家超市里,郭某某排队结账时把口罩摘了下来,排在其后的顾客——72岁的段某某提醒他应当遵守防疫规定:"赶紧把口罩戴上。"没想到,郭某某不仅不戴上口罩,还反手把段某某摔倒在地,紧接着用双手击打其头颈部致其受伤,打完后连忙逃离现场。在逃离现场过程中又打倒了两名店员,其中一位还是他用嘴咬的,最后被当场抓获。被害人段某某因颅脑损伤,经救治无效,于3月20日死亡。在北京五环内的几个区里,东城区是这次新冠肺炎确诊最少的一个区,却发生了这起命案。段某某躲过了新冠肺炎,却没能躲过人祸。

从郭某某犯下杀害女友命案后到派出所投案自首那天起到刑满释放,他在监狱的服刑时间不到15年,而从刑满释放回家到再次犯罪,则不足8个月。

三、法院的生死判决

对于故意杀人犯罪案件的处理,法院的判决至为关键,犯罪人的生死系于一判,这对法院是一个极大的挑战和考验。

(一)前案的生刑判决

1. 法院判处无期徒刑

杀害女友段某某后,郭某某在父亲的劝说下投案自首,郭家给了被害人的母亲40万元作为赔偿(段某某从小生长在单亲家庭)。因此,在2005年的庭审中,段某某母亲选择了原谅郭某某,并恳请法官从轻处理。北京工业大学也开出了郭某某在校的表现证明,同样恳请法官从轻判刑。

2004年11月18日,北京市第二中级人民法院公开审理郭某某杀人案。郭某某的辩护人指出,郭某某作案后主动投案自首,且其父母向死者家庭赔偿了人民币40万元,所以恳请法院从轻处罚。郭某某在法庭痛哭,怀念被自己杀死的女友,并向其母亲道歉:"阿姨,我确实非常爱她,非常抱歉。"2005年2月24日,法院宣判,被告人郭某某犯故意杀人罪,判处无期徒刑,剥夺政治权利终身。郭某某父亲当场给审判长鞠了三个躬:"谢谢你们,给了我儿子一个公正的判决!"郭某某表示不再上诉,入狱服刑。

2. 法院判处"生刑"早晚放虎归山

本案被害人已死,郭某某在庭上的证词查无对证,他会选择对自己有利的证词,以从轻处罚的角度为自己辩护,这是趋利避害的人之常情使然,关键是法院如何看待和判决。鉴于案件情况——加害人主动投案自首、积极赔偿和被害人之母为加害人求情、加害人就学的大学求情,基于《刑法》第67条规定,对于自首的犯罪分子可以从轻或减轻处罚也可以不从轻减轻处罚;且第232规定,故意杀人罪第一档次的配刑有死刑、无期徒刑或者十年以上有期徒刑三个选项,因此法院依法对郭某某判处无期徒刑。

(二) 后案判决死刑

2021年1月29日，北京市第二中级人民法院被告人郭某某故意伤害案作出一审判决，以故意伤害罪判处被告人郭某某死刑，剥夺政治权利终身。郭某某前后一人二案，害死二人，为何前案不判处死刑呢？为何再付出一人生命代价才判处死刑呢？这些都值得反思。

四、本案启示

不论法院依法判决裁定，还是监狱依法行刑惩罚改造，仅仅是对犯罪人的处理，而不是对社会不再发生犯罪的保障。社会上除处理犯罪案件的机关之外，全社会所有单位和成员包括案犯在内共同一致发力，才是不发生犯罪的保障，但是这仅仅是理想而已，现实社会中根本做不到，所以总会有人犯罪、再犯罪。

监狱处于刑事工作的最后一个环节，具有水库效应。对于犯罪服刑人而言，犯罪已成为过去完成时态，犯罪人的定性绝不意味着行为人时时事事处处不间断地持续犯罪，仅意味着他应为曾经实施的犯罪行为承担责任即被判处刑罚服刑。监狱依法行刑惩罚改造，组织囚犯劳动生产，进行教育改造。由于人的思想最难捉摸，使得"确有悔改表现"绝对客观化、可量化面临诸多困难，但监狱仍进行了卓有成效的实践摸索，最大限度地将罪犯生活、学习、劳动等方面的表现进行量化评价，以最大可能地客观评价其服刑表现。实际上，监狱是行刑惩罚的实施者，而教育改造是包括犯罪服刑人本人在内的全社会的任务，尤其是其本人居于教育改造的主体地位，监狱依法行刑教育改造，但教育改造的效果取决于服刑人。

减刑是法定的刑罚变更执行措施，对于激励监狱服刑罪犯积极改造，促进他们早日回归并融入社会，具有重要意义。减刑是在闭环的流程中监狱、检察院和法院三方协力的结果，并非监狱一家说了算，减刑由监狱向法院提出，检察院负责行刑监督，最后由法院裁定。

具体到郭某某的9次减刑，监狱一家一般难以做成，明显是法院、检察院、监狱三家心照不宣地共同办理。这反映出深层次的大问题。

第六章
Chapter 6

监狱行刑紧急处置

监狱执行刑罚，犯罪服刑人并不会因为法院判决生效而自然、心甘情愿地接受行刑惩罚改造，总会寻找机会，实施危害监狱行刑安全的违法犯罪行为。由于监狱行刑安全是涉及行刑秩序稳定、人身安全的头等大事，属于监管工作的底线，因此针对危及监狱行刑安全的违法犯罪行为，必须进行紧急处置。

第一节 监狱行刑安全

一、监狱行刑安全的字面含义

1. 监狱的字义

监狱是由"监"与"狱"两字组成的合成词。监，会意字，表示一个姑娘俯身对着一盆水照自己的容颜，本义为用盆水照示容颜，引申为察视、考察、督察、掌管、关押、牢房。狱，会意字，表示双方像两犬吠咬一样争讼不下，本义为争讼，引申为诉讼案件、刑狱、判决书、监牢。"监"与"狱"组成监狱，过去指看管诉讼当事人，现在指执行刑罚。

2. 安全的字义

安全是由"安"与"全"两字组成的合成词。安，会意字，表示女子坐在屋子里，本义为平静，引申为"稳定""安定"。全，象形字，上像系玉、下像垂饰物，本义为"无瑕疵的纯玉"，引申为"纯粹""完备无缺失""齐备""完备""全体""整个"。"安"与"全"组成安全，即平安，指"没有危险；不受威胁；不出事故"。

3. 监狱行刑安全的字义

"监狱""行刑""安全"三个词组合起来便是监狱行刑安全，应从这三个词的词义中做出一种取舍，来确定监狱行刑安全的含义。监狱与行刑合称监狱执行刑罚之义，安全取不受威胁、没有危险、不出事故之义。综合起来而言，监狱行刑安全是指监狱在执行刑罚过程中，要使监狱没有危险、不受威胁、不出事故。

二、监狱行刑安全的释义维度

1. 释义的国家高度

我们应该站在国家的高度来看待监狱行刑安全。监狱是执行刑罚的国家机关，监狱的设置属于国家机关建制，执行刑罚属于国家事务。可见，监狱事务在归属性质上属于国家事务，监狱安全当然属于国家安全的内容之一，应该在国家的高度看待监狱行刑安全，因为国家是最高的权威决策者、立法者、管理者。监狱行刑安全之释义的国家高度涉及两个方面：一是国家的治理能力，二是总体国家安全观。

国家的治理能力是国家应对处理解决各种问题的主观条件，国家一直在进行法治国家建设，意味着以法治思维规范国家的治理行为，国家以法治进行管理，提高国家治理能力，把国家治理能力纳入国家法治轨道。国家的治理能力应对的问题纷繁复杂，其中就包括社会治安问题。针对社会治安问题，尤其是针对犯罪问题的治理，应强调依法构建国家治理体系，强化依法提升国家治理能力。国家以刑罚施加于犯罪人的法治方式应对已然犯罪，在刑罚执行中监狱居于主干地位。监狱属于执行刑罚的国家行政机关，是应对处理犯罪问题的国家治理能力中刑事法治能力的最后一个环节，应以法治模式、行政机关建制规范监狱的运行和安全。国家治理能力意味着能够合情、合理、合法地及时应对、处理、解决包括犯罪在内的各种社会问题矛盾，绝不意指这些问题矛盾

（包括犯罪）就不再发生。

十九大明确提出了"总体国家安全观"，具体是指：国家统筹发展和安全，增强忧患意识，做到居安思危。国家利益至上，以人民安全为宗旨，以政治安全为根本，统筹外部安全和内部安全、国土安全和国民安全、传统安全和非传统安全、自身安全和共同安全。总体国家安全以危害行为的国家内外来源为标准，可分为国家外部安全和内部安全，国家外部安全的危害行为是外国军队入侵，这需要加强军备和国防建设来应对；国家内部安全即社会安全，其危害行为主要是犯罪行为。一定意义上，国家安全即社会安全。随着广大民众在民主、法治、公平、正义、安全、环境等方面的要求日益增长，需要完善国家安全制度体系，加强国家安全能力建设。只有完善国家安全制度体系、加强国家安全能力，才能更好地应对处理危害国家安全的各种各类行为。对监狱行刑安全的理解，当然不能超越总体国家安全观的范畴。

监狱行刑安全观立意要高，应从国家的高度来认识、看待，而不应仅从监狱层面来认识、看待监狱行刑安全问题。2015年《中华人民共和国国家安全法》（以下简称《国家安全法》）规定了政治安全、国土安全、军事安全、经济安全、文化安全、社会安全、科技安全、信息安全、生态安全、资源安全、核安全这十一个领域的国家安全，具有综合性、全局性、基础性的特色。显然，在总体国家安全观指导下，在国家安全体系中，监狱行刑安全属于社会安全且处于最后一个环节。

2. 释义的社会广度

监狱行刑安全观视域要宽，应从全社会各行各业的广度来认识、看待，而不应仅从监狱一个行业角度来认识、看待监狱行刑安全问题。社会不是监狱一个实体的存在活动空间环境，而是国家机关、事业、社会团体以及公众和个人的活动空间环境，监狱仅仅是社会的一个单元。当今社会，社会矛盾和问题交织叠加，全面依法治国任务依然繁重，应把监狱行刑安全置于全社会的范围内来看待。监狱行刑安全观释义的社会广度应包含两个方面：一是社会各行各业的安全，二是社会公众的安全。

社会各行各业的安全和社会公众的安全总称为社会安全，针对社会安全及其危害，法律作出了规定。根据《刑法》规定，社会安全可细化为十类：国家安全，公共安全，经济秩序安全，公民人身、民主权利安全，财产安全，社会管理秩序安全，国防利益安全，国家公职廉洁性安全，国家公职秩序性安全，军人职责安全。其中，监狱行刑安全属于社会管理秩序安全中司法安全的一个环节，监狱行刑安全的破坏行为主要有《刑法》第315条规定的破坏监管秩序罪、第316条规定的脱逃罪和劫夺被押解人员罪，第317条规定的组织越狱罪、暴动越狱罪、聚众持械劫狱罪，第400条规定的私放在押人员罪和失职致使在押人员脱逃罪。以上所列仅限于危害监狱行刑安全需要刑罚处罚的犯罪行为。当然，社会安全始终伴随着犯罪。此外，还有各种自然灾害、意外事件和事故也会给社会安全造成危害。

监狱不是学校、工厂、医院，但常被比作学校、工厂、医院。监狱行业是一个独特的行业。监狱在教育改造服刑人方面被比作学校对学生的教育，但因犯罪入狱服刑人区别于择优录取的学生，这个本质不同决定了监狱的行刑教育改造与学校的教育有天壤之别。监狱在组织服刑人劳动方面被比作工厂的工人劳动，但监狱行刑过程中的服刑人劳动建立在监狱执行刑罚基础之上，而工厂工人的劳动建立在劳动合同基础之上，因此监狱服刑人的劳动在法律关系本质上区别于工厂工人的劳动。监狱行刑惩罚改造又称矫正或矫治，服刑人常被比作医院矫治的病人，但监狱对服刑人的改造是以监狱执行刑罚进行惩罚为前提和基础，针对的是服刑人的思想意识，而医院对病人的矫治是在病人自愿的基础上进行的医学治疗，针对的是病人的生物病体，因此监狱矫正服刑人与医院矫治病人截然不同。

3. 释义的行业深度

随着人民群众对民主、法治、公平、正义、安全等方面的要求日益增长，人们越来越关注安全问题，其中监狱行刑安全备受关注，一是因服刑人越狱脱逃杀害狱警而引起社会恐慌，二是因服刑人死于监狱而引起社会惊慌，三是因服刑人的问题追究狱警责任而引起社会惊愕。实践证明，监狱风险因素最多，监狱行刑安全问题最突出。监狱行刑安全观释义的行业深度，需要客观地认识监狱行业特质，监狱属于高风险行业即高危行业，因此监狱行刑安全问题比其他行业更为严重。

监狱属于高危行业，监狱安全面临诸多风险因素的威胁，服刑公民、监狱警察、社会有关人员和自然现象都是可能危害监狱行刑安全的危险因素。其一，监狱行刑工作对象是犯罪服刑公民。犯罪服刑公民因在社会上犯罪而被判刑入狱服刑，以此区别于社会守法公民。经过服刑，他们中的大部分有所悔改，但有些人在监狱服刑期间仍旧不思悔改且违法犯罪，有的伪装改造等一有机会便违法犯罪。因此，监狱服刑公民是监狱内威胁监狱安全的最大风险源。其二，监狱工作人员是监狱警察。绝大多数监狱警察能够恪尽职守，但少数人或因过失或因故意致使服刑犯人违法犯罪而危害监狱行刑安全。因此，狱警是监狱内威胁监狱行刑安全的又一风险源。其三，社会有关人员是指服刑人家属、因工作可出入监狱的劳务人员、国家机关工作人员等。有些人利用进入监狱的机会给服刑人携带违禁品，不仅侵害了监狱安全，而且给监狱造成了更大的安全隐患，某些国家机关工作人员甚至会利用种种关系拉拢腐蚀监狱警察，以"合法保外就医、减刑、假释"的方式危害监狱行刑秩序。因此，这些人属于监狱外威胁监狱安全的最大风险源。此外，监狱行刑安全不仅受到地震、台风等自然灾害的影响，而且受到失火等生产事故的危害。

既然威胁监狱安全的风险因素如此之多，而且这些风险因素时常成为危害监狱行刑安全的实害，那么应如何看待监狱行刑安全呢？监狱行刑安全观是对监狱行刑安全的根本认识、看法或态度，立意要高、视域要宽，绝对不应只局限于监狱本身内部来看。监狱行刑安全是全国范围内政府行政治安中的一种行刑安全事项。简单来说，是监狱行业的事项，绝不是一个行政区域、一个监狱的事项。监狱行刑安全观是指从根本上认识、对待、治理、解决监狱行刑的安全问题，正确处理监狱面临的威胁、危险、事故等安全问题，在监狱行刑工作中应尽可能防备人员伤亡、财产损失等安全事故的发生。

三、监狱行刑安全的释义内容

1. 监狱观

监狱观是对监狱的认识和看法，包括监狱定性、定形、定型三个维度，核心是监狱的定性。监狱定性是指监狱的实体归属性质,即监狱是执行刑罚的国家行政机关;监狱定形是指监狱的实体形态,即监狱是呈现为物质形态的系统建筑体;监狱定型是指监狱构成的集体空间,即监狱警察工作与犯罪人服刑生活的封闭环境。那么,应如何看待监狱呢?监狱的三维决定了监狱是社会矛盾的众多个体纠结者的终极底线汇集单位,把监狱警察与服刑人汇聚在一起,具有鱼龙混杂、良莠不齐的水库效应。不证自明,监狱必然存在安全隐患,服刑人是安全隐患的最大风险源。

2. 监狱职能观

监狱职能观是对监狱职能的认识和看法,包括法定职能和附加职能两个方面。法定职能是指监狱依法承担着对被判处死缓、无期徒刑和有期徒刑犯罪人执行刑罚惩罚的职能,法定职能具有唯一性,这符合社会分工的理论与实践,众多的机关都能执行刑罚无异于私刑。附加职能是指监狱在执行刑罚过程中把服刑人改造成守法公民,之所以把改造服刑人称为监狱的附加职能,是因为监狱释放服刑人以法院裁判的服刑期满为标准而非改造好。也就是说,即使服刑人没有改造好,只要刑期届满,监狱就必须依法释放。正统观点始终认为,监狱的职能就是改造服刑人,这实际上是以偏概全,改造是包括被改造人自己在内的全社会的责任,监狱是辅助者,限于篇幅,这里不赘述。

3. 监狱行刑安全观

监狱行刑安全观是对监狱安全的认识和看法,监狱安全的内容包括监狱内人员的生命身体健康、公私财产和监狱各项秩序有保障,心理状态为不焦虑,结果状态为不受害。实践证明,在监狱的存在和运作中,不时地会发生一些危及监狱行刑安全的实害现象,这些实害即不安全的来源有自然灾害、违法犯罪和意外事故。可见,以监狱不出任何安全问题为内容的监狱行刑安全观,仅仅是主观上的一个终极美好愿望,而在客观上断然是不现实的,在实践中也是难以运行操作的。

我们应从根源上理解监狱行刑安全,并且从本源上应对监狱行刑安全问题。从根源上分析,监狱行刑安全出问题绝不是偶然的而是必然的,尤以服刑人的越狱逃跑、杀人、破坏、自杀、自伤自残等违法犯罪最为典型,监狱行刑不安全的根源在于犯罪服刑人。从本源应对上分析，监狱行刑安全必须重视、必须强调、必须尽全力保障，因为任何单位包括监狱在内都强调以人为本、人命关天，可以说，任何人都不希望监狱不安全，尤其是在监狱工作的人和在监狱服刑的人，只是有时事与愿违。

第二节　监狱行刑紧急处置预案

一、监狱行刑紧急处置事件

（一）监狱行刑紧急处置事件概述

1. 监狱行刑紧急事件处置释义

监狱始终处于运行中，监狱在运行中既处理常规事务又要处理紧急事件。常规事务是日常工作中按部就班处理的事务；紧急事件是监狱行刑过程中出现的需要马上处理即刻不容缓的事件，紧急事件处置是指监狱对狱内突发事件和灾害事故所进行的紧急处理和善后处理活动，属于监狱行刑安全管理的重要组成部分。

突发事件是指人为故意制造和实施的，可能或已经造成人员伤亡或财产损失，影响监管秩序、危及监狱行刑安全，有巨大危害和较大影响的需要马上处置的事件，也包括突发公共卫生事件，即突然发生并造成或者可能造成干警、职工身心健康严重损害的重大传染病疫情、重大食物中毒、群体性不明原因疾病以及其他严重影响人员健康的事件。灾害事故是指因人为过失因素和自然因素引发的事故。

2. 紧急处置事件的种类

以紧急事件发生时参与人数多少为标准，可将紧急事件分为群体型（合伙型）紧急事件和个体型紧急事件。前者如监狱服刑罪犯暴乱、哄监闹事、骚乱、二人以上结伙械斗、脱逃等，后者如一人行凶、自杀、越狱逃跑等。

以紧急事件发生现场主要在狱内还是狱外为标准，可将紧急事件分为狱内紧急事件和狱外紧急事件。前者如狱内杀人、爆炸、纵火等，后者如狱外非法组织或歹徒冲击监狱、劫夺服刑罪犯等。

以紧急事件造成人员伤亡、财产损失、情节后果不同为标准，紧急事件可分为一般紧急事件、重大紧急事件、特别重大紧急事件。对紧急事件的预防和处置的重点应放在狱内重大、特别重大的群体型紧急事件上。

以发生原因不同为标准，灾害事故可分为人为灾害事故和自然灾害事故。前者如因过失违反监规纪律和生产操作规程而造成的爆炸、火灾、中毒、塌方等事故，后者如地震、洪水、泥石流、暴风雪、龙卷风、雷击等事故。针对此两类灾害事故，应以防止人为灾害事故为主，但在自然灾害已有预报或多发季节时，则应以预防自然灾害为主，或将两者列为同等重要地位加以防范。

在对突发事件和灾害事故的防范和处置上，应以突发事件为主。监狱要认真研究突发事件和灾害事故发生的特点和规律，总结以往处置工作的得失，制订切实可行的应急处置预案，以便快速有力地控制事态，稳定监管秩序，维护监狱安全。

（二）监狱紧急事件的特点

1. 发生的突然性

危及监狱行刑安全的各类紧急事件，虽然由于促成的主客观原因不同，但其共同点就是发生或出现方式上反映出的瞬间性、突然性，使人难以预料、猝不及防。监狱服刑罪犯造成的紧急事件大多都有一定的预谋经过，当然也有的属于现场临时起意实施危害行为而制造紧急事件，而此类事件一旦发生，就会使人产生一种对事态的急促感、紧迫感和突发感的认知。

2. 危害的严重性

危及监狱行刑安全的紧急事件，由于发生的突然性，使得监狱监控防范工作陷于被动局面，再加上肇事因犯往往主观恶习深、报复性强、手段残忍，一旦爆发必然给监狱造成严重后果。这些紧急事件的后果主要表现为：严重危害监狱行刑安全，严重破坏监狱行刑监管秩序，严重侵害监狱生产，严重威胁监狱人民警察、其他罪犯及有关人员生命和财产安全，等等。

3. 后果的扩张性

监狱紧急事件一经发生，其后果发展往往具有扩张性。如若任凭紧急事件发展下去，危害结果势必会由小至大，危害程度和范围也随之恶性膨胀。如果监狱不及时或不当处置,则事态更会恶性蔓延,造成更大的新的危害结果。

4. 处置的紧迫性

监狱处置危及监狱行刑安全的事件具有紧迫性,这是由事件发生的突然性、行刑工作的严肃性和事件后果的严重性等因素决定的。针对危及监狱行刑安全的事件,监狱必须即刻处置,不容延误,力求尽早控制并迅速处理,以免因处置不及时而延误时机导致更为严重的后果。

二、监狱行刑紧急处置预案

(一) 监狱行刑紧急处置原则

1. 监狱建立紧急处置机构

省、自治区、直辖市监狱管理局应设立指挥中心,负责各监狱紧急事件处置的协调工作,必要时可派员直接参加现场指挥。根据各监狱所处地理位置,在区域内组织紧急事件的处置互助力量,以弥补发生重大紧急事件时监狱警力的不足,根据指挥中心的指令参与协同处置。

各监狱应设立紧急处置指挥部、办公室及若干相关队组。指挥部设总指挥一人,由监狱长担任,副总指挥若干人,由政委、副监狱长、驻监武警部队首长、社区联防部门负责人担任。指挥部下设办公室,设主任一人,由分管管教工作的副监狱长担任,成员由相关科室和联防单位负责人组成。应设立的队组包括应急小分队、搜寻追捕组、政治攻势组、通讯联络组、调查资料组、现场救护组、后勤保障组、机动组等,各机构要明确人数、负责人以及基本职能。

2. 制定应急预案

各级指挥部尤其是具体监狱的应急指挥部,应备有监狱及其警察和罪犯的相关资料信息,应根据实际情况,制定处置各种紧急事件的应急预案。应急预案确定后,应适时组织专业训练,尤其是应急防暴队,必须坚持经常化的体能、技能训练,组织必要的模拟演练,增强意识,以提高应急能力,保证"拉得出、打得响"。应急预案主要应包括以下内容:

第一,统一指挥,协同作战。监狱发生紧急事件时,由指挥部对整个处置工作统一指挥,包括监狱警察、驻监武警部队和社区联防组织所有机构和人员必须服从指挥，听从命令，密切配合，协同作战，不得擅自行动。为保证指挥畅通，反馈及时，各部门及其人员必须保持通讯畅通、形成有效的通信网络，以保障有效组织协调力量。

第二，快速反应，迅速控制。监狱的应急指挥部知道发生紧急事件，应随即按应急预案通知并组织有关人员快速赶赴现场，抓住有利时机，迅速控制现场局面，遏制事态蔓延，尽可能减少人员伤亡和财产损失。

第三，疏打结合，分化瓦解。对人为的违法犯罪案件，应查明原因，区分情况，因案制宜。对群体型重大紧急事件，应开展强有力的政策攻势，应区别组织者、首要分子和胁迫参与者，以分化瓦解肇事犯群；同时，对肇事的组织者、首要分子和骨干分子，要坚决采取强硬措施予以打击。对处于激情状态中的当事人要尽量稳定其情绪，开展有针对性的心理攻势。

第四，确保安全，减少损失。监狱在处置紧急事件过程中，应尽可能地采用一切必要措施和方法，保护监狱内的人员和财产安全，将事件的损失和影响降到最低限度。

针对各种紧急事件，监狱都应以保护人员安全为核心，不仅应保护警察、职工的人身安全，而且应保护无关囚犯的人身安全，还应尽可能减少对突发事件制造者、参与者的人身伤害。处置紧急事件整个过程中，需要组织罪犯救助、救灾，将无关因犯集中疏散转移，以避免不必要的人员伤亡，但应注意防止因犯趁机实施破坏活动。监狱应组织警力迅速赶赴现场控制局势，迅速赶赴重点、要害部位和重要财产所在地，以及时设防、保护，防止事故叠加和蔓延，避免遭受进一步的破坏。监狱还应及时做好善后工作，在紧急事件平息后，马上清理现场，救护受伤人员，抢救财产，努力将损失降低到最低程度。一切结束后，监狱应查明全部案情，收集所有证据，依法处理相关责任人，及时奖励有功人员，做好有关人员的安抚等善后事宜，认真总结经验教训，防止类似事件再次发生。

（二）监狱行刑紧急处置方法

1. 监狱行刑紧急事件的种类

根据理论与实践，综合而言，监狱紧急事件主要分为三类：第一类是犯罪服刑人的违法犯罪行为,第二类是公共事故,第三类是自然灾害。

第一,犯罪服刑人的违法犯罪行为。违法犯罪行为主要是指在监狱内服刑罪犯的违法犯罪行为,同时也指监狱外针对监狱的违法犯罪行为,主要包括:罪犯暴狱,罪犯脱逃越狱,罪犯自杀,罪犯斗殴伤害,罪犯绝食、哄监闹狱,社会上不法分子或犯罪分子煽动群众围攻、冲击监狱劫持罪犯或监狱财物,等等。

第二,公共事故。公共事故是指监狱内外发生而危及监狱行刑安全的公共事件,包括突发公共卫生事件和人为灾害事故等。突发公共卫生事件是指在监狱内外突然发生,造成或者可能造成干警、职工、罪犯身心健康严重损害的重大传染病疫情、重大食物中毒、群体性不明原因疾病以及其他严重影响人员健康的事件。人为灾害事故是指因过失违反劳动纪律和安全生产操作规程,造成人员伤亡和重大物质损失的灾害性事故,如火灾、瓦斯爆炸、其他爆炸、高温生产半成品外溢等。

第三,自然灾害。自然灾害是指因自然原因引发而危及监狱行刑安全的灾害事故,如地震引起的房屋坍塌、洪水泛滥、泥石流、雷电、暴风雪等对监狱造成人员生命安全和财产损失的灾害事故。

2. 现场处置

监狱紧急事件的应急处置方法即现场处置,从时间上可分为初期处置、中期处置和后期处置三个阶段。具体措施如下:

第一,判断案情。监狱应急处置指挥人员获得发生紧急事件的消息后,应即刻核实事件的消息来源,分析事件的性质类别。

第二,快速准备。监狱应急指挥部处于最佳临战状态,接到报警快速准备。快速准备包括:指挥部召开紧急会议,进行组织动员,准备交通通信工具、警戒武器和饮食、医药、弹药、燃料等后勤保障,准备机动力量。

第三,实施预案。监狱应急指挥部领导应根据案件实际情况,综合分析,确定实施的具体预案,并迅速组织相应力量进入预定位置。实施预案的主要内容包括现场处置警力、外围控制警力、狱内秩序稳定警力、案件侦查警力、机动警力。

第四，控制现场。监狱应建立现场指挥部，根据现场需要灵活指挥，调动各种力量，控制现场，遏制危害，制止犯罪。主要措施包括设置警戒线以封锁现场、开展正面宣传教育、命令解散或强制驱散。

第五，维持秩序。监狱紧急事件发生后，其危害往往会造成连锁反应，尤其是暴狱案件会向更大规模发展，造成监狱局部乃至全监秩序混乱。因此，现场处置队伍在有效控制现场后，要分出一部分警力维持监狱秩序，同时开展调查以摸清案件全貌。

3. 做好善后工作

各类监狱紧急事件情况各异，办案人员应对参与或卷入事件的人严格区分责任，依法处理，严格区分因实施犯罪行为受伤或致死与无辜受伤、致死的界限，对负有法律责任的伤者应加强监管工作。同时，稳定罪犯情绪，做好正面宣传教育工作，总结经验教训。

案例分析
脱逃越狱案的刑事视角探析[①]

2009年10月17日14时27分，某监狱三监区四名重刑犯杀害监狱警察，从监狱大门越狱脱逃。这四名在逃犯分别是乔某某、李某某、董某某、高某，均为男性，年龄最小的21岁，最大的28岁，其中三人是5年前被判刑入狱的、一人是二年前被判刑入狱的。乔某某，男，1981年出生，内蒙古临河人，汉族，初中文化，无业，身高1.72米，方形脸，普通话口音；李某某，男，蒙古族，1988年出生，辽宁省阜新县人，小学文化，呼和浩特市北垣街浪中浪洗浴城服务员，身高1.73米，长方脸，东北口音；董某某，男，1982年出生，汉族，内蒙古商都人，身高1.75米，方形脸，山西大同口音；高某，别名刘某，男，汉族，1982年出生，河北省玉田县人，身高1.72米，脸型狭长。逃犯董某某因犯抢劫、盗窃罪被判处死缓，逃犯高某因犯故意伤害致人死

[①] 参见王志亮、张俊霞：《呼市越狱案的定性探讨》，载《犯罪研究》2010年第6期。

亡罪被判处死缓，逃犯李某某因犯抢劫、盗窃罪被判处无期徒刑，逃犯乔某某因犯抢劫罪被判处无期徒刑。其中，李某某身穿被抢警服，乔某某身穿灰色运动服，高某身穿夹克衫，董某某身穿普通便服。

事发后，某区监狱局立即发布协查通报。此案震惊全国，公安部立即发布通缉令悬赏12万元通缉四名越狱重刑犯，将李某某、乔某某分别列为A级逃犯，将董某某、高某分别列为B级逃犯。以某区某市周围为核心布下天罗地网，某区出动7300余名民警、5000余名武警，出动2000余台车辆，对多地的旅馆、洗浴中心、娱乐场所、网吧进行清查。警方发动市民提供线索，对举报每名疑犯的重大有功人员奖励5万元。在接到群众提供的线索和有关情报后，前往山区搜捕的所有军警人员对所有可能藏匿的地点进行了严密布控和排查。为了配合地面军警的搜查行动，警方又调动一架小型飞机在山区上空进行搜索。

四名犯罪分子越狱后抢劫了一辆出租车向西逃窜，后由于车辆无燃气，又上另一辆出租车逃跑。2009年10月19日凌晨4点钟开始，不断有热心群众向警方提供线索，说发现一些可疑人员和一些可疑事情，包括一些可疑衣物、食物残渣、烟头和烟盒等物。四名逃犯乘劫持的富康出租车逃出某城一路南下，途中经过距离某市35公里的某县。19日凌晨4时50分，某县某村村民王某某听到有人敲门，看见一名男子趴在他家的院墙上想要一壶热水并称会给点钱。王某某没有开门，四人随后离开。19日上午7时许，王某某将这一情况向警方报告。20日上午，警方在某县境内发现四人。警方在公路上将四名逃犯驾驶的农用车撞翻，四名逃犯分头逃走。逃犯李某某被追捕的民警迅速抓获。逃犯高某在逃跑过程中，持刀将追捕的刑警大队民警刺伤，警察将其击毙。逃犯乔某某逃入了某乡政府的办公大楼，民警、武警紧追不放，乔某某在从三楼跳下逃跑时受伤被擒。逃犯董某某在被追捕的民警和武警包围后，持械意欲反抗，经民警两轮喊话，最终缴械投降。至此，经过67小时的布控追逃，四名越狱罪犯被捕获，其中一名罪犯被当场击毙。本案是个非常复杂的典型越狱案件，从刑事视角上考问，检验了监狱的监管制度，凸显出了监管漏洞，检验了刑法的罪名体系，凸显出了罪名空缺。

一、本案凸显监管漏洞

（一）监管漏洞

由司法部监狱管理局局长带队的工作组已进驻某监狱进行调查，司法部就某区某监狱的越狱杀警案件，下发紧急通知，要求各监狱劳教所要迅速组织一次安全隐患大排查，针对监所管理、安全警戒设施、技术装备方面存在的问题，进行一次全方位、彻底的检查。就此，笔者从个人的角度谈谈该案件凸现的监管漏洞，这也是人民检察院对监狱行刑活动进行法律监督的具体内容。

1. 关于"罪犯三人小组制度"

监狱行刑实践中必须对服刑罪犯进行监管，而由于诸多因素的制约，尤其是对罪犯的监管不可能做到一名监狱警察对一名罪犯施行二十四小时不间断连续的一对一全天候监管模式，因此实施以监区为单元的监管模式，一个监区的警察负责监管人数几倍的罪犯，并辅之以罪犯之间包夹的做法（又称"夹控"）。这种方法主要是借助一些改造表现较好的罪犯对表现差的罪犯进行"两对一"的监督和帮助，后来发展为一种目前使用的"三联号"制度，即将同组所有罪犯按好坏表现和其他情况搭配，三人为一个基本组合，以便能够做到有问题及时发现和反映，有错误及时制止，相互督促和帮助，共同进步。这种方法必须与干警的直接管理相结合，才能防范罪犯的背后活动，切实掌控罪犯的动态。

但是，该案的发生恰恰是罪犯利用"罪犯三人小组制度"提供的便利条件进行了预谋，时间竟然长达一年。而罪犯的预谋、密谋甚至实施共同犯罪行为，都是顺理成章地利用"罪犯三人小组制度"提供的便利条件进行的。本案中的四名罪犯就选择在了周六交接班的时候，此时旁边看守的狱警只有两名，警力相对薄弱。因此，从防止罪犯预谋、密谋甚至实施共同犯罪的角度来看，"罪犯三人小组制度"有明显的监管漏洞，值得反思。一名罪犯要实施这样的大案是难以得逞的，而二名以上的罪犯如果纠集起来实施就比较容易得逞，因为他们采取行动时在人员力量上肯定会超过监狱警察。不论是从理论上还是从实践上看，严格控制、限制二名以上的罪犯在一起的机会、时间，对于确保监狱安全是非常必要的。因此，有必要在操作上完善"罪犯三人小组制度"，应尽可能制止二名以上罪犯处在一起的机会、时间、场所。

2. 关于监狱环境内的监管

本案发生的监狱属于部级现代化文明监狱，监狱环境内的监管设施、设备最起码不应该落后于非现代化文明监狱。在本案中，最先实施的犯罪行为是暴力制服监狱警察的行为。其中，一名狱警兰某某被四名罪犯骗到隐蔽处，在反抗后被乱刀捅死，右手拇指也从虎口被切开，但依然靠皮连在手掌上；另一名狱警徐某被抢走警服，并被捆绑起来。这里存在几个问题：其一，监狱里怎么会有隐蔽处？监狱是对罪犯进行全方位监视、监督、监管的环境，不应该存在监管死角。其二，监控设施是否安装到位？毫无疑问，本案不是在上演哑剧，肯定发生了惊心动魄的生死搏斗，那么监狱内有没有监控录像？为何听不到打斗声响、喊叫、呼救声？其三，罪犯怎会有刀？本案中实施犯罪的凶器——刀，是罪犯利用劳动的废钢材和塑料私自制作的，属于监狱绝对禁止罪犯持有的违禁品，监狱的随时检查、定期检查、搜监、清监没有发现，这可能是罪犯隐藏得隐秘，人力难以发现。那么，是否应该在监狱里的劳动区安置金属探测仪、塑料探测仪，以严防罪犯私藏带走废旧金属、塑料？其四，罪犯哪来的便装？为了确保监狱的安全和监内的良好改造秩序，罪犯收监时，必须依法对罪犯的人身和所携带的行李、衣物、书籍、日用品、食物等进行严格检查。非生活必需品由监狱代为保管或者征得罪犯同意退回其家属，囚犯的便装就属于此类物件，而且监狱也不容许监狱警察、探监者等给罪犯捎带便装。本案中出现这么多漏洞，与狱内监管松弛脱离不了干系。

3. 关于监狱门禁

监门是监狱与社会发生联系的重要通道，主要供监狱人民警察、生产职工、外来人员、罪犯出收工以及有关车辆进出监狱使用。监门分监狱大门、监区大门和监舍大门。值班室及门卫室应设视角宽阔的窗户，监狱各监区都应设置专职门卫岗哨，由监狱人民警察担任，实行24小时轮流值班制，负责出入大门人员、车辆的检查验证和登记工作。本案中，这四名罪犯竟然闯过了监狱的四道门，几乎是畅行无阻，显然与监门没有警卫在场有直接关系。如果任何一道门都有警卫盘查，再配置以红外线识别系统、门卡系统、鹰眼，按理说罪犯是插翅难逃。然而，罪犯却是不插翅也逃，原因何在？这是因为，监狱过分依赖高科技，而忽视了高科技的缺陷，以为有了高科技装备、设施、仪器，就可高枕无忧了。这种认识是错误的，高科技与人的现场管理不是替代关系，而是互补关系。不能靠演习来验证监狱的警戒安全状况，一定角度讲这是自己骗自己，监狱的警戒安全状态只有通过它的对手——罪犯的验证才是真实的。

（二）应完善监狱警戒分级

本案中，被击毙的高某因犯故意伤害（致人死亡）罪被判处死缓，企图自杀的乔某某因抢劫罪被判处无期徒刑，李某某因未满18岁时抢劫致被害人一死一重伤被判处其无期徒刑，董某某系累犯被判处死刑缓期二年执行。可见，四名罪犯都属于重刑犯，危险性极大，如果有专门关押此类罪犯的监狱，这样的悲剧就有可能少发生。

我国监狱的分押分管制度较为粗放，主要是根据性别、年龄等自然属性对成年男犯、女犯和未成年犯实行分开关押和管理；根据罪犯的犯罪类型、刑罚种类、刑期、改造表现等情况，对财产类、性犯罪类、暴力类等罪犯的分押，因种种条件因素所限还很不到位。其中，原因之一就是监狱的警戒等级划分不太明显，导致不论把罪犯关押在哪个监狱服刑都区别不大。要真正落实并完善分押分管，就应明确监狱警戒级别划分。监狱是国家的刑罚执行机关，担负着国家赋予的对罪犯执行刑罚的重任，为确保罪犯无法逃跑，确保监狱、社会的安宁和监狱警察的安全，国家应根据罪犯人身危险性的大小、主观恶习的深浅，相应地将监狱划分成不同警戒等级，这既是监狱的基础工作，又是监狱行刑个体化、公正化、效益化的要求，更是分管分押工作的逻辑前提。

1. 监狱警戒分级的理由

以前我国的劳改机关的警戒级别是由其名称体现出来的。1994年《监狱法》颁布实施后，劳改机关统一改称为监狱，因而名称上也就看不出监狱的警戒级别了，从法定的收押对象上也反映不出监狱的警戒级别，但《监狱法》第39条"监狱对成年男犯、女犯和未成年犯实行分开关押和管理，对未成年犯和女犯的改造，应当照顾其生理、心理特点。监狱根据罪犯的犯罪类型、刑罚种类、刑期、改造表现等情况，对罪犯实行分别关押，采取不同方式管理"的规定,包含着监狱警戒分级的要求。从历史传统、监狱的地理位置、装备设施及关押对象等因素来看,监狱的警戒程度实际上是有一定区别的。鉴于上述情况,应将监狱警戒级别法定化,这是提高监狱整体水平的要求。

从刑罚目的来讲,特殊预防与一般预防的实现互为一体,监狱行刑是特殊预防与一般预防的实现过程,但以特殊预防为前导,必须建立在安全警戒具有一定物质设施环境分级的基础上,监狱警戒分级为特殊预防与一般预防的实现提供了相应的物质设施及物质环境。从行刑原则来看,监狱警戒分级与犯人的人身危险性相对应,人身危险性较大的关押于高度警戒监狱,一般的则关押于中度警戒监狱,较小的则关押于低度警戒监狱,这有利于严格贯彻行刑个别化、公正化、效益化的原则。从监狱功能来说,监狱警戒分级对外可减少犯人逃跑现象的发生,对内可以维护监狱行刑秩序,促进犯人改造,从而维护社会治安。从"三分"工作来说,"分押"的内容就是把犯人分押于警戒级别不同的监狱,如果监狱警戒级别没有区别的话,则分押到哪个监狱就没有什么实质区别,也就失去了分押的意义。因此,监狱警戒分级意义深远重大。

2. 监狱警戒分级的操作

为使监狱警戒分级具有可操作性,可将监狱警戒级别分为高度、中度、低度三个档次,以对应地关押人身危险性不同的犯人。可根据犯罪性质及危害、主观罪过恶性程度、犯罪原因及目的、行为习惯、逃跑可能性、刑种刑期等因素作出综合判断,把犯人的人身危险性分为较大、一般、较小三个级别。

关于高度警戒监狱。高度警戒监狱是外围内围安全防范警戒程度最高的监狱,应构筑双道围墙、安装电动大门、装备各种监控监听设施,专门关押人身危险性较大的犯人,将其严格限制在狱内特定环境区间里,把逃跑越狱及其他狱内犯罪率降至最低限度内,确保狱内外的安全,为惩罚改造罪犯奠定前提基础。

关于中度警戒监狱。中度警戒监狱是外围内围安全防范警戒程度相对适中的监狱,应构筑一道围墙及一道电网、安装电动大门、装备各种警戒防范监控监听设施，专门关押人身危险性一般的犯人，将其活动范围限制在狱内一定空间环境里。

关于低度警戒监狱。低度警戒监狱是外围内围安全防范警戒程度较低的监狱，应构筑一道或二道电网、装备各种监控监听警戒防范设施，专门关押人身危险性较小的犯人。此外，为了完善我国的监狱制度，创建现代化文明监狱，全面推广"三分"工作，应建立分类中心，通过对罪犯的各种测试，为分类提供科学的分类依据，使犯人分类根植于切实可行的科学基础之上。

二、越狱案涉嫌触及的罪名

本案是个非常复杂的越狱案件，从四名罪犯的整个越狱过程来看，本案涉及诸多罪名，有故意杀人罪、脱逃罪、组织越狱罪等。

1. 关于故意杀人罪

故意杀人罪是故意剥夺他人生命的行为。本案中，李某某、乔某某、高某、董某某四名罪犯，利用在监狱内劳动的机会，将狱警徐某骗到一个隐蔽的地方，抢夺了徐某的警服并将其捆绑起来，用刀将另一名当班狱警兰某某残忍杀害。显然，四名罪犯有预谋地实施了杀人行为，构成故意杀人罪，捆绑狱警徐某的行为被杀人行为所吸收。

2. 关于脱逃罪

脱逃罪是指依法被关押的罪犯、被告人、犯罪嫌疑人脱逃的行为，本案四名罪犯的越狱行为构成脱逃罪。

从客体来看，脱逃罪侵犯的客体是公安、司法机关依法进行的强制剥夺人身自由的活动及其状态。本案中，四名罪犯从监狱脱逃，直接破坏了监狱依法执行刑罚剥夺或限制服刑罪犯人身自由的活动与状态，具有严重的社会危害性，符合脱逃罪客体的要求。

从客观方面来看，脱逃罪在客观方面表现为行为人违法摆脱被关押状态的行为。本案中，李某某身穿被抢警服，乔某某身穿灰色运动服，高某身穿夹克衫，董某某穿普通便服，走过了到监狱大门的一公里路程，用抢来的狱警工作卡打开了第一道刷卡门，接着又跟随恰巧刷卡出门的警察混过了第二道刷卡门。第三道门也就是红外线门，前面的狱警过去后，他们利用红外线的时间间隔也趁机挤了出去。在出最后一道门时，他们用刀刺伤核查的门卫，逃出了监狱。在行为要素上，在监狱被执行刑罚的四名罪犯，为摆脱监禁状态而实施了脱逃行为。在时间要素上，四名罪犯的脱逃行为发生在被依法监禁期间。在空间要素上，四名罪犯的脱逃行为实际离开了执行刑罚的监狱环境。本案四名罪犯实施脱逃的犯罪手段和方式表现为预谋性、暴力性脱逃行为，在监狱大门用刀刺伤门卫而实施了脱逃，反映了极大的人身危险性和社会危害性。从主体来看，脱逃罪的主体是特殊主体，仅限于依法被关押的罪犯、被告人、犯罪嫌疑人。本案中，四名罪犯属于在监狱服刑的罪犯，符合脱逃罪的主体要求。从主观方面来看，脱逃罪在主观上是故意，过失不构成本罪。本案中，四名罪犯为了脱逃预谋了一年多时间，并且积极脱逃了，显然是故意的心理态度，符合脱逃罪的主观方面的要求。本案中，四名罪犯从监狱大门脱逃出去，67小时后被抓捕归案，其脱逃行为属于脱逃罪的既遂形态。

3. 关于组织越狱罪

组织越狱罪是指服刑罪犯相互勾结在一起有组织、有计划地从狱中逃跑的行为，本案四名罪犯的越狱行为符合组织越狱罪的构成特征。

从客体来看，一般认为，组织越狱罪的犯罪客体是监狱对服刑罪犯的行刑监管活动。本案中，在监狱里服刑的四名罪犯相互勾结在一起有组织、有计划地从狱中逃跑的行为，具有严重的社会危害性，破坏了监狱依法对服刑罪犯进行监管、教育、改造的行刑管理活动，符合组织越狱罪的犯罪客体要求。

从客观方面来看，组织越狱罪表现为结伙使用暴力或者其他手段，有计划、有组织地从狱中逃跑的行为。本案中，首先，四名罪犯实施了越狱行为，即从监狱里逃走。其次，四名罪犯以结伙共同实施的聚众犯罪形式，有组织、有计划地实施了逃跑行为。从犯罪手段上看，四名罪犯采取了暴力方法，刺伤门卫后逃出了监门。可见，本案四名罪犯的越狱行为符合组织越狱罪客观方面的要求。

从主体来看，组织越狱罪的主体是特殊主体，包括依法被关押在狱中的罪犯、被告人、犯罪嫌疑人。本案中，四名罪犯是已被法院判处刑罚并正在监狱服刑的已决犯，某种角度上可分为首要分子、积极参加者和其他参加者三种类型，符合组织越狱罪的主体要求。本案四名罪犯的主观方面符合组织越狱罪的主观要求，自不待言。

4. 关于逃离监狱后触及的罪名

越狱后，四名罪犯在越狱逃跑过程中又涉嫌诸多罪名：其一是抢劫监狱门外的出租车和车内乘客700元钱的行为，涉嫌构成抢劫罪。其二是身着警服的罪犯声称"我是警察，正在抓坏人，你的车被征用了"，假冒警察名义拦截征用出租车，涉嫌构成招摇撞骗罪。其三是为逃跑抢劫农用三轮车，涉嫌构成劫持车辆罪。其四是逃跑中劫持1名人质，涉嫌构成绑架罪。其五是在警察抓捕中刺伤民警，涉嫌构成故意伤害罪。

三、本案不构成暴动越狱罪

暴动越狱罪是指依法被执行刑罚监禁的罪犯、被告人、犯罪嫌疑人，在首要分子的策划、组织、指挥下，采用暴动的方法集体越狱逃跑的行为。① 虽然本案触及的脱逃罪、组织越狱罪的客体与暴动越狱罪侵犯的客体同样都是国家监管机关的正常监管秩序，但在客观方面有本质区别，因此本案不构成暴动越狱罪。

在暴动越狱罪的客观方面，表现为依法被关押者相互勾结，有组织、有计划地采用暴力动乱方式集体逃跑的行为，最本质的特征表现在暴动上。一般意义上，暴动是指阶级或集团为了破坏当时的政治制度、社会秩序而采取的武装行动。② 这个概念揭示出了暴动的实质，但是显然不能直接适用于刑法领域，而必须作出修正，因为阶级或集团不是刑法所能规范的。在刑法语境下，就越狱而言，暴动是指表现为一定规模的以武装起来的暴力夺取整个监狱或一部分监区环境的控制权进而逃出监狱的行为，暴动必须具有一定规模性、武装性、夺权性。

1. 关于一定规模性

暴动越狱罪属于聚众犯罪，必须具有聚众性的特点，人数必须达到一定规

---

① 参见王作富主编：《刑法分则实务研究》（下），中国方正出版社2007年版，第1429页。

② 参见中国社会科学院语言研究所词典编辑室编：《现代汉语词典》（修订本），商务印书馆2000年版，第50页。

模，从而表现为"监狱里的一定社会性"。一定规模性很难而且也不宜用具体的人数来量定，因为"监狱里的一定社会性"既具有不特定多数性又具有集体性的特征，总体要求是人数众多，已经超出了一般共同犯罪的人数要求。暴动的集体性、聚众性，用三五个人的数字来表示，显然是机械性的简单化做法。具体如何判定暴动越狱的集体性、聚众性，要根据越狱案的具体情况来分析，如果监狱的某个正规集体组织——监区人数只有四名，而且全都参加了越狱，那么就符合暴动的集体性、聚众性的要求了，但同时还要符合暴动的其他要求。本案中，四名罪犯中其中三人虽然属于"三人组"，但是罪犯"三人组"不是监狱里的正规集体组织，仅仅是包夹罪犯的一个措施，因而没有达到暴动的集体性、聚众性的要求；退一步讲，姑且认为达到了暴动的集体性、聚众性的要求，还必须符合暴动的其他要求。

2. 关于武装性

武装性其一表现为越狱行为具有使用暴力的特征，其二表现为越狱行为使用暴力具有公然性的特征，其三表现为越狱行为使用暴力具有普遍性的特征。使用暴力是指使用枪械、棍棒等武器或者以其他武力方式对抗监管机关或监管人员的行为，但也不排除徒手对监管羁押或警卫人员施加暴力。公然性是指公开化、毫无顾忌，行为人的越狱计划可能是在秘密状态下谋划的，但最终以暴力实施的越狱行为必须具有公然性的特征，是在公开使用暴力，形成公开的暴力对抗状态，监管人员一目了然。如果采用秘密的逃避监管人员注意的方式逃跑，不构成暴动越狱罪。普遍性是指以整个监狱或整个监区或越狱过程中遇到的所有监管人员都作为暴力侵害的对象，而不加区分、无所顾忌，这是暴力公然性在暴力对象上的体现，因为公然性必然形成越狱罪犯与监管人员的普遍对抗。本案中，四名罪犯虽然使用了暴力，但还没有达到并不具有公然性、普遍性的特征。

3. 关于夺权性

监狱对罪犯执行刑罚，维护监管安全秩序，是以实际掌控对监狱的控制权为基础的。暴动越狱一般先要通过暴力夺取整个监狱或部分监狱环境的控制权，这样才能完成集体性的越狱行为，如果使用暴力仅仅是秘密地突破监狱的监督关卡，而不是夺取控制权以便让众多罪犯集体性地逃走，那么就不构成暴动越狱。本案中，四名罪犯使用暴力杀害、伤害监狱警察、门卫，意在突破监狱的监督关卡，迅速逃离监狱，而不是想夺取整个监狱或部分监狱环境的控制权以便让众多罪犯逃离监狱。

四、本案的定性

本案中，犯罪人的越狱脱逃行为相当复杂，在监狱内涉嫌触犯了故意杀人罪、脱逃罪、组织越狱罪，在逃出监狱后的继续逃跑途中又涉嫌触犯了抢劫罪、招摇撞骗罪、劫持车辆罪、绑架罪、故意伤害罪。那么，对本案四名罪犯应当定何种罪名呢？笔者认为，以本案脱逃越狱的性质为切入点，立足于本案共同犯罪的整体基础，从脱逃越狱犯罪的整个发展过程来看，本案应该定性为故意杀人罪、组织越狱罪及后续行为构成的诸多罪，实行数罪并罚。

故意犯罪在犯罪人产生和确立犯意以后，从其开始实施犯罪行为到完成犯罪，有一个纵向时间过程。对于预谋性犯罪来说，在产生犯意后，一个完整的犯罪过程通常表现为，犯罪人先行必要的甚至是充分的犯罪准备活动，继而着手实行犯罪，最后臻于完成预期的犯罪。可见，故意犯罪过程包括两个犯罪发展阶段：其一是犯罪的预备阶段，从行为人开始实施犯罪预备行为之时为起点，至行为人完成犯罪预备行为而尚未着手犯罪实行行为之时为终点；其二是犯罪的实行阶段，其时空范围从行为人着手犯罪实行行为之时为起点，至行为人完成犯罪即达到犯罪既遂为终点。本案中，从四名罪犯脱逃越狱犯罪的预备行为开始到他们被抓捕归案为止，表现为犯罪预备点、犯罪实施点、犯罪既遂点、犯罪归案点及其相互衔接的三个时间段，而且始终是作为共同犯罪的形式存在的。

预备点	实施点	既遂点	归案点
杀人罪	脱逃罪 组织越狱罪	抢劫罪、招摇撞骗罪、劫持车辆罪、绑架罪、故意伤害罪	
预备阶段	实施阶段	后续阶段	
	脱逃越狱犯罪		

1. 本案脱逃越狱犯罪的预备行为——故意杀人罪

本案中，四名罪犯密谋脱逃越狱的时间达一年之久，为实施脱逃越狱行为做了充分准备。根据我国刑法学理论及现行《刑法》规定，四名罪犯实施了脱逃越狱犯罪的预备行为：私自制作了凶器——刀子，准备便衣，直至杀害、伤害监狱警察抢夺警服及工作证以便脱逃越狱时使用。从性质上讲，犯罪的预备行为就是为犯罪的实行和完成创造便利条件的行为。而本案中，四名罪犯实施脱逃越狱犯罪的预备行为就独立构成了故意杀人罪，这是最严重的侵犯公民人身权利的犯罪。

2. 本案脱逃越狱犯罪的实施行为——组织越狱罪

本案是共同犯罪，四名罪犯实施的脱逃越狱行为，既触犯了脱逃罪，又触犯了组织越狱罪。脱逃罪与组织越狱罪是有区别的。其一，犯罪客观方面不完全相同。虽然两者都同是脱逃越狱行为，但后者是有组织性、有计划性的越狱逃跑行为。其二，犯罪主体不完全相同。虽然两者都包括被关押的服刑罪犯、犯罪嫌疑人、被告人，但行为的主体数不同，前者既可以是单独一人，也可以是二人以上，而后者只能是二人以上。也就是说，从共同犯罪的角度而言，前者属于任意的共同犯罪，后者属于必要的共同犯罪。所谓任意的共同犯罪，也就是总则性共同犯罪，是指《刑法》总则中规定的一人单独能够完成的犯罪，由二人以上共同故意实行。所谓必要的共同犯罪，也称分则性共同犯罪，是指《刑法》分则中规定的只能由二人以上构成的犯罪。由此可见，《刑法》第316条规定的脱逃罪和第317条规定的组织越狱罪存在法条竞合的关系，前者是普通法条，后者是特别法条。因此，根据竞合规则，本案应优先适用组织越狱罪定罪量刑。

3. 本案脱逃越狱犯罪的后续行为——诸多罪

本案中，四名罪犯脱逃越狱犯罪既遂后，他们从逃出监狱大门时起一直不间断地处于逃跑之中，直至被抓捕归案。在这一阶段，四名罪犯又实施了抢劫罪、招摇撞骗罪、劫持车辆罪、绑架罪、故意伤害罪。根据我国刑法理论与实践，对于组织越狱罪既遂后四名罪犯在继续逃亡途中实施的犯罪，属于新的犯罪，与组织越狱罪不存在牵连关系、吸收关系，应按照独立的犯罪来对待。

五、本案的反思——应设立越狱罪

本案是典型的越狱犯罪，我国现行《刑法》涉及越狱犯罪的条文规定在第六章"妨害社会管理秩序罪"第二节"妨害司法罪"中，按照先后顺序分别是第316条规定的"脱逃罪""劫夺被押解人员罪"，第317条规定的"组织越狱罪""暴动越狱罪""聚众持械劫狱罪"。就此来看，现行《刑法》的规定存在明显缺陷，主要表现为：没有规定一般性的"越狱罪"，反而跳跃性地规定了"组织越狱罪""暴动越狱罪""聚众持械劫狱罪"。这种立法情况下，如何对越狱犯罪适用刑法呢？根据审判实践来看，对于类似本案共同脱逃越狱犯罪，判处"组织越狱罪"；对于一人脱逃越狱犯罪，则判处"脱逃罪"，这是最接近"越狱犯罪"的条文。例如，2008年3月12日，河北省保定监狱驾吊车冲监脱逃案犯谢某被法院判处脱逃罪。但是，越狱罪与脱逃罪毕竟不是一个罪名，本着实事求是的立法精神，应该独立设置越狱罪。

虽然现行《刑法》没有规定越狱罪，但是在犯罪构成方面，越狱罪与脱逃罪是有严格区别的。其一，犯罪主体不同，脱逃罪的主体应该是未决犯，在实践中未决犯羁押在看守所内，是否有罪需要由刑事诉讼程序来进一步确认；越狱罪的主体应该是已决服刑犯，已决服刑犯一般情况都要监禁在监狱里，由监狱对他们执行法院判决的刑罚。其二，犯罪客观方面不同，越狱罪表现为非法摆脱刑事强制措施的逃离行为，典型的表现为从看守所逃离的脱逃行为；而脱逃罪表现为非法摆脱刑罚执行的逃离行为，典型的表现为从监狱逃离的越狱行为。众所周知，刑事强制措施与刑罚执行有本质区别，分别执行它们的看守所、监狱的性质也是不同的，看守所是为保障刑事侦查、刑事诉讼活动顺利进行而临时羁押未决犯的机构和场所，监狱则是对已决犯执行刑罚进行惩罚改造的机构和场所。其三，犯罪客体不同，从看守所逃离的行为"脱逃"妨害的是侦查、起诉和审判活动，而从监狱逃离的行为"越狱"妨害的是法定刑罚的执行活动。那么，《刑法》为何把性质明显不同的两种行为撮合为"脱逃罪"呢？

从制定的实践根据来看。现行《刑法》对"脱逃罪"的规定是从1979年《刑法》"脱逃罪"的规定沿袭下来的。1979年《刑法》第161条规定："依法被逮捕、关押的犯罪分子脱逃的，除按其原犯罪行判处或者按其原判刑期执行外,加处五年以下有期徒刑或者拘役。以暴力、威胁方法犯前款罪的,处二年以上七年以下有期徒刑。"1981年《全国人民代表大会常务委员会关于处理逃跑或者重新犯罪的劳改犯和劳教人员的决定》又补充规定:"劳动犯逃跑的,除按原判刑期执行外,加处五年以下有期徒刑;以暴力、威胁方法逃跑的,加处二年以上七年以下有期徒刑。"当时,监狱、劳教部门统归公安部门领导管理,因而对"脱逃罪"的规定涵盖了从监狱(劳改)、劳教、看守所脱逃的行为,符合当时三家一统的情况,不论是从监狱(劳改)脱逃,还是从劳教脱逃,还是从看守所脱逃,都定性为从公安部门脱逃。

从国外的立法情况来看,就越狱罪而言,国外的立法规定较为复杂,总体上有两种模式。第一种是脱逃罪模式,以日本、俄罗斯等国为代表,把未决犯从看守所脱逃的行为与已决犯从监狱越狱的行为合二为一规定为脱逃罪。日本现行《刑法》第151条规定了脱逃罪[1],俄罗斯联邦现行《刑法》第313条规定了脱逃罪[2],此类规定的国家一般实行由一个部门管辖看守和监狱的统一管辖制度,这是脱逃罪模式的制度基础。第二种是越狱罪、脱逃罪分立模式,以加拿大、法国为代表。加拿大现行《刑事法典》分别在第144条规定了越狱罪、第145条规定了脱逃罪[3],法国现行《刑法典》第434条规定了越狱罪[4],这样规定的国家一般实行由两个部门分别管辖看守和监狱的分立管辖制度,而这构成了越狱罪、脱逃罪分立模式的制度基础。

随着社会治安形势的发展,1983年国务院决定把监狱(劳改)、劳教工作从公安部门划归司法部管辖,从此依法关押人的三个单位"监狱(劳改)、劳教、看守所"分家,公安部只管辖看守所。[5] 然而,1997年修订《刑法》时并没有考虑这个情况,不仅基本上保留了"脱逃罪"的规定,而且还取消了区分

---

[1] 参见张明楷译:《日本刑法典》(第2版),法律出版社2006年版,第155页。
[2] 参见赵微:《俄罗斯联邦刑法》,法律出版社2003年版,第420页。
[3] 参见卞建林等译:《加拿大刑事法典》,中国政法大学出版社1999年版,第104—105页。
[4] 参见罗结珍译:《法国新刑法典》,中国法制出版社2003年版,第168页。
[5] 劳改工作的管理体制归属是:1949年中华人民共和国成立初期属法院管辖,1950年1月起划归公安部管辖,1983年起划归司法部管辖。

不同情节处刑的规定,简单地表述为"依法被关押的罪犯、被告人、犯罪嫌疑人脱逃的,处五年以下有期徒刑或者拘役"。这样就把性质不同的"越狱罪"与"脱逃罪"揉在了一起。现在,我们必须要正视"监狱(劳改)、劳教""看守所"分别隶属司法部、公安部管辖的现实制度。实事求是、一切从实际出发,是我国刑事立法的根本指导原则。按照这个指导原则,我们修订《刑法》,不能凭主观想象,必须从我国的国情出发,应将"越狱罪"从"脱逃罪"中剥离出来独立成罪。

从犯罪对社会的危害性本质特征来看。刑法惩罚越狱罪的根据就在于它所具有的严重社会危害性,其危害性远甚于脱逃行为。犯罪分子身为在监狱服刑的已决罪犯,明知自己的犯罪已对社会造成危害,应该接受国家的刑罚惩罚和改造,却仍不认真悔罪,相反故意通过越狱来躲避刑罚的惩罚和改造;明知越狱会危害监狱执行刑罚的监管秩序而被刑法所禁止,却仍然追求越狱的危害结果,显然是在藐视国家法律,与刑罚执行相对抗,因而具有明显的主观恶性和较大的人身危险性。在客观上,越狱行为破坏监狱对服刑罪犯依法进行的行刑监管活动,严重扰乱监管秩序,违反有罪必罚的正义原则。因此,越狱严重危害国家的刑罚执行社会关系,是对国家法律强制力的最大危害和挑战。

从刑法价值来看。刑罚作为国家制裁犯罪的最严厉措施,意在维护国家利益和公民个人的人身、财产等合法权益。未决犯采取脱逃方法来躲避刑事强制措施,对国家的社会管理造成的损害,显然要比已决服刑犯采取越狱方法来躲避刑罚执行对国家的社会管理造成的损害要轻。因此,维护国家利益和公民个人的人身、财产等合法权益的刑法价值要求,不应把两种性质不同的行为——越狱罪与脱逃罪,揉在脱逃罪中,因为这样的法律规定混同了罪重与罪轻的界限,不利于发挥刑法打击严重犯罪、维护国家利益和公民个人的人身、财产等合法权益的作用。越狱罪犯在原有主观恶性甚至增加的主观恶性的支配下,可能重新实施犯罪活动,从而会对社会治安秩序再次构成严重威胁,这已被大量的事实所证明。而未决犯,由于有罪还是无罪处于待定状态,甚至确实是无辜者,其脱逃行为所表现的主观恶性和客观危害性,一般而言,在理论上、法律上要比越狱犯要轻。

总之，越狱罪应该从脱逃罪中剥离出来独立成罪，指在监狱里服刑的罪犯从监狱逃离的行为。在客体方面，越狱罪侵犯的客体是监狱依法执行刑罚剥夺人身自由的活动及其状态，直接客体是直接针对监狱执行刑罚的监管制度措施。在客观方面，越狱罪表现为行为人违法摆脱被监禁状态的行为，越狱行为必须发生在被依法执行刑罚期间，必须是要实际离开刑罚执行的环境。在主体方面，越狱罪的主体是特殊主体仅限于依法被执行刑罚的服刑罪犯，具体包括被监狱依法执行刑罚的死缓犯、无期徒刑犯、有期徒刑犯。在主观方面，越狱罪只能是故意，过失不构成本罪，越狱的动机各种各样，但不影响本罪的构成。为便于实践操作，将来立法规定越狱罪的时候，应规定越狱犯罪中的不同情节，把一般越狱行为与加重越狱行为区别开，在量刑起点和刑罚幅度上体现轻重有别的处罚原则。越狱罪的立法，不仅为打击越狱行为提供名副其实的法律规范，也会给"组织越狱罪""暴动越狱罪""聚众持械劫狱罪"铺垫普通罪名模式的法律前提基础，其意义重大。

第七章
Chapter 7

监狱行政管理制度

监狱执行刑罚的整个过程，必须依托于监狱的行政管理制度。监狱行政管理制度属于监狱内部针对犯罪服刑人的非刑罚事务的管理制度，主要包括生活卫生制度、劳动管理制度、行刑教育改造制度。

第一节 生活卫生制度

一、生活管理制度

（一）饮食管理制度

1. 饮食管理的作用

饮食管理是指监狱对犯罪服刑人犯饮食的计划、供应、调剂、保管及组织领导等方面的管理活动，是对罪犯服刑生活管理的重要组成部分。饮食管理是维系罪犯服刑生活的物质基础，是促使罪犯安心服刑的有力措施，做好罪犯的饮食管理工作是体现监狱行刑文明人道待遇政策的重要内容。罪犯饮食管理的总要求是：保证罪犯吃好、吃熟、吃热、吃得卫生，并有足够的饮用水。

《监狱法》第 50 条规定："罪犯的生活标准按实物量计算，由国家规定。"根据 1995 年 7 月 5 日发布的《财政部、司法部关于印发在押罪犯伙食、被服实物量标准的通知》,"实物量"是指在一定时期内满足罪犯的基本生活所需主、副食品及被服等生活必需品的实际数量。以"实物量"方式确定罪犯生活标准并计算出罪犯饮食方面的费用总额,最大的优势是可以不受地区经济差距和物价浮动等因素的影响,保持相对平稳状态。

2. 饮食管理内容

监狱对罪犯的饮食管理,应该做好食堂管理,执行罪犯饮食供应标准,确保供应罪犯饮用开水,合理调剂改善罪犯饮食,充分发挥"伙委会"的作用,做好罪犯饮食特别供应,加强罪犯就餐现场管理。罪犯在就餐时,应遵守就餐要求,不准敲击餐具,嬉笑打闹;不准伙吃伙喝,串换食品;不准设立小灶,多吃多占集体食物;不准喝酒和违反规定吸烟;不准浪费粮食和乱倒残汤剩饭。

(二) 被服管理

1. 被服管理的作用

被服管理是监狱对囚犯的被褥和衣服实行计划供应、保管、维修和更换等管理活动,是囚犯服刑处遇管理的重要内容,对于满足囚犯生理需要,保障囚犯身体健康具有重要作用。根据《监狱法》第51条和《司法部、财政部关于印发在押罪犯伙食、被服实物量标准的通知》的规定,囚犯的被服由监狱统一配发,具体包括:单衣、单裤、单鞋、内衣、内裤第一年两件,以后每年一件;棉衣、绒裤、棉鞋、棉帽2~4年一件(双);棉被、棉褥、蚊帐、枕头4~6年一床(个);被罩、褥单、枕巾、草席1~3年一床(条);罩衣、袜子每年一套(双)。

监狱收押囚犯入监服刑统一配发被服,是监狱对囚犯依法严格管理的具体要求。囚犯的被褥和衣服应由各省、自治区、直辖市监狱管理局按照实有罪犯人数加10%的储备,制定年度计划和财政预算,由国家拨款,并本着"御寒护体,厉行节约,整齐清洁,便于识别"的原则组织生产和供应。

2. 被服管理的内容

监狱对囚犯的被服管理,应确保合理使用、及时修补、妥善保管、严格更换。囚犯对发放的被服应当自己使用,不准转让、赠送,对延长使用年限、节约上交的,应给予表扬或奖励;对故意损坏以及由大改小、变卖、倒换的,一经发现要严肃处理。需要强调的是，囚犯领取衣服后，应按规定在衣服里面填写所在监区和姓名，监狱不得在衣服上加印"犯人""罪犯"等歧视性字样，为便于区别或防止丢失，可以在衣服的左胸前印制小型符号或标牌。

（三）监舍管理

1. 监舍住宿的原则

监舍就是囚犯住宿的寝室，监舍组成的建筑称为"监房"，监舍与其周围公用空间组成的区域为"监舍区"。监舍区是囚犯出入最为频繁的地方，监舍管理的好坏是衡量监狱行政管理工作优劣的重要标准之一。加强对监舍的管理，不仅有利于对罪犯的监管和改造，而且有利于实践监狱行刑人道主义精神。

根据《监狱法》第53条的规定，囚犯居住的监舍应当坚固、通风、透光、清洁、保暖，这是国家对监狱中核心建筑——监舍建设的总要求。监狱对囚犯的监舍住宿实施集体原则，以班组为单位分间住宿，既便于监狱对囚犯的管理，又利于囚犯之间互相监督制约，既便于培养囚犯的集体主义观念，又利于减少违纪违规问题的发生，增强其集体责任感。

2. 监舍管理内容

监舍管理是指监狱对服刑囚犯住宿待遇的安排和处置的管理活动，实行严格、科学、文明的管理，具体措施包括规范管理、安全管理、作息安排。监狱要求并督促囚犯遵守住宿行为规范，迅速就寝或起床，起床后整理内务，按秩序洗漱。监狱对监舍进行安全管理，对监舍的完好程度实行定期检查，对罪犯带入监舍的物品进行经常检查，对出入监舍区域的囚犯由内看守的监狱警察登记检查。罪犯作息安排主要是关于罪犯学习、劳动、起居等方面的作息时间的管理、安排和规定。合理地规定和安排罪犯的作息时间，既是行刑人道主义的要求，又有利于罪犯的身心健康，使其有充沛旺盛的精力，投入到劳动和教育改造中去。

（四）文体娱乐管理

1. 文体娱乐的作用

在囚犯服刑期间，监狱应组织服刑人开展各种健康有益的文化体育娱乐活动。监狱应贯彻因地制宜、因时制宜、因陋就简、形式多样的原则，积极组织囚犯开展丰富多彩的文化体育娱乐活动。

囚犯开展丰富多彩的文化体育娱乐活动包括读报看书、写字练画、下棋、唱歌、看电影、文艺演出、书画比赛、诗歌比赛、运动会等。加强囚犯的文化体育娱乐活动管理，不仅利于服刑囚犯的身体健康，而且利于熏陶囚犯的情操，也利于培养囚犯的良好品质。

2. 文体娱乐活动的管理

对于监狱服刑囚犯，不仅需要开展文体娱乐活动，而且需要对文体娱乐活动进行管理。禁止不利于囚犯管理和良好身心培养的文娱活动项目，禁止囚犯纹身、练拳习武和利用各种形式进行赌博，严禁以文体娱乐活动为借口妨碍监狱的各项管理工作。

重大文体娱乐活动由监狱警察统一安排，一般文体活动在监狱警察主持下进行。监狱需要搞好文体娱乐设施建设，提供必要的文体娱乐设备，如添置各种图书资料、音乐器材、体育运动器材以及建立囚犯文娱活动室、设置集体运动场地。对于各项文娱设备，要由监狱警察统一保管。

（五）对外联系管理

1. 离监探亲

离监探亲是指在监狱服刑的囚犯符合法定条件经批准离开监狱回家探视的活动，包括普通离监探亲和特许离监探亲两种。对于被批准离监探亲的罪犯，离监探亲具有奖励的性质。根据《监狱法》和《罪犯离监探亲和特许离监规定》，离监探亲有四个条件要求：其一是服刑时间要求，原判有期徒刑以及原判死刑缓期二年执行、无期徒刑减为有期徒刑的罪犯，实际执行有期徒刑 $1/2$ 以上；其二是服刑处遇要求，受到宽管级处遇；其三是服刑表现要求，服刑期间一贯表现好，离监后不致再危害社会；其四是探亲对象要求，探亲对象的常住地在监狱所在省份范围内，离监探亲的对象限于近亲属，即父母、子女、配偶。

符合条件的囚犯每年只准许离监探亲一次，具体时间为 3 天至 7 天，监狱每年可分批分期批准。离监探亲的程序要求是，首先，由监区按条件申请或者推荐；其次，由监区对申请或者推荐出的囚犯进行认真审查，符合条件的填写《罪犯离监探亲审批表》；最后，经监狱狱政科审核报主管监狱长批准。此外，列为重点管理的罪犯离监探亲，须报经省、区、市监狱管理局批准。

特许离监是指在监狱服刑的罪犯遇到重大事由，经批准回家看望或者处理的活动。办理特许离监，由罪犯本人或者其亲属提出申请，批准程序与离监探亲相同。对特许离监的囚犯，由监狱警察押解并严密监视。

2. 探视管理

在监狱行刑工作中，探视也称会见，是指囚犯的亲属、监护人等按照监狱的规定来监狱与服刑囚犯会面交谈的活动。根据《监狱法》第 48 条的规定，以及 2017 年 11 月 27 日司法部发布的《律师会见监狱在押罪犯规定》的规定，囚犯在服刑期间，可会见亲属、监护人、办案律师，体现了监狱行刑人道主义的要求，体现了对囚犯及其亲属、监护人合法权利的保障，有利于促进监狱行刑惩罚改造工作的开展。毫无疑问，探视需要管理，探视管理是监狱根据工作安排和囚犯的实际情况确定监区囚犯的会见探视人时间、会见场所，确认探视人身份、检查探视物品并对会见过程进行监督等一系列管理活动。

监狱接待探视人，必须核实其身份，查明其与囚犯的关系。对于要求探视囚犯的人员，监狱要履行告知义务，主要内容包括会见的规程、要求、注意事项以及违反规定应承担的责任。根据工作安排和罪犯的实际情况，监狱确定会见时间、方式和会见的场所。改造表现好并符合条件的囚犯，可以采取从优会见的方式；表现差的囚犯，可以采取从严会见方式；表现一般的囚犯，可以采取常规会见方式。囚犯会见时，监狱警察应当在场进行监督监听，防范脱逃、暴力越狱等事件的发生，保证会见场所的安全，当场制止会见双方违反规定的交谈内容，对罪犯亲属、监护人携带的探视物品进行相应处理。

3. 通信通话管理

通信是监狱服刑的囚犯在服刑期间与他人的书信来往活动，是其与外界联系的一种主要途径，也是其依法享有的一项权利和服刑处遇。根据《监狱法》第 47 条的规定，囚犯在服刑期间可以与他人通信，但来往信件应当经过监狱检查；监狱发现有碍罪犯改造内容的信件，可以扣留；囚犯写给监狱上级机关和司法机关的信件不受检查。

囚犯在服刑期间可以与亲属、监护人和其他人通信，但需要严格管理，如果发现有妨碍改造、利用通信进行违法犯罪活动和泄露监狱秘密等内容，应予以扣留；如有订立攻守同盟、串供、隐供以及与案件有关或与国外境外非法组织有挂钩内容的，应转交狱内侦查部门或国家安全机关处理。

监狱允许囚犯在监狱内有限制地与他人通电话，亦称亲情电话，但对囚犯的通话必须进行管理。通电话对象一般仅限于罪犯的配偶、子女、父母、监护人以及经监狱有关部门批准的有关人员，电话机安装在监区或分监区的指定部位，实行数码监控管理。囚犯使用 IC 电话卡通话的，其 IC 电话卡由监区或者分监区保管。囚犯通话时，禁止使用隐语、暗语和外语，禁止谈论案情以及泄漏监狱工作秘密或者能影响狱内安全的其他信息。

4. 通邮管理

通邮是指在监狱服刑囚犯的亲属、监护人和其他人邮寄给囚犯的包裹和汇款，属于囚犯的一种服刑处遇，涉及国内外邮政、银行等部门的工作。因此，监狱必须严格管理囚犯的通邮，避免不良影响。通邮管理主要包括邮包管理、汇款管理。

监狱按照《中华人民共和国邮政法》的规定，统一办理领取手续，由专职监狱警察认真检查和详细登记邮寄包裹并进行管理。如包裹内夹带违禁品等，一律没收；如发现案件线索，移交狱内侦查部门处理并同时报告主管机关；非日常生活必需品由监狱代为保管，释放时发还本人。监狱按照《中华人民共和国邮政法》的规定，统一办理领取手续，以囚犯的名字在银行开户存储汇款，存折由监狱代为保管，刑满释放后由其本人凭存折提取存款。

二、卫生医疗管理

（一）卫生保健制度

1. 卫生管理的作用

根据《监狱法》的规定，监狱应有卫生设施，建立囚犯卫生管理制度，囚犯的卫生保健列入监狱所在地的卫生计划中。贯彻落实该法律规定，监狱的卫生管理科负责卫生管理工作，在监狱执行刑罚的整个过程中，卫生管理是监狱对狱内公共场所、服刑囚犯个人卫生和相关工作进行的管理活动。

通过卫生管理工作，有利于防止监狱内滋生病菌，有利于保障服刑囚犯身体健康，有利于稳定服刑囚犯的改造情绪，有利于服刑囚犯养成良好卫生习惯，有利于创造文明、整洁、健康、良好的服刑改造环境氛围，有利于陶冶服刑囚犯性情、净化思想、促进自我改造，有利于展示监狱行刑工作的文明、人道和进步。

2. 卫生管理的内容

卫生管理的内容主要包括环境卫生管理、监舍卫生管理和个人卫生管理三大类内容。环境卫生包括监狱内生产、生活、学习等公共活动区域的场院、房屋、道路、伙房、洗漱间、厕所、垃圾箱、供水排污系统和文体设施等方面的卫生。环境卫生管理要求，监狱制定相应的环境卫生制度，保证监内公共场所的环境卫生。监舍是指服刑囚犯居住的宿舍，包括洗漱、沐浴、厕所、储存衣物等处所，是服刑囚犯日常生活起居的场所，提供了服刑囚犯个人生存的部分基本条件。监舍卫生管理要求，教育服刑囚犯提高认识，自觉抵制不讲文明卫生的行为，共同创造和维护整洁、舒适、美观、卫生的良好环境，落实卫生责任，各部位制度要具体、详细，坚决惩处不负责或故意破坏环境卫生的人。个人卫生管理要求，教育服刑囚犯讲究卫生，确定服刑囚犯个人卫生标准，对囚犯个人卫生行为进行规范，如勤理发、勤洗头、勤洗澡、勤换洗衣物、勤洗鞋袜、勤剪指甲、勤洗餐具、坚持早晚刷牙、坚持饭前便后洗手、经常晾晒被褥、不喝生冷脏水、不吃生食和腐败霉变食物、不乱扔果皮纸屑、不随地吐痰便溺、不乱倒乱泼污水等。服刑囚犯个人卫生状况不仅涉及其个人的身体健康，而且涉及监狱内的环境，如果引发传染性疾病蔓延，那么危害后果不堪设想。所以，监狱不仅应提供相应的洗漱、沐浴等卫生设施设备，而且应监督检查服刑囚犯个人的卫生情况，使之养成良好的卫生习惯。

（二）防疫医疗制度

1. 防疫制度

监狱执行刑罚，采取服刑囚犯集体居住的方式，监狱监区成为人口高度集中的场所，一旦发生疫情，势必迅速扩散。因此，监狱必须高度重视，严格遵循《中华人民共和国传染病防治法》（以下简称《传染病防治法》）及相关医疗卫生法规的要求，建立配套的卫生防疫机构，配备专职监狱警察，搞好防疫工作，加强狱内疫情分析和防治，力求早发现、早报告、早隔离、早治疗，严防蔓延和扩散。

第一，身体检查。监狱要集中精力抓实监管改造工作，就应按照"预防为主"的方针，做好服刑囚犯的定期健康检查，以维护他们的身体健康状态。针对已收监的服刑囚犯，监狱应坚持每年一次健康检查，发现囚犯患病要及时治疗，发现囚犯得了传染病要立即隔离治疗。

第二，消毒除害。消毒除害是监狱日常防疫管理中的一项重要内容，对于减少疾病发生、维护监管秩序具有重要作用。消毒主要是针对生活场所及物品采用物理或化学的方法杀灭病菌、病原体、微生物，物理消毒法通常有焚烧法、煮沸法、通风法、高压蒸气法、过滤法、紫外体消毒法、干热解毒法等等，化学消毒法通常有乙醇、生石灰、过氧乙酸、福尔马林、八四消毒液等方法。除害是指采用物理或化学方法灭杀常见的各类害虫以防止传播疾病，如苍蝇、蚊子、蟑螂、臭虫、老鼠、跳蚤、虱子等。

2. 医疗制度

根据《监狱法》的规定，监狱应设置医疗设施，建立囚犯医疗管理制度，囚犯的医疗保健纳入监狱所在地的医疗计划。监狱设置狱内医院或医务所，医院或医务所应购置医疗器械和诊疗设备，建立规章制度，负责全监内囚犯的医疗防疫工作。监狱设置的医院或医务所应配备具有专业技术资格并警察身份的专职医务人员负责医疗管理和业务工作，也可选择具有相应医疗技术资格和临床经验的服刑囚犯担任辅助医务人员，但必须在监狱警察的严格管理下开展工作。

防治疾病，创造良好的医疗环境，践行监狱行刑人道主义政策，保障服刑囚犯的身体健康，不仅利于维护服刑囚犯的合法权利，而且利于感化教育服刑囚犯，实现改造目的。监狱发现服刑囚犯患病，应由监狱警察立即带病犯到监狱医院诊治。医护人员应认真负责地及时检查、治疗、抢救，即使是自伤、自残的因犯也应一视同仁积极施治，必要时将因犯转送至有治疗条件的地方医院或省级监狱中心医院治疗，且由监狱警察全程监护。

监狱应加强管理就医病犯，监狱医院应建立病犯病历档案，及时、如实填写病历记录。医护人员应明确就医病犯行为规范，并教育监督他们认真落实，告知他们应积极配合治疗，如实陈述病情和病史、尊重医生诊疗方案、听候医生处置；要加强对传染病犯、住院病犯的管理，防止传染病传播扩散和发生事故，对慢性病犯要注意跟踪治疗管理，以防小病大养。就医病犯应服从管理，不得无理取闹顶撞医务人员，应遵从医嘱。

第二节　劳动管理制度

一、行刑劳动

（一）行刑劳动的依据

1. 行刑劳动的法律依据

根据我国现行《宪法》第42条规定，我国公民有劳动的权利和义务，劳动是一切有劳动能力的公民的光荣职责。身为犯罪公民，在监狱服刑期间必须正确行使权利、无条件履行义务——劳动，这是他们对国家、对被害人、对亲属悔过自新的实际行动。宪法的这条规定为刑事法提供了最高法律效力依据。

根据现行《刑法》第46条规定，被判处有期徒刑、无期徒刑的犯罪分子，在监狱或其他执行场所执行；凡有劳动能力的，都应当参加劳动，接受教育和改造。实体法的规定需要执行法来落实，现行《监狱法》第69条规定："有劳动能力的罪犯，必须参加劳动。"因此，监狱收押罪犯入狱、执行刑罚，必须严格依照《刑法》和《监狱法》的规定，组织服刑因犯从事劳动，让他们在行刑劳动中改造自己，如果他们不愿意劳动，监狱就要强迫他们劳动。可见，在执行刑罚的整个过程中，监狱依法组织因犯劳动是具有法律依据的。

2. 行刑劳动的实践依据

早在中国共产党进行武装斗争的战争年代，革命根据地、陕甘宁边区和解放区的监所就一直实行组织服刑人劳动的做法。从中华人民共和国成立之初开始，行刑机关大规模地组织囚犯劳动，政务院专门颁布了《劳动改造条例》，将行刑机关定名为劳动改造机关，足见对组织囚犯劳动的重视。

劳动改造实践的确发挥了重大作用，使包括日本战犯、伪满战犯、国民党战犯和大批反革命犯与刑事罪犯在内的各类犯罪分子一千多万人，成为重返社会的自食其力的守法公民，受到国内外的高度赞扬，被誉为"人间奇迹"。1994年《监狱法》实施以来，监狱人民警察严格执法，通过组织囚犯劳动，切实贯彻"教育与劳动相结合"的原则，坚持以改造人为宗旨，总结了一套正确的、成功的、行之有效的经验，为监狱行刑劳动奠定了实践依据。

（二）行刑劳动的原则

1. 有利于改造罪犯的原则

有利于改造罪犯的原则要求，从监狱的选点建设到生产计划的制定到生产指标的提出、从劳动定额的提出和各项措施的确定到劳动时间的安排等，都要认真讨论、研究，科学安排，精心组织、指挥，讲究实效。自始至终要做到既抓生产经营，又抓监管改造，正确处理监管改造与生产劳动的相互关系，使两者紧密结合、相得益彰。防止为生产而生产或将生产经营与监管改造工作对立起来，或者以生产冲击监管改造，或者各自为政，切实处理好监管与生产劳动的关系，确保最终达到以改造人为宗旨的目的。

2. 有利于开发罪犯生产力的原则

有利于开发罪犯生产力的原则要求，把组织罪犯劳动视为发展监狱经济、创造物质财富的重要因素。监狱在组织罪犯劳动时要切实做到有利于开发罪犯生产力的原则，要真正把罪犯当人看待，既要保障罪犯的法定权利，又要教育罪犯严格履行法定的义务，认罪悔改，化消极因素为积极因素；要加强对罪犯的思想、文化、技术教育，培养他们树立新的品德，提高文化知识和生产技术水平，以适应监狱生产的需要，适应新技术革命的挑战；要充分发掘罪犯的智力，组织他们开展劳动竞赛，开展技术革新活动，鼓励他们发明创造，充分发挥他们的聪明才智和技术特长，为发展监狱生产服务；要严明奖罚，奖励在生产上有贡献者，调动他们的劳动积极性和创造性；要按照国家有关规定给予罪犯必要的劳动报酬和劳动保障，不断改善生活卫生管理和劳动条件，使他们看到前途出路，从强迫他们劳动到他们自觉劳动，为社会创造更多的物质财富。

3. 合理组织安排劳动的原则

合理组织安排劳动的原则要求，监狱应根据罪犯的个人情况，合理组织罪犯劳动。不同性质、不同类型的罪犯和每个罪犯个人，都具有各自的特点和情况，在组织罪犯劳动时，一定要坚持合理安排的原则。监狱要考虑罪犯原有的生产技能、知识水平、身体、心理状况和年龄大小，考虑他们的犯罪性质、刑期长短，考虑他们的主观恶习和认罪悔改程度等，并在此基础上进行认真研究，科学编班组，进行劳动组合，使罪犯参加符合其特点的不同工种的劳动，尽可能使罪犯的特长、技能得以充分发挥。同时，监狱要根据国家有关规定，结合监狱生产特点，合理安排劳动时间，使罪犯做到劳逸结合，不断提高劳动效益和经济效益。

4. 有利于回归社会就业的原则

有利于回归社会就业的原则要求，监狱要根据囚犯的个人情况，合理组织劳动，使其矫正恶习，养成劳动习惯，学会生产技能，为释放后就业创造条件。要充分利用劳动这一改造罪犯的手段，有目的、有针对性地教育改造罪犯；要加强思想教育特别是个体教育，使囚犯积极参加劳动，从而使劳动对不同罪犯都起到矫正恶习、弃旧图新的作用，使他们养成劳动习惯，懂得劳动光荣伟大，学会生产技能。监狱要加强对罪犯进行文化教育和职业技术教育，特别是要根据囚犯出监的不同去向，开办各种不同类型的职业技术培训班，组织囚犯学习技术知识，同时还要遵循"干什么、学什么""需什么、学什么"的原则；通过劳动实践和学习，使每个囚犯在服刑期间得到改造，提高劳动素质，既为发展监狱生产服务，也为释放后适应社会、回归社会就业创造条件。

二、行刑劳动管理制度

（一）行刑劳动管理制度的作用

1. 行刑劳动管理制度具有重塑"自我"功能

行刑劳动管理制度具有重塑"自我"功能，组织囚犯劳动，能发挥促进其转变思想、矫正恶习、改变旧的社会存在形式、逐步树立新的人生观和价值观、弃旧图新的作用。监狱组织囚犯劳动，使其在劳动实践中经受磨炼，养成劳动习惯，尝到劳动的甘苦，领悟劳动的艰辛和光荣，并在劳动纪律的约束和监狱警察的教育下，增加罪责感和赎罪意识，以劳动的汗水洗刷心灵的污垢，矫正恶习，树立新的人生观和价值观，以劳动重塑自我。

2. 行刑劳动管理制度具有行为养成功能

行刑劳动管理制度具有行为养成功能，监狱要组织囚犯劳动，促使其根除好逸恶劳思想，养成劳动习惯，树立劳动观点和社会主义道德风尚。劳动不仅是人类存在的基础和手段，也是个人在体格、智慧和道德上臻于完善的源泉。组织囚犯劳动，能使其从不习惯劳动到适应劳动，从被迫劳动到自觉劳动，进而根除其鄙视劳动、好逸恶劳的观念，使其树立劳动意识，养成劳动习惯。

3. 行刑劳动管理制度具有技能培训功能

行刑劳动管理制度具有技能培训功能，在科技兴国、市场竞争激烈、生产力不断发展的今天，社会对劳动者的素质要求越来越高。就监狱行刑劳动而言，需要适应生产发展的劳动力；就囚犯而言，他们刑释后面临的最大问题是就业。如果他们回归社会后没有一定的劳动技能，就很难在激烈竞争的社会中生存下去，甚至可能因生活所迫而重新犯罪。因此，组织囚犯劳动，有利于他们刑释后就业谋生。实践证明，囚犯在劳动实践中可以学到一定的劳动生产技能，体现自身价值，既利于社会，也利于自身的生活，适应社会需要。

4. 行刑劳动管理制度具有"自我"需要功能

行刑劳动管理制度具有"自我"需要功能，组织囚犯劳动，是实现其物质和精神自我需要的唯一途径。对囚犯来说，劳动是满足其正当需要的最佳方式，是其赎罪的需要，是其自食其力的需要，是其正常交往、尊重他人和自尊的需要，是其正当的自我实现的需要。因此，组织囚犯劳动，不仅能创造一定的物质财富，使其个人价值得到充分的体现和确认，而且能满足其自我实现的需要，激发和调动其改造积极性，促使其早日回归社会。

5. 行刑劳动管理制度具有经济效益功能

监狱组织囚犯劳动以改造人为宗旨，要达到改造囚犯的目的，在组织劳动让囚犯养成劳动习惯、矫正犯罪恶习的同时,必须注重劳动的经济效益。因为只有有效劳动,才具有正常的社会化内容,才能真正体现改造囚犯的效能,无效的劳动是折磨、消耗社会劳动力以及浪费社会资源的做法。无论从囚犯的个人利益还是从社会的总体利益出发,囚犯劳动的经济效益功能都不应被忽视。

(二)行刑劳动管理制度的内容

1. 行刑劳动管理制度的特点

行刑劳动的管理制度是指监狱在囚犯劳动现场,对囚犯的劳动过程和内容、劳动区域所直接进行的组织、指挥、监督和控制等管理措施。从劳动内容来看,具体指罪犯生产劳动项目,根据监狱实际情况,生产劳动项目分为工业生产、手工加工业等。从劳动区域来看,具体指囚犯生产劳动区域,根据监狱实际情况,生产劳动区域分室(监)内劳动、室(监狱)外劳动等。监狱行刑劳动管理制度是监狱生产劳动管理的总和,是依法、文明、科学管理罪犯的保障,具有强制性、直接性、规范性和复杂性。

监狱组织服刑囚犯劳动,是执行刑罚惩罚改造罪犯背景下的一项具体工作,与监狱的其他执法活动一样,以体现国家意志的强制力为后盾,具有明显的强制性。行刑劳动现场的活动是针对服刑囚犯的直接改造行为,监狱警察在劳动现场的管教活动则是直接的监管改造工作,根据《监狱法》的规定,监狱警察对囚犯劳动现场必须实行直接管理,囚犯的一切活动必须置于监狱警察的直接控制之下。行刑劳动现场管理由监狱警察直接实施,具有严格的规范性,《监管改造环境规范》《罪犯改造行为规范》等对此作了明确规定。行刑劳动现场复杂多样,内容不同,活动区域不同,人员成分不同,具有复杂性。

2. 行刑劳动管理制度的事项

行刑劳动管理制度的事项主要包括出工和收工管理、生产工具和危险物品管理、外来人员和外来车辆管理、劳动生产区域管理。

第一,出工和收工管理。囚犯出工必须由监狱警察带领,按规定时间、固定队列位置在指定地点列队,监狱警察清点人数,检查囚犯着装及随身物品,布置劳动事宜,强调劳动纪律及应注意事项。监狱警察按规定办理手续后,带领囚犯队伍离开住宿区进入劳动区。囚犯收工后,监狱警察要督促他们迅速擦拭、清理、保养机器设备以及其他劳动工具，打扫劳动现场卫生，按规定时间和要求进行交接班，清点囚犯人数并检查他们随身物品，将囚犯列队带回监舍，并向值班警察办理交接手续。

第二，生产工具和危险物品管理。监狱警察严格管理生产工具，集中统一保管、发放、回收，严禁囚犯私藏工具，严禁囚犯将劳动生产工具带入监舍。严格检查工具箱，对丢失、损坏的工具要查明情况并及时处理，分类存放、加封加锁并指定专人管理易燃易爆和有毒物品，剧毒物品仓库必须坚固、严密。危险物品使用时应按要求和用途控制发放，收工时检查回收，防止事故发生。

第三，外来人员和外来车辆管理。监狱实行封闭式管理，禁止无关人员和车辆进入，严格管理外来人员和外来车辆，因工作需要进入劳动生产现场的，按规定办理手续，并由监狱警察陪同或带领。外来人员应在指定区域内活动，不得从事与生产无关的任何活动，不得随意接触囚犯，不得为他们捎带任何物品。

第四，劳动生产区域管理。监狱警察管理劳动生产现场，按规定时间进行巡视，严格落实囚犯定岗、定位、定责和定活动区域的管理制度，要求他们坚守岗位，不准随意离开指定的岗位活动，不得串岗。在管理劳动生产现场过程中，针对根据生产需要流动的少数囚犯，实行通行证验收管理制度，需要流动的囚犯要在接受验证检查后才能进入或离开劳动现场，且需佩戴流动标志牌，由值班警察即时登记、搜身检查。

第三节　教育改造制度

一、行刑教育制度

（一）行刑教育的原则

1. 灌输原则

灌输原则是监狱进行罪犯教育工作必须遵循的一条原则。罪犯在长期的犯罪过程中形成了特有的心理特征，美丑不分、荣辱不分、好坏不分，为了满足自己的私欲，不惜以身试法。要教育改造罪犯，必须对他们灌输社会主义的道德观念、法制观念，对罪犯的教育改造是一个由强迫到自觉的过程，从入监开始，罪犯对待教育就具有一定的抗拒心理，总是用种种理由为其犯罪作辩护，避重就轻、避实就虚。因此，对罪犯的教育必须强化灌输，这也是罪犯教育具有强制性的具体体现，无论罪犯是否愿意接受教育，都必须采用灌输的方法，强迫其接受教育。

2. 因人施教原则

因人施教原则要求，监狱在对罪犯实施教育的过程中，要根据罪犯不同的文化程度、思想状况、心理特点、行为特征、改造表现等实际情况，采取不同的教育改造内容、形式、方法等进行有针对性的教育。这是我国监狱在长期教育罪犯实践中总结出来的成功经验，要求针对罪犯的不同情况，具体问题具体分析，"一把钥匙开一把锁"，要做好调查研究，掌握罪犯个体的不同情况，制定切实可行的个体教育方案，教育才能收到应有的效果。

3. 分类教育原则

分类教育原则要求，监狱根据不同犯罪性质、特点、改造表现，将罪犯分为各种类型，并针对各类罪犯的不同情况，选择不同的教育内容、方法进行有针对性的教育，其目的是深挖犯罪根源，剖析犯罪危害，矫治犯罪思想，矫正行为陋习。分类教育兼有集体教育的长处和个体教育的优点，有利于进一步增强教育的针对性，增强教育效果。分类教育的内容和方法，是根据各类罪犯的具体情况和特点确定的。因此，能够联系罪犯的犯罪思想、改造实际，做到有的放矢，具有进一步深化罪犯教育的作用。

4. 循序渐进原则

循序渐进原则要求，不能违反教育规律，监狱对罪犯的教育要有计划、有步骤、有目的地开展，针对罪犯个体的思想实际和改造实际进行，不可凭想象、凭主观臆断去教育罪犯。要考虑罪犯的接受能力，尤其是文化教育和技术教育，要充分考虑罪犯原有的文化程度、技术水平、操作实践等，不能离开实际搞"速成"，否则难以收到应有的教育效果。因为罪犯的犯罪思想不是一朝一夕形成的，要改造其犯罪思想和犯罪心理结构，不是一蹴而就的，需要经过一定的过程，需要包括本人在内的全社会的共同努力。

(二）行刑教育的方法

1. 集体教育和个体教育

集体教育是指监狱对服刑囚犯的教育以班组、监区甚至监狱为单位，把一定范围内的全体罪犯组织集中起来进行的一种共性教育方法，以解决囚犯中带有普遍性的问题为目的。集体教育是教育囚犯的一种主要方法，一般采取上大课、听报告、组织参观等方式，意在增强罪犯的集体主义观念、组织观念和纪律观念，使他们养成听从命令、服从指挥和遵守纪律的习惯。

个体教育是为解决囚犯的个人特定问题，对其单独进行思想工作的一种教育方法，对囚犯的教育具有特定具体的作用，具有相对性、主动性、灵活性、渗透性、沟通性等特点。个体教育常用的方法有启迪法、疏导法、点拨法、激励法、榜样法、告示法、感化法等，发挥晓之以理、动之以情的作用，易于创造一种和谐氛围，利于囚犯消除思想情感障碍，便于教育者与受教育者双方真诚交流。个体教育不受时间、地点的局限，可以随时开展，在劳动生产现场、生活现场等都可以进行，及时解决囚犯的思想认识问题。

2. 常规教育与辅助教育

常规教育是指监狱有计划、有组织、系统地对服刑囚犯进行教育的方法，是罪犯教育的基本形式，发挥着主导作用。辅助教育是指监狱运用报纸、广播、墙报、板报、戏剧、电影、电视、幻灯等宣传工具以及开展文体活动和办好图书室、阅览室等方式实施的教育，具有灵活多样、生动活泼、富有情趣等特点，容易被囚犯接受，使他们在没有压力的状态下接受教育。

3. 监狱教育与社会教育

监狱教育是指监狱靠自身的力量对服刑囚犯进行的教育，主要包括集体教育与个体教育、辅助教育与自我教育等方式。社会教育是指社会力量对监狱服刑囚犯进行的教育，是党和国家的群众路线及综合治理在囚犯教育实践中的具体体现，主要形式有报告法、参观法、"回头浪子"现身说法、与社会签订帮教协议法、社会协助监狱办好文化技术学校等。

《监狱法》第68条规定："国家机关、社会团体、部队、企业事业单位和社会各界人士以及罪犯的亲属，应当协助监狱做好对罪犯的教育改造工作。"

可见，《监狱法》把社会教育作为有关部门应尽的义务写进了法条，使有关部门增强了协助做好囚犯教育的责任感、义务感，协助监狱做好罪犯教育工作。利用社会力量进行教育，有利于囚犯消除对能否被社会接纳的顾虑，有利于消除社会对囚犯的偏见，为他们释放后就业创造有利条件。

（三）行刑教育的内容

1. 思想教育

监狱在执行刑罚的整个过程中，对服刑囚犯进行思想教育，在教育改造中处于核心地位，主要内容包括法制、道德、形势、政策、前途教育等，是我国监狱行刑工作的重要特色之一。

法制教育的主要内容包括法的基本知识、刑事法律基本知识、监规纪律以及其他专项法律知识，历来是监狱对服刑囚犯思想教育的重点，是促使他们认罪伏法、接受改造的前提，是维护监狱正常秩序和打击狱内违法犯罪的重要措施。

道德教育的主要内容包括道德基本知识、集体主义、文明礼貌和社会公德，社会主义道德以为人民服务为核心，以集体主义为原则，以爱祖国、爱人民、爱劳动、爱科学、爱社会主义为基本要求。对服刑囚犯开展道德教育，应突出抓好集体主义教育，教育他们克服极端自私自利的个人主义倾向，进而树立集体观念。

形势教育主要内容包括社会发展状况和趋势，可分为国际形势和国内形势，使服刑囚犯及时了解国内外的重要事件和形势发展。在教育过程中，以重大事件和对囚犯改造有重大影响的事件为主，尤其是重点宣传国家取得的各项成就，使他们认清形势、安心改造。

政策教育的主要内容包括：党的监狱工作政策和与罪犯改造密切相关的其他政策，使服刑囚犯认识社会主义制度的优越性和人民民主专政的先进性，尤其是了解国家"给出路"的政策，进而看清出路、树立信心并自觉接受改造。

前途教育的主要内容包括囚犯前途和国家社会发展前途，使囚犯了解自己和国家的发展前途，切身体会到前途掌握在他们自己手中，这有利于他们减轻心理压力、树立改造信心、安心接受改造，知道国家和社会的发展为他们刑释后安置就业提供了广阔的前景。

2. 文化教育

文化教育是教育改造罪犯的基础，是在对罪犯实施惩罚的前提下，有计划、有目的、有组织地向罪犯传授文化科学知识的活动，文化教育的层次主要有扫盲教育、初等教育、中等教育，罪犯进行中专、大专以上层次自学的，监狱应当鼓励和支持。对罪犯进行文化教育，有利于罪犯提高认识能力和认识水平，有利于思想教育和技术教育的正常开展。

监狱根据文化教育的要求，应当设立教室、图书阅览室等必要的教育设施，同时选配好文化师资教育队伍。成年犯监狱的文化教育师资可以从罪犯中挑选，经培训考核后任教；未成年犯管教所的文化教育教师则必须由监狱人民警察担任。监狱所在地的教育部门应当将罪犯的文化教育列入所在地区的教育规划，对监狱的文化教育进行业务指导，并给予办理考核发证。

3. 职业技术教育

监狱应当根据监狱生产和罪犯释放后就业的需要，对罪犯进行职业技术教育，包括岗位培训和技术等级培训，经考核合格的，由劳动部门发放相应的技术等级证书。由于我国监狱企业产业门类复杂，因此岗位培训的种类也比较多。总的原则是根据罪犯入监前所从事工作的类型，结合监狱实际，本着"干什么、学什么"的原则，在确保监管安全的前提下，安排罪犯从事适当岗位劳动。罪犯在上岗前必须进行岗前培训和安全知识教育，取得合格证后方能上岗。对罪犯进行职业技术教育，使罪犯学会一技之长，有利于罪犯刑释后及时找到适合自己技术水平的工作。

二、行刑改造制度

（一）行刑的一般改造

1. 罪犯改造的方法

监狱行刑改造服刑囚犯，必须借助于一定的具体方法，改造罪犯方法主要包括监管、教育、劳动，这是针对一般服刑囚犯而言的。我国监狱在改造罪犯中运用的方法手段，主要包括惩罚、监管、教育、劳动、考核奖惩、心理矫治、社会帮教等，但作为对罪犯改造的基本的、起主要作用的是监管、教育、劳动。这些改造方法都不是孤立存在发挥作用的，它们之间相互联系、相互渗透、相互协调，综合发挥着改造罪犯的作用。

监狱行刑改造罪犯，离不开行刑监管，监管贯穿于改造罪犯活动的全过程，发挥着最为直接、最为经常的改造罪犯思想和不良行力的功能。监管既是改造罪犯的直接方法，又是其他改造方法发挥作用的基础和前提。

监狱行刑改造罪犯，必须对罪犯进行教育。罪犯教育是由我国教育刑理论与实践的根本目的所决定的，监狱通过有计划、有目的、有组织地对罪犯实施思想、文化、职业技术教育，从思想上改造其犯罪意识，从文化上提高其认识能力，从职业上培养其谋生技能，促使他们自我改造，顺利回归社会，减少重新犯罪，成为守法公民。

监狱行刑改造罪犯，必须组织罪犯劳动，使他们消除不劳而获的观念，养成劳动习惯。罪犯之所以实施犯罪，绝大多数是因为受了贪图享受、好逸恶劳、不劳而获等腐朽思想的影响。因此，只有通过行刑劳动实践，才能引导罪犯切身认识到寄生生活的罪恶，使他们树立起正确的劳动观，形成以合法劳动获取生活来源的正常社会模式。

2. 罪犯改造的内容

罪犯改造是指我国监狱对依法判刑关押的犯罪人，在他们被关押执行刑罚期间，充分运用监管、劳动、教育等多种改造手段，努力转变他们思想、改造他们恶习、传授他们知识技能，促使他们认罪伏法、悔过自新、改恶从善，成为一个守法公民。罪犯改造的主体可分为两个，一个是施动者即监狱和社会各界，另一个是受动者即犯罪服刑人，两者的关系以促使罪犯自我改造为宗旨。从根本上讲，改造罪犯的内容主要包括信念体系、个体素质、行为方式。

第一，信念体系。信念体系是人的世界观、人生观、价值观、劳动观、法制观等心理内容和观念形态的总和。罪犯的错误信念体系是导致他们犯罪最主要也是最深层次的原因，刑事司法实践证明，绝大多数罪犯不同程度地沾染有腐朽思想，如以"人生在世吃喝玩乐""人不为己、天诛地灭""人为财死、鸟为食亡"等为生活信条。在此类错误信念体系的支配下，他们贪图享受、无视法律约束，实施了犯罪行为。所以，消除他们的错误信念体系，确立符合社会主义核心价值要求的信念体系，是改造罪犯的核心内容。

第二，个体素质。任何人实施犯罪行为，都是其本人的直接行为。除了个人主观世界的信念体系病态外，其个体素质低下往往是导致犯罪行为的前提基础，如不知法、不懂法，认知能力低劣，良莠不辨，暴躁无耐性，经不起挫折的磨炼，自控能力差，经不起不良因素的诱惑，明知自己的行为属于犯罪但也会因缺乏谋生技能或不善竞争而实施犯罪行为，等等。随着社会改革深入发展、竞争日益激烈、生活节奏加快，对犯罪服刑人进行再社会化，就必须注重积极发展他们的个人素质，以使之符合社会主义市场经济的要求。

第三，行为方式。人的行为方式如何与其行为定性有直接关联，人的不良行为方式明显与其犯罪行为有直接关系。在监狱执行刑罚的过程中，犯罪服刑人的不良行为方式在服刑改造中会因反复而进一步内化，即被动力定型。实践表明，这些不良行为习惯是与违法犯罪行为相关联的，如暴力犯具有容易暴怒、攻击性强的行为习惯，财产犯以"贪、懒、馋、诈"为行为习惯，等等。犯罪服刑人的这些行为方式或行为习惯不会随着他们被判刑进入监狱服刑改造而自动消失，而必须经过监狱及警察长期、不懈的努力，运用科学正确的方式方法，才能逐渐消除他们的不良行为方式。

（二）行刑的特殊改造

1. 未成年犯的行刑改造

根据《未成年犯管教所管理规定》，对未成年犯要贯彻"教育、感化、挽救"的方针，根据其生理、心理、行为特点，坚持以教育为基础，因人施教、以理服人、形式多样的教育改造方式。在肯定教育成效的前提下，在思想教育方面，应注意避免形式单一化、活动肤浅化、内容空虚化的倾向；在文化教育方面，应避免形式随意化、活动零星化、内容一律化的倾向；在技术教育方面，应避免内容弱化的倾向。

针对未成年犯的个性心理情况，应注重情感沟通交流，以化解其心结，激发其积极性。未成年人处于特定的身心发育阶段，具有区别于其他群体的许多生理和心理特点，最为突出的如脆弱性、不成熟性等，尤其是极强的可塑性，这决定了对其进行针对性的心理改造会收到最大的效果,这已被实践所证明。

2. 女犯的行刑改造

根据女犯的文化程度,监狱开设不同层次的文化班,在改造思想的同时,组织女犯参加适应她们生理特点的生产劳动,帮助她们掌握一定的生产技能。监狱应考虑开办一些适合女性的职业技术培训班,如缝纫、烹调、工艺美术等,为她们刑满释放后就业谋生打下基础。鉴于女犯的家庭观念普遍较重且易把自己置于被保护的弱者地位,更易产生孤独、焦虑和失落感,因此在监狱服刑期间容易思念家庭,进而寻找精神依托,甚至会将情感投向管教干警。

针对女犯容易感情用事的特点,应进行社会适应和人际交往教育、法律常识教育。针对女犯感情细腻、认知情绪化的特点,应发挥亲情教育的作用,使其逐步养成理智的认知态度。对女犯的改造要考虑其情感的接受度,可以采取少批评惩罚、多个体谈心的方法,注重以情感人、以理服人,促使其理性思考,应把女犯情感和生理情况作为突破口,做耐心细致的改造工作。

3. 老病残犯的行刑改造

老病残犯的形成有两种情况,其一是老年人、病人、残疾人因犯罪而进入监狱服刑,即老病残人变坏了;其二是犯罪人在监狱服刑期间变老、变病、变残了,即坏人成为老病残犯了。鉴于老病残犯的生理心理情况区别于普通犯人,因此针对老病残犯的改造也应有所区别。

全社会应关注老病残人的生活,有关组织和部门应积极采取措施预防他们犯罪。全社会应关注在监狱服刑的老病残犯的改造,监狱在生活上应确保适合他们的饮食,做好卫生防疫治病工作。在劳动方面,应避免安排他们从事力不胜任的劳动,而应安排他们从事力所能及的劳动。根据老病残犯的情况,应注重普法和政策教育,使他们学法、知法、守法,帮助他们树立正确的人生观、价值观和世界观,以便顺利出狱安度晚年。

4. 外籍犯的行刑改造

外籍犯是指在我国境内犯罪而进入监狱服刑的外国公民或无国籍人。随着对外开放的深入发展,进入我国的外国人或无国籍人日益增加,在我国犯罪的也随之增多。比之于国内犯,外籍犯有其特殊性,这是由其所属国的社会环境、法律制度、文化背景、生活习惯与中国存在较大差别造成的。所以，监狱对外籍犯的行刑改造，必须具有针对性。

由于语言、文化、风俗、信仰等方面的区别，外籍犯之间不仅在认知上各不相同，而且与我国犯人也有所区别。监狱应通过健康、积极向上的文化引导、感化外国籍罪犯，慢慢转变他们的认知，特别是对中国、对中国监狱、对服刑的认知。监狱警察应注意与外籍犯沟通交流，在教育的内容上应以中国传统文化为核心，使他们了解中国的地理与历史、法律与道德等文化内容，进而认识中国、认识中国监狱，正视他们在中国的服刑改造生活。

在监狱服刑过程中，外籍犯普遍以个人为中心且讲求自我改造，突出自我保护意识，敢于提出自己的想法，做事目的性强。鉴于外籍犯不同于本国犯的行为状况特点，监狱必须严格依法行刑，要求监狱警察文明执法，避免随意性。监狱警察在行刑监管过程中，应尊重外籍犯的人格、民族习惯和宗教信仰，对其日常生活给予适当照顾。对外籍犯的改造，应强调认罪伏法，注重行为改造，以法制教育、文化教育为主要内容，使他们认识到其行为的危害性及应得的惩罚。监狱警察应依法公正、文明监管，调动外籍犯改造的积极性，会同使领馆共同解决他们改造中的具体问题，消除使领馆的疑虑以及他们的后顾之忧。

案例分析
"纸片人"重生记[①]

从橄榄绿到严肃灰，从严肃灰再到希望蓝，变换的警服颜色，见证了监狱事业的蓬勃发展和法制社会的进步。坚守着安全底线，对服刑罪犯的改造工作按"三期十项三延伸三考核"模式进行，是监狱运行一直在践行的改造宗旨。某监狱八监区曾经创造了一个让濒死的"纸片人"重生的奇迹。

---

① 参见《【警察故事】"纸片人"重生记》，http://ynjy.yn.gov.cn/Pages_166_47276.aspx，2021年6月2日访问。

一、阿某患病改造难

病犯阿某,四川布拖人,彝族,2016年4月入监以来,厌食的她每日仅靠舔食少量白糖和豆奶粉以及喝一两口酸汤来维持生命。阿某身高1.65米,却只有26公斤,她的身体宛如一张薄薄的纸片一般。阿某的身体状况和病情牵动着监狱领导和监区警察的心,感染、呼吸衰竭、心力衰竭、代谢紊乱、重度营养不良……当时46岁的阿某正值中年,却犹如一位风烛残年的老人,随时都有生命危险。她无法自行直立步走,无法正常吃饭,无法与人正常说话交流,由此给监管改造工作造成了极大困难。

二、监狱长深入监区找症结

毫无疑问,这是一场攻坚战,攻心治本,需要先找到症结,然后才能对症下药。监狱长赵某一次次深入监区,运用自己丰富的心理学知识,探索阿某的心结所在。副监狱长杨某积极联系社会上的相关医院,通过送外就诊和请专家会诊的方式,明确了阿某的身心疾病情况。监区的管副饶某和教育警察洪某更是全程参与,尽自己所能倍加关心和教育阿某,在外出就医的过程中将瘦弱无法行走的阿某抱上抱下就诊、检查……

在大家的共同努力下,终于找到了阿某的症结所在:一是其有亚木僵,这是一种重度抑郁症的发作症;二是其精神上存在妄想,这是一直认为家族里有不吃不喝自然而亡的遗传病;三是其从在看守所时就已经和家人联系不上,入监后只会讲彝语,与他人沟通不便,这是感觉孤苦无依、无以为念的心病。

三、监狱警察对症下药治顽症

找到了阿某的症结,就要对症下药。结合阿某管理改造难点,监区采取了相应措施。其一,调整一名掌握汉话较好的彝族服刑人和一名身体较强壮的服刑人组成三人互监小组,在帮助阿某处理生活琐事、进行肌体功能恢复锻炼的同时,较好地帮其与警官和他人的交流,尽可能舒缓其孤苦无依、压抑的情绪。其二,通过拨打电话给辖区公安局,请求公安部门协调查找,终于找到阿某女儿的联系方式并说服其家人到监会见,使其恢复了与家人的联系,以亲情感召,使其逐渐摒弃家族遗传病这一心理不良暗示。其三,加添病号饭,在饮食上给予阿某照顾,单独为其准备肉稀饭和酸汤等食物,让其尽量多进食。其四，监区警察对阿某加强关怀疏导，针对其疑病心理和悲观心理，对其进行重树信心信念教育，在教育课程中注入理想信念、价值观念等主题教育内容，使其对自我有更深层次的认识和回归。

四、监狱警察不忘改造的初心，不抛弃、不放弃

针对阿某，一次次的切题谈话，一次次的关怀举措，一项项的针对措施，在这场持久攻坚战中，每个人都有自己坚守的阵地，终于使阿某打开了心结，开始慢慢恢复正常饮食和锻炼。阿某的体重终于从 26 公斤增长到 65 公斤，身体机能得到了极大的改善，能够正常地服刑和改造了。

在恢复期间，阿某还学会了使用简单的汉语交流，她用生涩的汉语感恩道："如果不是警官们的不抛弃不放弃，怎么会有今天重生的我？"不抛弃、不放弃，这就是监狱警察的坚守，是监狱警察不能忘却的改造人的初心。犯罪服刑人是党和国家交到监狱警察手上，嘱托监狱警察改造合格以后，输送到社会上的新生公民。

第八章
Chapter 8

监狱法的修改完善

《监狱法》于 1994 年 12 月 29 日公布实施,为了迎合 2012 年修订的《刑事诉讼法》,2012 年 10 月 26 日对《监狱法》的某些条款作了修改。当今社会发生了重大变化,在刑事法体系中,《刑法》已经出台了 11 个修正案,《刑事诉讼法》也历经了 3 次大修,而《监狱法》始终没有大改,很不适应社会形势。因此,笔者认为,极有必要探讨《监狱法》的修改完善。

第一节 监狱法的修改原因

一、形势发生变化

(一)治安形势变化

1. 改革开放

党的十一届三中全会以来,我国始终坚持改革开放,在现代化建设方面取得了巨大成就。在国际形势发生复杂深刻变化之际,我国坚持高举和平、发展、合作的旗帜,坚持独立自主的和平外交政策,坚定不移地走和平发展的道路,致力于建设一个持久和平、共同繁荣的和谐世界,全方位地开展对外工作。

当今，中国的国际影响日益扩大，国际地位显著提高，在国际社会发挥着重要的作用。我国坚决反对各种形式的霸权主义和强权政治，积极推动建立和平、稳定、公正合理的国际新秩序，大力倡导互信、互利、平等、协作的新安全观。在应对处理国际交往中，我国旗帜鲜明地坚持按照和平共处五项原则和其他公认的国际关系准则处理国际事务。

进入 21 世纪，我国展开了全方位的外交，已同 160 多个国家建立了外交关系。在睦邻、安邻、富邻政策的指导下，我国同周边国家的睦邻友好关系日益加强。同时，我国努力推动南南合作和南北对话，同广大发展中国家的传统友好合作关系进一步巩固；向亚洲、非洲最不发达国家提供了优惠关税待遇，积极推动建立中国同非洲国家和阿拉伯国家的合作论坛，加强新形势下同发展中国家的集体对话与合作。我国在积极开展多边外交、推进国际合作等方面，取得了新的进展。

2. 经济形势变化

在党的领导下，经过全国各族人民的共同努力，我国开创了中国特色社会主义道路，坚持以经济建设为中心，初步建立起了社会主义市场经济体制，大幅度提高了国家的综合国力和人民生活水平。2001 年中国加入世界贸易组织后，对外贸易进入了新的发展阶段：出口商品的结构有了很大改善，在国际市场上的竞争力显著增强。我国的经济总量当前名列世界前茅，进出口贸易总额跃居世界前茅，外汇储备多年居世界第一，主要工农业产品产量位居世界前列。我国经济社会的基础设施建设正在突飞猛进地发展，国家发展经济和抵御各种风险的物质技术基础大大增强，尤其是抗击新冠肺炎疫情取得了举世瞩目的伟大成效。

党的十一届三中全会以来，我国社会主义市场经济体制初步建立并日益完善，更具活力、更加开放的经济体系正在形成，市场在资源配置中的基础性作用显著增强，新的宏观调控体系框架初具规模；确立了公有制为主体、多种经济成分共同发展这一社会主义初级阶段的基本经济制度；财税、金融、流通、住房、医疗、教育等改革不断深化；国有企业改革稳步推进。在推进改革的过程中，全体人民各尽其能、各得其所而又和谐相处的局面逐步形成。包括知识分子在内的工人阶级、广大农民，始终是推动中国先进生产力发展和社会全面进步的根本力量。在社会变革中出现的民营科技企业的创业人员和技术人员、受聘于外资企业的管理技术人员、个体户、私营企业主、中介组织的从业人员、自由职业人员等社会阶层，都是中国特色社会主义事业的建设者。

3. 治安形势变化

社会主义市场经济的建立与运行，对社会产生了深刻影响，人们的思想意识乃至法律内容，都发生了重大变化。市场经济思想是法治之母，自由平等、倡行法治，是市场经济的天然要求，市场经济就是法治经济。

社会主义市场经济下，我国社会的主要矛盾发生了根本变化人民日益增长的美好生活需要和不平衡不充分的发展之间的矛盾，成为现阶段我国社会的主要矛盾。为应对现阶段社会的这个主要矛盾，党和国家做出了种种努力。当然，现阶段的社会治安形势仍然严峻，除了传统的暴力犯罪、财产犯罪、公害犯罪、有组织犯罪之外，又出现了新型的网络诈骗犯罪、保险诈骗犯罪、非法集资犯罪、传销犯罪、环境犯罪、危害公共安全犯罪、危害国家安全犯罪，恐怖主义犯罪、个人极端主义犯罪等暴恐犯罪，腐败犯罪、恋爱婚姻家庭犯罪、校园犯罪、职场犯罪等特殊场所犯罪，老人犯罪、精神病人犯罪、外国人犯罪、企业家犯罪、白领犯罪、刑释人员犯罪、在职军警犯罪等特殊人群犯罪。这些犯罪人，除被判处死刑立即执行的以外，其中相当部分要进入监狱服刑。

（二）法治形势变化

1. 法治建设深入

中国特色社会主义法律体系基本形成，这是一个由不同的法律部门组合而成的统一整体，主要包括八个部门法，即宪法法律部门、行政法法律部门、民商法法律部门、刑法法律部门、经济法法律部门、劳动与社会保障法法律部门、环境与资源保护法法律部门、诉讼法法律部门。各个法律部门在法律体系中占据不同的地位，彼此间有着复杂的相互关系。

宪法法律部门是我国法律体系中居于核心与主导地位的法律部门，规定了国家的政治、经济制度等根本制度，国家的各种基本原则、方针，公民的基本权利和义务，国家机关的组织和活动的基本原则等，反映了当代我国法的本质和基本原则，也确定了其他法律部门的指导原则，是整个法律体系的基础。

行政法法律部门是有关国家行政管理活动的法律规范的总和，主要包括行政组织法、行政行为法、行政监督和救济法。由于国家行政管理活动的分散性和广泛性，行政法法律部门没有一部主导性的、统一概括的法律，而是由许多单行的法律、法规等组成，数量非常多，居所有法律部门之首。

民商法法律部门是调整平等主体之间财产关系、人身关系以及商事关系的法律部门，其调整的特点是遵循自愿、平等、等价有偿、诚实信用等原则。在建设社会主义市场经济的过程中，民商法法律部门在法律体系中起着举足轻重的作用。

刑法法律部门是以其独特的刑罚作为标准划分的法律部门，是有关犯罪和刑罚的法律规范的总称，主要包括《刑法》和一些刑事方面的单行法规、条例如《国家安全法》等，以及其他法律中包括一些刑事法律规范如"'依照''比照'《刑法》的有关规定追究刑事责任"等。刑法调整的范围十分广泛，在我国法律体系中的地位也非常重要。

经济法法律部门是调整国家在经济管理活动中发生的经济关系的法律规范之总和，主要包括《合伙企业法》《会计法》《预算法》《产品质量法》《消费者权益保护法》《个人所得税法》《反不正当竞争法》等①。经济法调整的经济关系是在国家干预下形成的，有其自身的独特性，调整的范围主要包括国家在国民经济管理中的纵向经济关系、各种社会组织在经济活动中的横向经济关系以及各种社会组织内部活动中的经济关系。

劳动与社会保障法法律部门是由劳动法法律部门与社会保障法法律部门组成的，其中劳动法法律部门是调整劳动关系以及与劳动关系有密切联系的其他社会关系的法律规范的总称，主要包括《劳动法》《工会法》《矿山安全法》《工资支付暂行规定》《集体合同规定》《违反和解除劳动合同的经济补偿办法》《女职工劳动保护特别规定》《劳动争议调解仲裁法》，社会保障法法律部门是调整有关社会保障与社会福利关系的法律规范的总和，主要包括《保险法》

---

① 为了使法律名称不过于冗长，本部分在列举法律法规时，法律名称前不再冠以"中华人民共和国"七字。

《国务院关于建立统一的企业职工基本养老保险制度的决定》《失业保险条例》《国务院关于工人退休、退职的暂行办法》等。我国目前的劳动与社会保障法法律部门还不够成熟,有待进一步完善。

环境与资源保护法法律部门是由环境保护法法律部门与自然资源法法律部门组成的,是关于保护环境和自然资源、防治污染和其他公害的法律规范的总和。其中,环境保护法法律部门是指保护环境、防治污染和其他社会公害的法律规范的总称,主要包括《环境保护法》《城乡规划法》《海洋环境保护法》《环境影响评价法》《水污染防治法》《清洁生产促进法》《大气污染防治法》《风景名胜区条例》等;自然资源法法律部门是指调整各种自然资源的规划、合理开发、利用、治理和保护等行为的法律规范的总称,主要包括《森林法》《草原法》《渔业法》《水土保持法》《土地管理法》《矿产资源法》《水法》等。

诉讼法法律部门是规定诉讼程序及参加诉讼各方权利义务关系的法律规范的总称,主要包括《刑事诉讼法》《民事诉讼法》《行政诉讼法》《律师法》《公证法》《仲裁法》《人民调解法》等,在整个法律部门中占有极其重要的地位。

从法的功用来看,宪法法律部门属于源泉法部门,是其他部门法的立法依据。行政法法律部门、民商法法律部门、经济法法律部门、劳动与社会保障法法律部门、环境与资源保护法法律部门、诉讼法法律部门属于行为法,是在实践中为各行各业提供依据的部门法。刑法法律部门属于保障法,是针对违反以上部门法的犯罪行为追究刑事责任的法。

2. 刑事法体系形成

在我国,刑事法体系是由具有刑事部门法地位的《刑法》《刑事诉讼法》和《监狱法》构成的(自 2020 年 7 月 1 日起,刑事法体系中又增加了新成员——《社区矫正法》)。

第一,刑事法体系的形成。以刑事法的立法规格为标准,经过立改废的历程,刑事法体系经历了五个发展阶段。

(1) 孕育阶段。孕育阶段为 1951 年至 1954 年,该阶段时间跨度最短,期间颁布实施了《惩治反革命条例》《妨害国家货币治罪暂行条例》《惩治贪污条例》《劳动改造条例》。1949 年 10 月 1 日,中华人民共和国成立,百废待兴。

伴随新中国的建设，建章立制的工作也紧锣密鼓地开展起来，为给惩治犯罪的工作提供规范依据，在短短一年多的时间内就出台了三部条例：1951年2月9日，中央人民政府委员会①颁布实施《惩治反革命条例》；1951年4月19日，颁布实施《妨害国家货币治罪暂行条例》；1952年4月21日，颁布实施《惩治贪污条例》。

从条例本身内容来看，《惩治反革命条例》《妨害国家货币治罪暂行条例》《惩治贪污条例》都规定了犯罪及其惩罚的内容，属于刑事实体规范。从制定技术来看，这三个条例所构建的规范体系还不能说是刑法，仅属于最高行政机关颁布的行政规则。

1954年8月26日，政务院通过《劳动改造条例》，其内容虽是刑罚执行，但由于是由政务院这个最高执行机关制定的，因此属于十足的行政规范。

严格来讲，《惩治反革命条例》《妨害国家货币治罪暂行条例》《惩治贪污条例》《劳动改造条例》不属于法律，均属于行政规则下的单行刑事实体规范，充其量只能是刑法性规范体系的孕育和初步尝试。可见，这四个条例组成了刑事实体规范体系。这主要归因于，中华人民共和国成立之初百废待兴，法治理念刚起步，立法技术和立法经验有待于积累。

（2）萌芽阶段。萌芽阶段为1954年至1979年，该阶段时间跨度最长。除了1954年《劳动改造条例》属于行政规范之外，1979年颁布的《刑法》《刑事诉讼法》是由立法机关制定的刑事实体法、刑事程序法。以刑事实体规范、刑事程序规范、刑罚执行规范三合一的刑事规范体系的标准来看，《劳动改造条例》《刑法》《刑事诉讼法》第一次构成了新中国的刑事规范体系，而不能说是刑事法律体系，因为该体系中的《劳动改造条例》属于行政规范，而《刑法》《刑事诉讼法》才属于刑事法。所以，该体系具有参差不齐的特点，即属于行政规范与刑事法的混合体，应该说是刑事法体系的萌芽。

---

① 中央人民政府委员会简称政务院，从1949年10月至1954年9月，是中华人民共和国"国家政务的最高执行机关"，属于中央人民政府的一个机构。政务院于1949年9月30日由中国人民政治协商会议第一届全体会议选举产生，对外代表中华人民共和国，对内领导国家政权。

(3) 诞生阶段。诞生阶段为 1979 年至 1994 年，随着国家走上法制轨道，该阶段刑事法体系由 1979 年《刑法》《刑事诉讼法》和 1994 年《监狱法》构成。从刑事法体系构成标准来看，这是新中国最早架构的刑事法体系，明显具有时代局限性的特点，可称为第一期的刑事法体系。

在此期间，为弥补《刑法》的不足，我国于 1981 年 6 月 10 日发布《惩治军人违反职责罪暂行条例》《全国人民代表大会常务委员会关于死刑案件核准问题的决定》《全国人民代表大会常务委员会关于处理逃跑或者重新犯罪的劳改犯和劳教人员的决定》，1982 年 3 月 8 日发布《全国人民代表大会常务委员会关于严惩严重破坏经济的罪犯的决定》，1983 年 9 月 2 日发布《全国人民代表大会常务委员会关于严惩严重危害社会治安的犯罪分子的决定》，1988 年 1 月 21 日发布《全国人民代表大会常务委员会关于惩治贪污罪贿赂罪的补充规定》《全国人民代表大会常务委员会关于惩治走私罪的补充规定》，1988 年 9 月 5 日发布《全国人民代表大会常务委员会关于惩治泄露国家秘密犯罪的补充规定》，1988 年 11 月 8 日发布《全国人民代表大会常务委员会关于惩治捕杀国家重点保护的珍贵、濒危野生动物犯罪的补充规定》，1990 年 6 月 28 日发布《全国人民代表大会常务委员会关于惩治侮辱中华人民共和国国旗国徽罪的决定》，1991 年 9 月 4 日发布《全国人民代表大会常务委员会关于严惩拐卖、绑架妇女、儿童的犯罪分子的决定》《全国人民代表大会常务委员会关于严禁卖淫嫖娼的决定》《全国人民代表大会常务委员会关于惩治偷税、抗税犯罪的补充规定》，1992 年 12 月 28 日发布《全国人民代表大会常务委员会关于惩治劫持航空器犯罪分子的决定》，1994 年 3 月 5 日发布《全国人民代表大会常务委员会关于严惩组织、运送他人偷越国（边）境犯罪的补充规定》，1994 年 7 月 5 日发布《全国人民代表大会常务委员会关于惩治侵犯著作权的犯罪的决定》等一系列规范性文件。可见，此阶段的刑事法体系，不仅仅是由《刑法》《刑事诉讼法》《监狱法》构成的，而且包括诸多有关刑法的补充规定和决定。

(4) 成长阶段。成长阶段为 1994 年至 2011 年，该阶段刑事法体系是由 1994 年《监狱法》、1996 年《刑事诉讼法》和 1997 年《刑法》构成的。随着我国改革开放的深入发展，很快就修订了《刑法》和《刑事诉讼法》，进入到了第二期的刑事法体系。由于社会转型，法治国家建设刚刚起步，因此没有强调刑事法出台的逻辑顺序，但是在立法体例、立法规格以及立法规范上保持了一致。

这一阶段，为弥补《刑法》的缺陷，我国于1998年12月19日发布《全国人民代表大会常务委员会关于惩治骗购外汇、逃汇和非法买卖外汇犯罪的决定》，1999年12月25日发布《刑法修正案》，2001年8月31日发布《刑法修正案（二）》，2001年12月29日发布《刑法修正案（三）》，2002年12月28日发布《刑法修正案（四）》，2005年2月28日发布《刑法修正案（五）》，2006年6月29日发布《刑法修正案（六）》，2009年2月28日发布《刑法修正案（七）》，2011年2月25日发布《刑法修正案（八）》。可见，此阶段的刑事法体系不仅仅是由《刑法》《刑事诉讼法》《监狱法》构成的，而且包括有关惩治某种犯罪的决定和八个刑法修正案。

（5）成型阶段。成型阶段为2011年至今，现在我国的刑事法体系是由现行《刑法》《刑事诉讼法》《监狱法》构成的，可称为第三期的刑事法体系。成型的刑事法体系强调刑事法部门的出台逻辑顺序，并在立法体例、立法规格及立法规范上继续保持了一致，标志着我国刑事法体系进入了新的发展时期。

第二，刑事法体系构建的经验。从刑事法体系的孕育、萌芽、诞生、成长和成型的历史沿革过程中，可以看到中华人民共和国成立之初就启动了立法步伐，其中前30年是制定行政条例的时段，然后才进入制定法律的时段，到1994年才开始完全进入制定刑事法的时段。也就是说，1994年《监狱法》的颁布标志着完全刑事立法的开始，并与1979年《刑法》《刑事诉讼法》组成了第一期的刑事法体系。然而，由于1979年《刑法》《刑事诉讼法》不适合时代的需要，因此很快就被1996年《刑事诉讼法》、1997年《刑法》所取代，这样也就形成了第二期的刑事法体系，即1994年《监狱法》、1996年《刑事诉讼法》、1997年《刑法》形成了第二期的刑事法体系。随着法治建设的深入发展，2012年颁布了新修订的《刑事诉讼法》，为配合《刑事诉讼法》，同年修订《监狱法》，并于2018年再次修订《刑事诉讼法》。现在的刑事法体系由现行《刑法》《刑事诉讼法》《监狱法》构成，可称为第三期的刑事法体系，具有以下特点：

（1）刑事法体系结构一体化。刑事法体系结构一体化是指具有独立部门法地位的《刑法》《刑事诉讼法》《监狱法》相辅相成、相互衔接，形成完整统一的刑事法体系有机整体，具体表现为法律地位的同位化、结构体系的一致化、法律用语的规范化、内容衔接的整体合理化。

现行《刑法》《刑事诉讼法》《监狱法》都是由国家最高立法机关全国人民代表大会及其常委会制定通过的，都是根据《宪法》制定的，是并列的相互配套的刑事部门法。由于我国没有《刑罚执行法》，作为刑罚执行法的主干法的《监狱法》基本取代了刑罚执行法而成为与《刑法》《刑事诉讼法》并驾齐驱、并行不悖的独立部门法，共同构成我国新的刑事法体系，从而填补了我国多年来只有《刑法》《刑事诉讼法》而无《刑罚执行法》的缺口。

《刑法》《刑事诉讼法》和《监狱法》在体例上都采用了现代刑事立法模式，由目录、总则、分则及附则四部分构成，从而使刑事法体系成员法的内部结构明确化、严密化以及外部结构整体化、一致化，在法律条款的内容规定上做到了概念清晰、界限分明。刑事法体系成员法都属于刑事立法的范畴，坚持只有国家立法机关才能制定的原则，立法权的统一为我国刑事立法内容衔接的协调和谐提供了前提条件。从《刑法》"刑罚""刑罚的具体运用"中"刑罚的种类、有期徒刑和无期徒刑、死刑、减刑、假释"的规定，递进到《刑事诉讼法》"执行"中"对于被判处死刑缓期二年执行、无期徒刑、有期徒刑的罪犯交付执行以及减刑、假释"的程序性规定，终结到《监狱法》"刑罚的执行"中"对于被判处死刑缓期二年执行、无期徒刑、有期徒刑的罪犯的收监执行刑罚、减刑及假释"的实践性规定，顺应了现代刑事立法统一协调的潮流，相应内容的整体衔接恰如其分、恰到好处。

（2）刑事法体系价值取向民主化。刑事法体系价值取向民主化是指，在刑事立法和刑事司法运作中，以追求、维护每一个人应当享有的权利为目标。众所周知，当今世界人权意识越来越向高层次发展，刑事立法的民主化已成为国际社会的共识，人权的法律保护标志着一个国家法制的完备程度和社会文明程度。人权的法律保护首先表现为宪法保护，继而不同的法律体系都给予相应的保障，其中尤以刑事法体系保护最为有力，是人权保障的最后防线，离开了刑事法保障，其他法律保护就难以落实。刑事法体系的人权保障体现为权利本位法，《刑法》《刑事诉讼法》《监狱法》规定的人权保障措施标志着我国重构的刑事法体系走向民主化，得到了国际有识之士的赞誉，也使我国在国际人权斗争中取得了主动。

（3）刑事法体系内容规定现代化。刑事法体系内容规定现代化是指，《刑法》《刑事诉讼法》《监狱法》在立法内容上应当充分吸收和借鉴当代各国刑事立法的成功经验，遵循国际社会共有的刑事立法原则，反映国际刑事立法、司法活动的共同规律。刑事立法内容的现代化是世界各国刑事法律体系发展的共同趋势，我国作为国际社会的重要一员顺应了这个总趋势，在刑事立法上反映了人类社会文明发展的成果，反映了立法、司法活动的共同规律。《刑法》确立了对国际犯罪的普遍管辖原则，使国内刑法与国际刑法衔接起来，规定了具有跨国跨地区性质的犯罪，取消了反革命罪的罪名，改为危害国家安全罪，这可以说是刑法现代化的佳证。《刑事诉讼法》注意与我国缔结或参加的国际条约相协调，增加了"无罪推定"和"抗辩式"庭审方式。《监狱法》对罪犯人权的保障作了全方位多层次的规定，借鉴各国行刑制度的发展趋势，吸收了有益经验，专章规定了未成年犯的教育改造，专门规定了女犯的处遇行刑政策，尤其是取消了留场就业而对刑满释放者进行社会安置，体现了监狱作为行刑机关的共性。

二、《监狱法》难以适应形势要求

（一）《监狱法》自身的缺陷

1.《监狱法》体系的缺陷

从立法学理论来讲，标准的法律体系结构应该由总则、分则和附则三部分构成，总则、分则和附则均属于明示的。而在《监狱法》体系结构中，只有总则和附则，分则却是隐式的，给人以无分则的感觉。此外，《监狱法》有的章下设节，有的章下不设节，显然章下层次结构不一致，表明其立法技术较不成熟。

2.《监狱法》内容的缺失

以实践为标准来看,《监狱法》很多方面存在内容的缺失,下面仅以重要的几点即罪犯服刑告知书、法律责任、昼夜监管分别规定、行刑劳动、特殊类型罪犯为例简要说明。

关于罪犯服刑告知书。收押罪犯入监意义重大,理应书面告知罪犯服刑期间的权利义务,但是《监狱法》没有规定,不符合收押仪式的严肃性,不符合罪犯知情权的要求。

关于法律责任。《监狱法》对法律责任的规定仅有第14、58条,对违反第7—9、30、32、34、47条规定而应承担的法律责任没有任何规定,从而没有依据采取措施。

关于昼夜监管分别规定。监狱里的服刑罪犯,昼夜活动不同,监狱的行刑监管也应相应有所区别,在场所、时间、行为要求、警力部署方面均应有所规定,但《监狱法》根本没有规定。

关于行刑劳动。行刑劳动混同在第五章"对罪犯的教育改造"之下,第64、69—73条共6条,非常原则,不仅实际上淡化了劳动的诸多作用,而且也使实践操作无法可依,不符合行刑劳动经常性和规模性的实践需要。可见,《监狱法》未对行刑劳动改造作系统的规定,既没有实事求是地反映监狱工作的现实,也没有薪火相传地继承以行刑劳动方式改造人的传统。行刑劳动是监狱执行刑罚中的一项极其重要的制度措施,不应混同在第五章"对罪犯的教育改造"之中,应专门单列标题规定。

关于特殊类型罪犯。特殊类型罪犯是相对于普通罪犯而言的,主要包括未成年犯、女犯、老病残犯和外籍犯四类。《监狱法》仅对未成年犯作了集中系统的规定,而对女犯的规定,分散在第18、39、40条3个条文中,没有集中系统的规定,不符合监狱行刑实践的需要,但根据女犯独特的生理、心理及体力特征,理应集中全面地规定针对女犯的行刑制度。司法实践中,有的老病残人因犯罪而入狱服刑,有的犯罪服刑人因诸多因素在监狱成了老病残犯,以致监狱里的老病残犯人数形成了一定规模,对他们的行刑监管应不能等同于普通犯人,但《监狱法》没有相关规定。《监狱法》对外籍犯则是根本没有规定,只有司法部 2002 年发布的《外国籍罪犯会见通讯规定》作为专门规则，但也算不上法规，充其量只能算作行政规章。随着改革开放的深入，我国与世界各国交流加强，入境外国人日益增多，随之犯罪的也相应增多，据有关统计，外籍犯人数每年以 20%—30% 的速度增长。因此，《监狱法》应设置"外籍犯管理"专章，使监狱对外籍犯的行刑监管有法可依。

（二）《监狱法》适应的缺陷

1.《监狱法》难以适应社会形势发展的缺陷

《监狱法》制定、颁布期间，社会主义市场经济下的社会就业、社会保险、医疗保障等行业制度还没有充分体现出来，更没有形成，一切由政府包办。因此，《监狱法》对有关罪犯的事项也是这样规定的，如《监狱法》第 37 条规定："对刑满释放人员，当地人民政府帮助其安置生活。刑满释放人员丧失劳动能力又无法定赡养人、抚养人和基本生活来源的，由当地人民政府予以救济。"这一条规定，不论现在还是将来，都无法具体落实。因为对守法的失业者、学有所成的高校毕业生，法律都没有规定由政府妥善安置，政府又怎能依法优先安置犯过罪的人呢？

犯罪服刑人终究是要回到社会的，但由于犯罪服刑，他们的社保、低保、医保被社会单位撤销，释放回归社会后如何解决处理是一难题。可以说，对于医疗、教育、培训、社会适应性、过渡等问题，监狱难以自己解决。这种局面不是《监狱法》所能规定解决的，而需要全社会来关注解决。如果不及时改变，今后随着社会发展进步，解决起来会越来越困难。

2.《监狱法》不对应《宪法》的缺陷

宪法是国家的根本大法，一切法律都应以宪法的规定为依据。《监狱法》不对应《宪法》的缺陷，主要体现在特赦和通信方面。

《宪法》第 67、80 条分别规定了特赦决定权和特赦令发布权。我国特赦战犯始于 1956 年对日本战犯的特赦，1959 年开始特赦国内战犯，直至 1975 年最后一次特赦国民党战犯；时隔 40 年后，2015 年 8 月 29 日，在中国人民抗日战争暨世界反法西斯战争胜利 70 周年之际，特赦服刑人 31527 名；2019 年

6月29日，为庆祝中华人民共和国成立70周年，特赦服刑人15858名。在实践中，特赦基本上最终是由监狱办理释放的，而现行《监狱法》却没有规定特赦释放，这明显脱节于《宪法》，导致监狱办理特赦释放因"无法可依"而遇到了诸多不便。

《宪法》第40条规定："中华人民共和国公民的通信自由和通信秘密受法律的保护。除因国家安全或者追查刑事犯罪的需要，由公安机关或者检察机关依照法律规定的程序对通信进行检查外，任何组织或者个人不得以任何理由侵犯公民的通信自由和通信秘密。"《宪法》的这条规定有三个含义：一是我国公民享有通信权，内容包括通信自由和通信秘密，受法律保护；二是特定机关依法检查通信，公安机关或者检察机关检查通信，理由是出于国家安全或者追查刑事犯罪的需要，方式是依照法律规定的程序；三是其他任何组织或者个人不能检查公民的通信，不能以任何理由，否则就是侵犯公民的通信自由和通信秘密。

《监狱法》第47条规定："罪犯在服刑期间可以与他人通信，但是来往信件应当经过监狱检查。监狱发现有碍罪犯改造内容的信件，可以扣留。罪犯写给监狱的上级机关和司法机关的信件，不要检查。"显然，这不符合《宪法》对通信权的规定。《宪法》只规定公安、检察机关有通信检察权，监狱并无此项权力，这个问题是由于监狱在1983年从公安部管辖划归到司法部所引起的。解决这个问题也容易，在修改《宪法》时补充上监狱即可。

3.《监狱法》与《刑法》的衔接缺陷

《监狱法》与《刑法》的衔接缺陷，主要表现为对假释对象、又犯罪的规定不一致。

针对假释对象，《刑法》第81条第2款作出了排除性规定："对累犯以及因故意杀人、强奸、抢劫、绑架、放火、爆炸、投放危险物质或者有组织的暴力犯罪被判处十年以上有期徒刑、无期徒刑的犯罪分子，不得假释。"而《监狱法》第32条仅囊括性地规定，"被判处无期徒刑、有期徒刑的罪犯，符合法律规定的假释条件的，由监狱根据考核结果向人民法院提出假释建议"，而没有作出相承接的排除性规定。

针对又犯罪，《监狱法》第 59 条规定，罪犯在服刑期间故意犯罪的，依法从重处罚。这样的规定明显属于越权。《监狱法》作为执行法是无权规定对犯罪的量刑原则的，必须承认"在服刑期间故意犯罪"的主观恶性比累犯更大，从重处罚具有合理性，但是这也只应由《刑法》来规定。关于此类犯罪的称谓，《刑法》第 71 条的表述为"又犯罪"。

第二节　监狱法的修改方向

一、监狱立法修改的决策

（一）监狱立法修改的视野

1. 监狱立法的视野高度

监狱立法的视野高度决定了立法的权威性高低，监狱法属于国家法，监狱立法应立于国家高度，最高立法机关全国人大从国家的高度来看待对待监狱立法，具有无可比拟的优越性，便于自上而下地调整相关利益。全国人大是最高的权威决策者、立法者，监狱立法决策的国家高度涉及两个方面：一是国家的治理体制，二是法律体系。

第一，国家的治理体制是国家应对处理解决各种问题的主观条件，包括国家的治理体系和治理能力。在进行法治国家建设的过程中，势必要求以法治思维模式规范国家的治理行为，要求国家以法治方式进行管理，提高国家治理能力，把国家治理能力纳入国家法治轨道。国家的治理能力应对的问题纷繁复杂，其中就包括社会治安问题。尤其是针对犯罪问题的治理，应强调依法构建国家治理体系，强化依法提升国家治理能力。国家以刑罚施加于犯罪人的法治方式应对已然犯罪，在刑罚执行中监狱执行刑罚居于重要地位，应以法治模式规范监狱运行。

第二，法律体系。法律体系是国家用以规范各种行为主体的有机行为规范整体,是由各个部门法组成的,其中就包括有刑事法体系。立法机关应把监狱立法决策置于法律体系的整体框架内来考虑,尤其是在刑事法体系内解决《监狱法》与《刑法》《刑事诉讼法》的衔接问题。

全面依法治国是中国特色社会主义的本质要求和重要保障,为加强党中央对法治中国建设的集中统一领导,健全党领导全面依法治国的制度和工作机制,更好落实全面依法治国基本方略,组建了中央全面依法治国委员会,负责全面依法治国的顶层设计、总体布局、统筹协调、整体推进、督促落实,并作为党中央决策议事协调机构。根据现行体制安排,中央全面依法治国委员会办公室设在司法部,监狱立法决策的具体操作则是由司法部主导,司法部应从建设法治国家的高度出发,在国务院内需要协调与公安部等部委的关系,在国务院外要协调与监察委员会、最高法院、最高检察院的关系,确保监狱立法的国家权威性。

2. 监狱立法的视野广度

监狱立法的视野广度决定立法的效力,应达于社会广度,可分为两个方面:一是国际社会,二是国内社会。在国际社会,中国作为联合国五大常任理事国,监狱立法应放眼世界,借鉴联合国和区域性国家组织以及发达国家监狱立法的先进经验。在国内社会,应从全社会的广度看待监狱立法。社会绝对不是执行刑罚的监狱一个实体的运行空间环境,而是国家机关、团体、企业事业单位及个人的活动空间环境,监狱只是社会的一个单元。现在,社会各种矛盾交织叠加,全面依法治国任务依然繁重,应把监狱执行刑罚置于全社会的范围内来看待。监狱立法决策的社会广度应包含两个方面:一是给监狱以社会相应单位的待遇;二是得到社会的配合。

随着人民对民主、法治、公平、正义、安全等方面的要求日益增长,人们越来越关注良法善治,其中监狱执行刑罚备受关注。在社会上的机关单位系列中,监狱、公安局属于同一类的犯罪治理单位,同属于国家行政机关,理应得到行政机关运行所必需的人力资源、财力资源、物力资源的保障。

监狱涉及的社会关系纷繁复杂。监狱作为机关与其他机关的关系非常重要,尤其是与保障管理部门的关系。监狱与公检法之间的关系,特别是与监察委员会的关系,更是一项新课题。监狱应主动接受社会的监督,接受社会各界的参观,配合有关教学研究单位的科研。《监狱法》的修改应明确基本原则,内容应符合社会形势要求,既应作出宏观抽象规定,反映监狱工作的前瞻性、扩张性和伸缩性,也应反映卓有成效的经验,实体与程序相结合,组织与行政相结合,构建全面完整的刑罚执行体制。

3. 监狱立法的视野深度

监狱立法的视野深度决定立法的作用深浅,应抵于行业深度。监狱立法的行业深度要求深达核心,要求监狱行业以监狱警察和服刑犯人这两大群体的相关制度及其相应责任为核心。监狱执行刑罚将服刑人置于封闭环境中监管,大多数犯罪服刑人在监狱执行刑罚的整个刑期内要生活在监狱这个封闭环境里,导致监狱执行刑罚的风险因素多、安全问题突出。监狱立法决策的行业深度要求客观地认识监狱执行刑罚的这一行业特质。

需要引起关注的是,不仅有些犯罪服刑人在监狱里会想方设法腐蚀监狱警察,其家人更是千方百计地找关系,托门路给监狱施加压力,以使服刑人早日出狱。因此,立法机关应该全面考虑监狱执行刑罚所需要的社会安全措施。监狱的定性、定位、定职,监狱常态良性运行的人力、物力、财力保障,监狱执行刑罚的具体制度,监狱人民警察的履职规范标准,监狱服刑人的服刑行为要求等,都属于应该考虑规范的事项。尤其重要的是,既应合理规范监狱人民警察的履职范围,也应合理规范监狱服刑人的服刑行为要求。

执行刑罚属于国家事务。在法治国家建设的今天,良法善治绝不是一句空话,而需要付诸实际行动。监狱立法成为良法,理应从国家的高度、社会的广度、行业的深度来考虑,才能自上而下理顺有关关系,协调有关利益,提高立法质量,达到良法善治的效果,使《监狱法》不仅具有操作性,而且得到全社会的一体遵循。

(二) 监狱立法修改的原则

1. 监狱立法的法治原则

监狱立法的法治原则以法定性为特质,根据《中华人民共和国立法法》(以下简称《立法法》)的规定,监狱立法应当依照法定的权限和程序,从国家整体利益出发，维护社会主义法制的统一和尊严。

第一，监狱立法权限法定。立法权限法定强调立法权的行使应当有法的根据，全国人大在立法权限内开展监狱立法活动，应当符合《宪法》《立法法》的规定。立法权限法定有二层含义，即立法主体法定、立法权限法定。立法权限是立法主体行使立法权力的界限，立法主体是立法权限的行使承担者，如果立法主体随意确认或变更，立法权限的法定便无从实现。

立法权是国家权力的重要组成部分，保障立法权不被滥用的先决条件就是立法权行使主体在法律上必须具有确定性，全国人大这个职权立法权主体，不应一立法就授权立法。立法权限法定具有立法权受制约性，立法权虽然在我国的国家权力体系中居于顶层设计地位，但也有权限范围和要求，立法机关应当在法律规定的范围内行使立法职权、从事监狱立法活动，必须受到法的规制和社会公众的监督。

第二，监狱立法程序法定。立法程序法定强调一切立法权的行使过程都应当于法有据，立法过程的所有环节都应当依法运行，强调立法运作的规范性和严肃性。在客观上，立法程序必须用法律规定并形成制度，绝不是可有可无的；在主观上，立法主体行使立法权必须遵守立法程序，不能随意行使。立法程序法定意味着立法程序不因某些人意志的改变而改变，立法主体必须完全遵循法定的立法程序、环节、步骤和方法，绝对不能有随意性和选择性。

第三，监狱立法内容合法。监狱立法内容合法是指立法结果应当符合根本法地位的《宪法》、上位法地位的《立法法》、上游法地位的《刑法》《刑事诉讼法》，必须摒弃违反根本法、上位法、上游法的任何立法内容。在我国，现行《宪法》是根本大法并具有最高的法律效力，监狱立法必须以《宪法》为立法依据，不得违反《宪法》。不合乎《宪法》原则和规定的立法应当被依法撤销或宣布无效。在监狱立法的权限和程序方面，必须遵守《立法法》的规定。

监狱立法内容合法体现为立法内容的协调性。我国是统一的单一制国家，坚持社会主义法制统一是根本原则，立法内容的协调性是实现社会主义法制统一的关键。因此，尽管我国有不同层次和内容的立法，但这些不同位阶的法都要保证法律体系内部的衔接统一，不仅下位阶的法不得同上位阶的法相抵触或者必须有上位阶的法的依据，同位阶的法之间也要互相衔接。具体来说，监狱立法不仅要与根本法的《宪法》保持承接，而且要与上位法的《立法法》保持承接，还要与上游法的《刑法》《刑事诉讼法》保持相互之间的衔接，并与同位法的《社区矫正法》保持衔接。

监狱立法内容合法体现为立法内容的良善性。合法性不仅具有形式意义，而且具有实质意义，合法性的实质意义强调立法内容的良善性即"恶法非法"。监狱立法内容应"以人为本"，是对人的人格、尊严、人身自由等人类理性的基本肯定，不仅是对监狱人民警察的良善，也是对监狱服刑人的良善，更是对社会守法公民的良善。

第四，法治原则以维护法制统一尊严为职能。立法的法治原则是依法治国的内在要求，国家和社会的法治化是社会成员的共同愿望。我国社会的经验表明，在国家和社会的法治化进程中，立法必须首先法治化，这是国家和社会走向法治的前提和基础。由于我国数千年的历史所形成的人治观念在立法领域有不同程度的遗留，要实施"依法治国，建设社会主义法治国家"的基本治国方略，就必须先在立法领域实现法治，这是监狱立法的前提要求。立法的法治原则是维护社会主义法制统一和尊严的要求。《宪法》明确规定，国家维护社会主义法制的统一和尊严。坚持法制的统一是我国立法的特质，因为我国是单一制国家。而立法法治原则是实现社会主义法制的统一和尊严的重要途径，因此监狱立法必须坚持法治原则。

监狱立法应树立法治意识，摒弃人治思想。监狱立法是反映民意的立法活动，要求坚持法治相统一、排除人治。在监狱立法实践中，要防止出现"假大空立法"的现象，防止简单地把口号标语式的词句作为"金科玉律"写入法中；要防止出现"虚无立法"的现象，防止把没有实际意义的词句随心所欲地立法；要防止出现"孤立立法"的现象，防止立法主体不从监狱需要全社会支持配合的视角立法。最重要的是，要防止空中楼阁式地立法，防止立法时不考虑监狱所必需的人力、物力、财力资源，因为监狱工作需要有专门的机构组织及其工作人员来落实，不能依靠人们的志愿服务来落实。监狱立法应以强化法秩序为价值追求，立法内容要充分体现国家的整体利益，充分考虑和维护社会公民的根本利益和长远利益，防止狭隘的部门和地方自保主义，这是法制统一的起点和落脚点。要通过监狱立法内容的层递式规制，保持国家法律体系内部的和谐统一，从而形成良好的法秩序。

2. 监狱立法的民主原则

监狱立法的民主原则以遵循民意为特质，我国的立法是表达民意的政权活动，立法必须遵循民主原则，这是我国立法的基本特征和民主政治的具体体现。《立法法》第5条规定："立法应当体现人民的意志，发扬社会主义民主，坚持立法公开，保障人民通过多种途径参与立法活动。"监狱立法的民主原则有两方面内容：一是民主原则的本质方面，监狱立法的内容应当反映和体现民意；二是民主原则的方法方面，监狱立法的过程应当发扬社会主义民主，坚持立法公开，保障人民通过多种途径参与并监督立法活动。

第一，监狱立法内容的民主性。我国是人民民主专政的社会主义国家，现行《宪法》总纲开宗明义声明："中华人民共和国的一切权力属于人民。"国家立法权的行使结果，创制的立法内容，均应表达和维护人民的共同意志。立法内容的民主性是由我国社会主义国家的本质所决定的，监狱立法内容必须以民意为依托和归宿，其内容是民意的法律化，这是民主立法的实质要求。立法内容的民主性是由立法活动的本质所决定的，监狱立法内容表达和维护的是人民的意志而非特定立法主体一己之意志，是经过选择的、有必要提升为国家意志的、不特定多数人的共同意志。立法过程的民主性是由我国民主政治制度和党的工作方针所决定的，立法过程中的一切环节都应接纳民众参与或接受人民监督，这是民主立法的形式要求，是人民管理国家和社会事务的重要途径。立法过程的民主性是由立法内容的民主性所决定的，监狱立法活动的一切过程应具有法之正义所需要的民主内核。

第二，监狱立法过程的民主性。监狱立法过程应保证相关利益的实现，立法过程不应是"暗箱操作"的过程，利益的表达和利益的选择应以监狱的需要为标准。监狱立法过程应保证权益平衡的实现，立法过程为各种利益的表达和交流提供了渠道，使相关利益者之间有了彼此认知和达成共识的机会，立法主体也有了从中做出理性选择的理由。监狱立法过程应保持立法中立，没有偏私的立法过程才可能出台社会广为认同的监狱法，监狱法被社会接受的程序前提是它必须经过中立的立法过程而制定。

监狱立法过程的民主性有两个要求：一是立法主体内部议事规则的民主，二是立法活动外部程序规则的民主。立法主体内部议事规则的民主直接关系着法的民主本质，因为立法主体内部的议事规则是"法"生成的"生产线"，决定着产品的品质，要保障监狱立法过程的民主性，就必须要做到立法主体内部议事规则的民主。立法活动外部程序规则的民主，是立法主体在立法活动中联系社会公众的渠道。监狱工作涉及社会关系的复杂多样、利益主体的多元，要使社会民众了解和参与监狱立法，这是《立法法》规定的立法公开的具体落实。

第三，监狱立法民主原则以吸纳民意为价值追求。在我国，人民是国家的主人，国家的根本任务就是确保人民当家做主管理国家的权利，立法的民主原则是实现人民当家作主的必然要求。"为了保障人民民主，必须加强法制。必须使民主制度化、法律化，使这种制度和法律不因领导人的改变而改变，不因领导人的看法和注意力的改变而改变。"监狱立法的民主原则，是反映社区矫正客观规律的需要，是实现监狱立法目的的需要，是依法治国方略对立法的要求。人民群众广泛参与监狱立法过程并充分发表意见，不仅便于立法主体了解人民群众的意志和利益所在，而且利于增强人民群众对监狱立法内容的认同感，最终在立法中体现人民群众的意志，使人民群众更加自觉地支持协助社区监狱工作。

监狱立法应坚持公开征求社会公众意见制，实现公民的立法意见陈述权。监狱工作关涉人民群众重要利益，监狱立法活动必须坚持法案公开，使有关国家机关、社会团体、企事业单位以及专家学者、人民群众能够通过各种方式和途径有效参与立法过程，如通过调查研究、举行座谈会、组织社会媒体讨论甚至全民讨论，使他们有多种渠道和各种机会陈述自己的意见。

监狱立法应实践立法听证制，实现社会公民的质疑辩论权。监狱立法听证制度是现代立法制度追求公正与民主的集中体现，以公开的方式给利益关系人参与立法活动提供平等的机会，给不同利益群体提供制度性表白途径。立法主体以公共和理性为标准，通过让不同利益主体相互质疑和辩论，最终达成最大限度的共识。

监狱立法应倡导立法旁听制，实现社会公民的知情权。立法旁听是公民获取监狱立法活动的真相和事实的有效途径，是立法主体听取社会公众意见的有效渠道。立法听证和立法审议都可由民众代表列席旁听，使他们了解监狱法草案的审议情况。保障社会公民对监狱立法情况的知情权，是"理性立法""民主立法"的必然要求，一是便于对社会公众进行法制教育，促进监狱立法信息传播；二是可以创造开放透明的监狱立法环境，避免立法腐败；三是利于社会公民监督立法，减少政治争议。

因此，监狱立法过程应真实反映民意，实现人民意志与国家意志的统一。监狱立法过程的民主必须反映立法内容的民主，立法内容的民主应当全面、真实地反映社会公民在监狱立法活动中表达的意志，将立法过程的民主价值凝结成立法内容，凝结成具体的条文。

3. 监狱立法的科学原则

监狱立法的科学原则以科学为特质，表现在立法理念科学性、立法技术科学性和立法内容科学性三个方面。监狱立法理念直接指导立法活动的走向，只有立法理念具有科学性，所立之法才能具有合理性和良好的社会基础。监狱立法理念科学性要求，贯穿于监狱立法活动始终的理论信条和观念，必须反映立法活动的客观规律，必须符合客观实际情况。立法需要运用科学的立法技术表述法条，立法技术的科学性是指用来设计法律关系的调整方法和表达立法内容的技术专业、规范能够准确地反映立法真意。监狱立法者想要作出合理的制度安排，想要达成真实意愿，必须依靠科学的立法技术，否则就会事与愿违。监狱立法内容科学性属于科学立法的根本，以立法理念科学性和立法技术科学性为前提基础，是指法律制度设计的科学性，要求立法作出的制度安排必须符合法治国家建设目标。因为立法的内容才是调整社会关系的行为规范，而理念与技术是融合在法条内容中的因素。监狱立法内容的科学性要求，立法主体秉持中立态度，以科学为立法内容的取舍标准，满足现实需求中的合理内容，排除不合理的内容。

第一，监狱立法科学原则以提高立法质量为价值追求。立法的科学原则要求把立法作为一种科学活动，立法无疑贯穿着立法者的意志，但也不否认立法受客观规律的制约。因此，立法的科学原则反映了立法作为一种科学活动的主客观相统一的本质。监狱立法科学原则以提高立法质量为价值追求，这是法治国家建设的必然要求。符合现实需求的立法具有社会生命力，要提高监狱立法质量，就必须使监狱立法能满足监狱的现实需求，如果脱离客观现实需要，那么立法就会因缺乏生命力而形同虚设，甚至使监狱实践有法难依。

第二，监狱立法应体现服刑人权利和义务的一致性。监狱法是调整监狱行刑法律关系的法，必须反映监狱行刑法律关系的特征，不仅要区别于《社区矫正法》调整的社区行刑法律关系，而且要区别于《中华人民共和国治安管理处罚法》调整的治安处罚法律关系。服刑人在监狱服刑，其法律地位绝对区别于守法公民，因此监狱法应合理配置监狱服刑人的权利规范和义务规范，确保监狱服刑的权利与义务对应对等。

第三，监狱立法应体现服刑人权利义务和责任的对应性。有法定权利，就有可能滥用权利，有法定义务，就有可能不履行义务，这些违法行为都必须对应相应的法律责任。监狱服刑人在监狱服刑，无论是对法定权利的违反，还是对法定义务的违反，都应设定相应的法律责任予以追究。在监狱服刑区别于在社区服刑，监狱服刑人没有极大的人身自由度和绝对的人身自主力，这是监狱行刑的最大特征，更是监狱行刑实践最大的风险，监狱立法应严肃认真对待。

第四，监狱立法应体现实体规范和程序规范的协调性。监狱行刑实践是将有关刑罚执行、落实、兑现的过程，刑罚执行法范畴以实体规范与程序规范的协调为特色，作为其分支之一的监狱立法当然必然体现实体规范与程序规范的协调性。监狱立法中的实体规范与程序规范这两者同等重要，因为如同没有无形式的内容一样，实体规范与程序规范都是立法不可或缺的内容。

第五，监狱立法应体现国家、社会和个人利益的共赢性。利益是国家、社会和个人一切活动的基本动因，而立法是调整利益的最重要手段。监狱立法事关国家利益、社会利益和个人利益，应以解决问题导向为思维，合理公正地思考研究，不可以有情绪地看待这些利益，不可以站在偏私的立场上，而应居于对冲的利益结构之上疏理冲突各方利益结构，寻求公正稳妥的方案。

从本质上来看，监狱是执行刑罚的国家机关，关系到国家治理犯罪、维护国家正常运行的总体安全观的最高国家秩序利益，监狱立法应该确认这个国家利益，因此监狱所需的人力、物力、财力资源必须保证，其工作人员的公务员待遇是最基本的。虽然服刑人在监狱服刑，但也需要社会上各个单位的积极支持和有效配合，尤其是公安、法院、检察院的直接支持和配合。因此，监狱立法在保障国家利益的基础上，应同时兼顾社会或个人的最大利益，才能实现国家、社会和个人利益的共赢。

二、监狱立法修改的模式

（一）立法名称的选择

1．"监狱法"的法名

"监狱法"的法名是以行刑机关监狱的名称为标准而对行刑规范冠以名称的立法名，其特色就在于以单位名称监狱冠以法的名称即《监狱法》，我国现在采取的行刑立法名称就是《监狱法》，这既是优点，也是缺点。

《监狱法》的法名具体明确，言简意赅，没有歧义，同时还指示着该法的效力范围。但是，《监狱法》的法名有时也会引起误解，有人将其视为监狱系统行业的法来对待，给其效力范围造成了不利影响。

2．"刑罚执行法"的法名

从理论与实践来看，《监狱法》的法名引发的误解是客观存在的，主要是把《监狱法》理解为"监狱的法""管监狱的法""监狱里的法"，因而有人提出了"监禁刑执行法"的法名。

从《刑法》规定来看，我国刑罚体系中主刑和附加刑的刑种中根本就没有监禁刑，本身就没有法定依据；从涵盖范围来看，如果取"监禁刑执行法"，那么对于是否包括"死缓"的执行，也会陷入困境。因此，"监禁刑执行法"的法名也不妥。

相比较而言，"刑罚执行法"的法名较为合适。从《宪法》规定来看，第28条关于惩办改造犯罪分子的规定，细化为实体法《刑法》、程序法《刑事诉讼法》，顺理成章应为落实法《刑罚执行法》。从《立法法》规定来看，《立法法》规定的有关犯罪与刑罚的事项，尤其是刑罚的具体立法，应具体细化为刑罚执行法。从刑事法体系来看，冠以"刑"字的法名，实体法则为《刑法》，程序法则为《刑事诉讼法》，落实法应为《刑罚执行法》。总之，刑罚执行法的法名，顺理成章，成龙配套。

（二）立法核心内容

1.《监狱法》的主要内容

关于体系结构，《监狱法》应采取明示总则、明示分则、明示附则的结构体系，章下设节，应尽可能保持章节的一致。

第一，总则部分可分为六个方面，即基本规定、行刑管辖、监狱体制、基本原则、监狱警察、服刑犯罪人。

基本规定主要包括四项内容，即立法依据、立法宗旨、立法目的和效力范围。《监狱法》的立法依据是《宪法》，具体是《宪法》第28条关于打击犯罪、惩办犯罪人的规定。《监狱法》的立法宗旨应是依法公正执行刑罚，依法是规则，公正是灵魂。《监狱法》的立法目的是促使服刑人早日回归社会。《监狱法》的效力范围及于全国，任何单位、个人都有义务积极支持和配合。

行刑管辖主要包括四项内容，即刑罚执行的种类、判决地管辖、原籍地管辖、级别管辖。（1）刑罚执行的种类。监狱执行的刑罚主要包括死刑缓期二年执行的死刑、无期徒刑，三个月以上的有期徒刑。（2）判决地管辖。对法院判决的刑罚，由该法院所在地区的监狱负责执行。（3）原籍地管辖。对法院判决的刑罚，由犯罪人原籍所在地区的监狱负责执行。（4）级别管辖，对最高人民法院或高级人民法院判决的刑罚，由司法部直属监狱负责执行。

监狱体制主要包括四项内容，即监狱系统、监狱体系、监狱辖制、监狱建制。（1）监狱系统。监狱分设在全国省市自治区。（2）监狱体系。监狱体系分设在中央政府和省级政府。（3）监狱辖制。全国监狱工作由司法部管辖，下设监狱管理局主管全国监狱工作，地方一级政府应设置相应的机构体系，此外有些省份的下辖市也设置有监狱。（4）监狱建制。监狱属于国家机关，是设置在中央政府和地方一级政府中负责执行刑罚的行政机关，应按照行政机关给予财政拨款、人力资源、物质资源配置，以便为执行刑罚提供便利。

基本原则主要包括七项内容，即行刑法定原则、罪责刑相适应原则、行刑与服刑相适应原则、行刑平等原则、行刑人道原则、行刑教育原则、责任自负原则。（1）行刑法定原则要求，严格按照刑罚实体内容、行刑程序、操作规程执行刑罚。（2）罪责刑相适应原则要求，监狱执行刑罚应把罪责刑结合起来。（3）行刑与服刑相适应原则要求，监狱执行刑罚应考虑服刑人的服刑表现，确保执行刑罚的公正。（4）行刑平等原则要求，监狱执行刑罚确保人人平等，不论服刑人的身份地位受教育程度如何，一律平等对待。（5）行刑人道原则要求，监狱执行刑罚要尊重服刑人的人格尊严，给予人道主义待遇。（6）行刑教育原则要求，监狱执行刑罚的过程中，要对服刑人开展针对性的教育活动。（7）责任自负原则要求，服刑人应对其本人在监狱的任何行为承担责任，而不能牵连无辜。

监狱警察主要包括四项内容，即监狱警察的建制、监狱警察的职权职责、监狱警察的勤务岗位职责、监狱警察依法履职尽责最低标准。（1）监狱警察的建制要求，应明确监狱警察的国家机关公务员和警察的身份。（2）监狱警察的职权职责要求，监狱警察在工作时的职权职责应明确具体。（3）监狱警察的勤务岗位职责要求，监狱警察的工作岗位不尽一样，每个岗位都应具体明确职责要求，尤其是直接与服刑人打交道的岗位。（4）监狱警察依法履职尽责最低标准要求，监狱警察在工作岗位上依法尽责即可，不可能管住服刑人的所有行为。

服刑犯罪人主要包括四项内容，即服刑人的法律地位、服刑人的权利义务、服刑人的服刑规划、服刑人的自治。（1）服刑人的法律地位。服刑人的法律地位有三项具体内容：一是服刑人处于被行刑惩罚的地位，二是服刑人处于被行刑教育的地位，三是服刑人处于受法律保护的地位。（2）服刑人的权利义务。需要明确服刑人的权利义务可分为被剥夺的、被限制的和可行使的三类，被剥夺的权利义务在行刑期间完全不能行使，被限制的权利义务不能完全行使，可行使的权利义务则受保护。（3）服刑人的服刑规划。服刑人入监服刑应作出服刑规划，应对承诺的服刑内容承担相应责任。（4）服刑人的自治。监狱执行刑罚，必须对服刑人进行监管，更重要的是容许服刑人自治，使他们自己管自己，对自己的行为负起第一责任。

第二，分则部分主要包括六项内容，即刑务管理、行刑监管、行刑教育、行刑劳动、几种特殊服刑人的行刑、法律责任。

刑务管理主要分为两大项内容：在程序上有收押、释放，在行刑变更上有减刑、暂予监外执行、假释。收押主要包括八个事项，即收押的文件、收押的对象、收押的时间、收押的程序、收押的检查、拒绝收押、收押的登记、收押的通知等。释放主要包括五个事项，即释放的种类、释放前工作、释放的时间、释放的程序、释放的具体地点。同时，释放可分为刑满释放、特赦释放、假释释放、无罪释放。减刑主要包括六个事项，即减刑的条件、减刑的次数、减刑的幅度、减刑的撤销、减刑的审理期限、减刑建议的程序。暂予监外执行主要包括四个事项，即暂予监外执行的条件、暂予监外执行的时间计算、暂予监外执行的撤销、暂予监外执行的程序。假释主要包括五个事项，即假释的条件、假释的服刑时间要求、假释的撤销、假释的审理期限、假释建议的程序。需要强调的是，假释的条件应严于减刑的条件。

行刑监管主要分为九项内容：监管原则，分押分管，警戒，戒具和武器的使用，通信和会见，生活和卫生，奖惩，对罪犯服刑期间违法犯罪的处理，罪犯自治。

行刑教育主要分为七项内容：教育原则，教育种类，教育内容，教育时间，教育设施，学习纪律，罪犯自学。

行刑劳动主要分为八项内容：劳动原则，劳动种类，劳动时间，劳动设施，劳动管理，劳动保护，劳动收入，工伤处理。

几种特殊服刑人的行刑主要分为四项内容：未成年犯的行刑，女犯的行刑，老病残犯的行刑，外籍犯的行刑。

法律责任主要分为三项内容：法律责任的种类，法律责任的主体，法律责任的承担。

第三，附则主要包括四项内容，即有关名词术语的解释，有关时限的计算，有关法律、法令、规章的失效，本法的生效时间。

2. 刑罚执行法的内容

刑罚执行法的制定，是法治建设在刑罚执行方面的最终体现和要求，并且涉及《刑法》《刑事诉讼法》的进一步完善。刑罚执行法在体系结构上，应由明示总则、分则和附则构成，应规定各种刑罚的执行。下面择其要者，阐述如下：

第一，刑罚执行法规的支离破碎现状。按照应然刑事法体系的逻辑顺序，《刑法》规定刑罚、刑罚的具体应用以及各种犯罪的配置刑罚，《刑事诉讼法》规定确认犯罪和施以刑罚的诉讼程序，刑罚执行法规定各种刑罚的执行。然而，实际上只有《刑法》关于刑罚的规定较为名实相符，《刑事诉讼法》在第四编"执行"规定了死刑立即执行、死缓、无期徒刑、有期徒刑和拘役判决的执行、监外执行、社区矫正、剥夺政治权利的执行、罚金的执行、没收财产的执行，《监狱法》规定了死缓、无期徒刑、三个月以上有期徒刑的执行，《社区矫正法》规定了非监禁罪犯的社区矫正。可见，现在没有刑罚执行法，刑罚执行法规支离破碎，有的是由《刑事诉讼法》规定的，有的是由《监狱法》规定的，有的是由《社区矫正法》规定的。那么，应如何看待这个现象呢？

刑罚执行法规的源头之法是《刑事诉讼法》。《刑事诉讼法》的规定，不仅有刑罚执行内容上主刑中的死刑立即执行和附加刑的执行，而且有刑罚执行名称上即第四编"执行"的用语，明显侵犯了"刑罚执行法"应有的刑罚执行之名。因为《刑事诉讼法》只应规定刑事诉讼程序本体事项，刑事诉讼程序以法院作出刑事裁判为标志而结束，进而刑事裁判生效而启动刑罚执行，但必须以生效刑事裁判中的犯罪人及其刑罚需要移交给刑罚执行机关为前提，承前启后的移交是《刑事诉讼法》应该规定的，其第四编"执行"应改为"移交"才名副其实，而刑罚执行的本体事项理应由刑罚执行法来规定。接着，《监狱法》规定了以隔离监禁为模式的刑罚执行，《社区矫正法》规定了以散放为模式的刑罚执行。就这样，《刑事诉讼法》《监狱法》《社区矫正法》"三家分晋"肢解了"刑罚执行法"，前者颇有越界立法的嫌疑，后两者本身就属于刑罚执行法的内容，但不该另立门户取代刑罚执行法。

第二，刑罚执行法的构想。从我国对社会事项的管理和治理来看，国家针对犯罪与刑罚，在实体上有《刑法》来规范，在程序上有《刑事诉讼法》来规范，在执行上应有刑罚执行法来规范。针对刑罚执行法缺位而出现的刑罚执行法规支离破碎的现状，立法机关行使立法职权必须做出立法决策，应从国家的高度、社会的广度、行业的深度，全面规划刑罚执行立法。

（1）刑罚体系一体化。我国的刑罚体系是由主刑和附加刑构成的，主刑包括管制、拘役、有期徒刑、无期徒刑、死刑，附加刑包括罚金、剥夺政治权利、没收财产等，针对外国公民还有驱逐出境的附加刑。实践证明，刑罚体系存在诸多缺陷，择其要者共有两点：一是所有刑罚种类仅有存在性规定而无解释性规定，二是管制拘役难分伯仲。近几年来，刑法修正案的不断出台，尤其是所确定的社区矫正和终身监禁，对刑罚体系造成了极大冲击：一是终身监禁名为行刑方式、实为刑种而影响刑罚体系，二是社区矫正名为行刑活动、实为囊括刑种与行刑变更措施而影响刑罚体系。总之，这些问题表明，现行刑罚体系需要一体化建设，主要有两方面的内容：一是需要规定每一刑种的定义，二是需要整合刑种。一体化的刑罚体系包括死刑、终生徒刑、有期徒刑、社区刑、财产刑五种，其中财产刑既可单处也可并处，还可与有期徒刑易科。

一体化的刑罚体系，体系完整、结构严谨，刑罚种类按照严厉程度由重到轻的顺序加以排列，各种刑罚方法相互之间轻重衔接、限度适当、依次递进、结构严谨；内容合理、宽严相济，各种刑罚方法都蕴含着惩罚与改造的机制，有最严厉的死刑，以自由行为核心并扩及财产刑，刑罚体系的库存刑罚方法有宽有严、宽严相济；目标统一、方法人道。不论刑罚方法是轻还是重，都以公正应对犯罪为目的，所有的刑罚方法无不体现着人道主义精神，虽然都会使犯罪人感受到惩罚的痛苦，但并不以追求犯罪人的痛苦为目的。

死刑是剥夺犯罪分子生命的刑罚方法，故称生命刑，在刑罚体系中居于首位，是严厉性最重的一种刑罚，故亦称为极刑。由于死刑剥夺内容的重要性以及死刑本身严厉程度的终极性、适用的严格性，在司法实践中必须严格贯彻"坚持少杀、防止错杀"的刑事政策。死刑是对犯罪人生命的剥夺，是从肉体上消除犯罪分子生命存在的刑罚方法，不同于剥夺自由、剥夺资格、剥夺财产的刑罚方法，其严厉程度具有终极性。

终生徒刑是指剥夺犯罪分子终生自由直至其死亡，实行强制劳动和教育改造的刑罚方法，在徒刑中最为严厉。

有期徒刑是指在一定期限内剥夺犯罪人的人身自由，实行强制劳动和教育改造的刑罚方法，在我国刑罚体系中居于核心地位。基于有期徒刑的刑期幅度大、适用面宽的特点，无论是较轻的犯罪还是较重的犯罪，都可以由有期徒刑给予较合适的惩罚。我国刑法分则条文在任何一种犯罪的法律后果中均包括有期徒刑在内，在司法实践中，有期徒刑也是适用率最高的一种刑罚方法。

社区刑又称社会刑，是在三年以下的时间内使犯罪人在社会上服刑的刑罚方法，其中就包括社会劳动。社区刑是从短期监禁刑的替代措施演变而来的，社会劳动或称社区劳动、强制劳动、无偿劳动，或称社区服务或社会服务等，是指强制犯罪人在社会上无偿劳动的刑罚措施，以弥补因其罪行给社会和个人造成的损害。

财产刑是指剥夺犯罪人财产的刑罚方法，既可以部分剥夺，也可以全部剥夺，主要适用于贪财图利以及与财产相关的犯罪。一是通过对犯罪人判处罚金剥夺其犯罪的经济基础，二是对犯罪人贪财图利的思想给以惩罚教育。财产刑是通过整合罚金与没收财产而形成的刑罚方法，因为这两种刑罚实质上具有同一性，有必要合并成一种刑罚。

（2）刑罚执行一体化的组织构建。目前，执行刑罚的机关繁杂混乱，其中公安部门、法院都不是名正言顺地执行刑罚的机关。《宪法》第3条第4款明确规定："中央和地方的国家机构职权的划分，遵循在中央的统一领导下，充分发挥地方的主动性、积极性的原则。"《宪法》的这一规定无疑是所有国家机关划分职能的最高法律依据，刑罚执行的机关设置应该遵循这一宪法规定。执行刑罚的机关的繁杂混乱局面必须解决，解决的办法就是实现刑罚执行机关一体化，刑罚执行机关应是协调一致的整体。要实现刑罚执行机关一体化，就应该严格遵循《宪法》关于国家机构职权划分统一原则的规定，合法、合理、合情地重新规划配置刑罚执行职能。

首先，正本清源，终止法院执行刑罚的职能，使之专心致志行使审判职能。其次，统归行政，把全部刑罚的执行职能规划在行政部门内，统一由行政部门内的机关行使刑罚执行职能。最后，在行政部门内，选择一个部门统一管辖刑罚执行机关，由刑罚执行机关一体化地行使刑罚执行职能。在行政部门内，究竟该选择哪个部统一管辖刑罚执行机关一体化地行使刑罚执行职能呢？简单来说，有三种方案。第一种方案是由公安部门统一管辖，最大的理由有三个：一是1983年之前其就管理行刑工作，二是便于警政一体化，三是具有最大强制性和权威性。第二种方案是由行政司法部门统一管辖，最大的理由就是维持现状。第三种方案是由刑罚执行总局统一管辖，最大的理由就是创新独立建制归属于国务院直接管辖，属于相对独立且自成一体的国家针对犯罪服刑人的治理体系。

刑罚执行工作是行使刑罚执行权的工作，而刑罚执行权的源头是国家的刑事管辖权。国家的刑事管辖权包括刑事侦查权、刑事诉讼权和刑罚执行权，行使刑事侦查权、刑事诉讼权之机关的工作人员均为统一建制。现在来看，行使刑罚执行权之机关的工作人员中，法院执行死刑的工作人员是法警建制，公安部门中执行拘役、三个月以下有期徒刑的工作人员是警察建制，司法部门中监狱执行刑罚的工作人员是警察建制，而唯独司法部门中实行社区矫正的工作人员不是警察建制。

伴随刑罚执行机关的一体化，其工作人员建制也必须实现一体化。就行使刑罚执行权之机关的工作人员现状来看，虽然行使行刑职能的机关不尽相同，但其工作人员建制大体相同即警察编制。此种情况表明，刑罚执行机关的工作人员一体化建设极为简单易行，仅仅是归并到一个单位而已，真正需要解决的是社区行刑工作人员的建制问题。管制犯、缓刑犯、假释犯、监外执行犯最早归由公安机关执行，工作人员属于警察编制，虽然从2003年起划归司法部门执行并统称社区矫正，但没有解决工作人员的编制问题。从刑事管辖权中的刑罚执行权的落实需要、社区矫正的流变根源、社区矫正的工作本质看，社区矫正工作人员均应属于警察建制，是刑罚执行一体化对工作人员的应然要求。

（3）刑罚执行一体化。一体化的刑罚执行机关体系执行一体化的刑罚，一体化的刑罚执行机关体系由领导机关、管理机关和职能机关构成，领导机关是行刑总局，领导全国的刑罚执行工作；行刑总局下辖监狱局管理全国的监狱行刑工作，社区行刑局管理全国的社区行刑工作；职能机关具体执行刑罚，分为两类即监狱和社区行刑所。各种刑罚都由刑罚执行机关一体执行，监狱执行死刑、终身徒刑和有期徒刑，社区行刑所执行社区刑和缓刑、假释及监外执行等变更行刑。

刑罚执行以监狱行刑为常规，以在社区行刑为补充并且发展成为与监狱行刑并驾齐驱的一种行刑模式；以缓刑、减刑、假释、暂予监外执行为行刑变更方式，其中减刑在于缩短刑期，缓刑、假释在于把监狱行刑变更为在社区行刑；财产刑是由法院当庭执行的，并且可易科监狱行刑。因此，刑罚执行以监狱行刑、社区行刑为两种基本模式，以缓刑、减刑、假释、暂予监外执行作为沟通两者的桥梁措施。

所谓监狱行刑模式，是将犯罪服刑人隔离并监禁在封闭环境内，剥夺其权利，对其服刑生活进行监管，组织劳动，进行教育改造，尊重罪犯的人格和合法权利，禁止酷刑，以促使罪犯自觉改造并回归社会为宗旨。

所谓社区行刑模式，是将犯罪服刑人散放在自由开放的社会环境中，限制其行为自由，实施开放式管理、引导式教育、谋生性劳动、个体式改造，但不影响其个人生活、家庭生活和社会生活。

延伸阅读
监狱立法应增设疫情防控行刑规定之考量[①]

2020年年初，武汉暴发新冠肺炎疫情，这场始于湖北武汉，波及全国各省份，影响各行各业的疫情，不仅给全国也给监狱带来巨大损失和影响。痛定思痛，疫情之下监狱不仅不能停止运行，而且更需加强管控，社会防疫与监狱防疫联动同步，既防犯情又防疫情，既要防疫情输入又要防疫情输出，需要具有法律效力的操作依据。

为应对新冠肺炎疫情，2020年1月23日10时，武汉启动一级响应封城

[①] 部分内容参见王志亮、文苟：《监狱立法应增设疫情防控行刑规定之考量》，载《司法警官学界》2020年第3期。

措施，全国人民在党中央的坚强领导下，众志成城、共克时艰，打响了新冠肺炎疫情防控阻击战，阻遏了疫情的蔓延，取得了阶段性胜利。对于新冠肺炎疫情，监狱防控有何特殊性？其立法的意义及依据何在？立法应考量增设的内容是什么？可以通过监狱疫情防控出现的问题和教训，从法治视角来进一步探究增设监狱立法应对疫情的相关规定，为监狱疫情防控的联防联控、应急处置及常态化防控提供法律依据。

一、监狱疫情防控特殊性实证

武汉暴发新冠肺炎疫情，通过监狱警察输入进了监狱，尽管这使监狱释放的人员也存在感染的风险，但是中外监狱防疫的实践证明，我国的监狱防疫是成功的。监狱与社会存在不可分离的关联，监狱疫情防控具有特殊性。

（一）监狱发生疫情防控事件

1. 监狱疫情输入

2020年2月21日，国务院联防联控机制召开新闻发布会，介绍依法防控疫情、维护社会稳定工作情况，截至2月20日24时，全国有湖北、浙江、山东共五个监狱发生了罪犯感染疫情，经调查，由相关工作人员带入，目前这五个监狱没有重症病例。其中，湖北武汉女子监狱确诊230例，湖北汉津监狱确诊41例、疑似9例，湖北省未成年人管教所疑似1例；山东任城监狱确诊207例；浙江十里丰监狱确诊34例。这些都是输入型病例，没有发生监狱服刑罪犯感染新冠肺炎死亡的病例。因疫情防控不力，上至相关省司法厅、省监狱管理局领导，下至发生疫情的监狱领导、普通民警职工，共有多人被免职、党内严重警告处分，甚至有多名监狱系统工作人员被立案调查。

2021年2月8日，济南市中级人民法院通过视频系统，一审公开宣判某省监狱管理局原党委委员、副局长王某某玩忽职守一案，对被告人王某某以玩忽职守罪判处有期徒刑一年。某市中级人民法院通过视频系统，一审公开宣判某省某监狱原党委书记、监狱长刘某某玩忽职守一案，对被告人刘某某以玩忽职守罪判处有期徒刑二年三个月，同期一审公开宣判某省某监狱原党委委员、副监狱长邓某某玩忽职守一案，对被告人邓某某以玩忽职守罪判处有期徒刑一年。某市某区人民法院通过视频系统，一审公开宣判某省某监狱工勤人员（驾驶员）戴某某妨害传染病防治一案，对被告人戴某某以妨害传染病防治罪判处有期徒刑一年，缓刑一年，同期一审公开宣判某省某监狱第五监区原教导员陈某某妨害传染病防治一案，对被告人陈某某以妨害传染病防治罪判处有期徒刑一年六个月，缓刑两年。从现有公开资料获知，某省监狱系统是国内仅有的一起因疫情防控不力而被追究刑事责任的案例。

2. 未造成传播结果的监狱疫情输出

据中央纪委国家监委网站报道，新冠肺炎疫情发生后，武汉某监狱疫情严重。2020年1月29日，服刑人黄某某所在分监区有民警被确诊为新冠肺炎，黄某某（刑期自2011年4月18日起至2020年2月17日止）属于密切接触者。在2月17日之前，黄某某居住在恩施的弟弟、居住在北京的女儿覃某与监狱民警联系黄某某刑满释放事宜，他们均表示由于交通管制等原因，不能来武汉接黄某某回家。2月17日黄某某刑满释放后，留在武汉女子监狱隔离观察。2月17日至21日上午，监狱民警为黄某某测量体温13次，其中18日、19日两次体温为37.3℃。期间，黄某某多次找民警，要求回家。民警与黄某某女儿联系，其女儿表示想办法解决。后民警与黄某某女儿约定于2月21日上午，由监狱将黄某某送至武汉北高速收费站口交其接走。

2020年2月21日上午，监狱民警用警车将黄某某送到武汉北高速收费站口交给其女儿。在此执勤的武汉市东西湖区公安分局长青街派出所民警未按疫情防控规定要求对黄某某履行查控职责，将她们放行。黄某某乘坐其女儿及其女儿前夫驾乘的京牌私家车，于2月21日11:30离汉赴京。2月26日，北京疾控中心报告武汉某监狱一名刑满释放人员感染新冠肺炎到京事件。3月2日，北京市新型冠状病毒肺炎疫情防控工作第三十八次新闻发布会进一步通报了"武汉刑满释放人员黄某某进京事件"相关情况。黄某某（女，61岁）经地坛医院治疗，于3月15日治愈出院，正在集中观察，覃某（黄某某之女，37岁）、杨某某（覃某前夫，36岁）经14天隔离观察后，核酸检测均为阴性。3月22日，依据《中华人民共和国治安管理处罚法》第50条规定，东城公安分局因未遵守疫情防控相关规定给予杨某某行政拘留处罚，给予覃某治安警告处罚。鉴于黄某某长期在监狱服刑，不了解北京疫情防控工作相关措施，且返京后居家未外出，未造成感染他人的风险，公安机关决定对其不追究法律责任。

湖北省纪委监委迅速牵头成立由省委政法委、省检察院、省公安厅派员参加的调查组开展调查核实。同时，司法部牵头，会同中央政法委、最高人民检察院、公安部组成联合调查组赴湖北调查。黄某某事件中，湖北省司法厅、省监狱管理局、武汉女子监狱、武汉市东西湖区公安分局等单位相关领导和工作人员因在疫情防控工作中失职渎职，共9人被予以免职并立案审查调查，其他责任人员按照干部管理权限交有关单位处理。

3. 监狱防疫的特殊性分析

监狱是社会不可分割的有机组成部分，它不可能脱离社会而存在，尤其作为人群高度密集的场所，面对大面积爆发流行的烈性传染病，从某种意义上讲，监狱是病毒传播的高风险环境之一，防范的难度比社会更大、更艰巨、更复杂。疫情发生后，全国人民居家隔离，工厂停工，学校停课，商店停业，但监狱不可停办，罪犯需要人管，管理罪犯就必然有直接接触，同时也存在间接接触；而且民警职工不可能不接触社会，他们必须上班，就增加了暴露和感染的风险。罪犯也不可能像普通民众那样居家隔离，更不可能一人一室。这些都是社会上其他任何领域任何行业都不存在的特殊情况。

监狱管理体制从某种意义上存在"飞地"（出现于1526年签订的《马德里条约》的文件上，飞地的历史成因相当复杂，具有边缘地带的某些特征：政府控制力相对薄弱，行政管理松弛且成本较高；社会经济相对落后，文化多样性色彩比较浓郁）的特殊性，全国近700所监狱中，除了几十所市属监狱和司法部直属燕城监狱外，其余600余所监狱全部归所在省、自治区、直辖市司法厅（局）管理（新疆兵团除外），一般称之为省属或区直监狱，多为正处级单位，也有少部分副厅级。这些监狱属于司法厅的二级机构，其驻地一般分布于省级辖区境内，监狱人财物不归驻地政府管理，却在当地政府的辖区之内，很多工作难以与当地政府有效衔接，平时状态下，无论是卫生防疫部门还是其他业务部门工作指导或者管辖，一般从地方政府属地下行。而属地政府对于省直属类监狱往往未完全纳入一体化的大盘子，如场所安全、罪犯教育培训、社会保障、医疗保障等，平时看不出短板，但在紧急状态下这些短板不仅持续放大且呈几何倍数增加，对于监狱工作的运行模式、运行体系、运行规则，以及在治理体系和治理能力上提出了更高的要求。

（二）国内外监狱防控疫情对比

1. 外国监狱疫情乱象

据国外一些媒体报道，因新冠肺炎，伊朗已暂时释放大约8.5万名囚犯。美国新罕布什尔州联邦监狱、纽约市新新监狱、得克萨斯州大草原城监狱管理局均有工作人员确诊感染新冠肺炎。美国洛杉矶县关押的囚犯有1.7万多人，截至2月28日已经释放600人。据央视新闻报道，截至2020年4月12日，芝加哥的库克县监狱11日已有304名在押人员新冠肺炎检测呈阳性，有2人"明显"死于新冠肺炎，此外还有213名警方工作人员确诊。美国联邦监狱系统内，至少已有481人新冠肺炎检测呈阳性。由于检测力度有限，因此实际的感染率可能更高。美国在医疗系统之外，最大的集中感染地便是监狱系统。由于新冠肺炎疫情紧张局势升级，位于巴西圣保罗州的三所监狱于3月16发生骚乱，数名警卫被囚犯劫为人质，超过1350名囚犯逃离监狱。同样情况还在意大利等国家发生。

美国全国新冠肺炎和刑事司法委员会2020年12月发布的研究报告表明，美国监狱人口感染率是普通民众的3倍，死亡率是普通民众的2倍；至少27.5万名在押人员检测结果呈阳性，1700多人死亡。美国《纽约时报》统计数据显示，截至2021年1月4日，美国监狱系统中的新冠肺炎确诊病例已超过50万人，遭受疫情重击，近两个月确诊病例数增加了近84%，2600所监狱传来危险消息。自疫情在美开始蔓延，美国流行病学家就预测监狱是高风险场所，风险因素包括不能保持社交距离、缺乏清洁用品持续供应、缺乏得当预防措施等。据《卫报》报道，美国阿拉斯加州最大的鹅溪监狱发生新冠肺炎聚集性感染，该监狱关押的1236名囚犯中，有1115名囚犯检测呈阳性。在俄亥俄州托莱多惩教所，截至2020年12月27日，172名工作人员检测结果呈阳性，该州不得不调遣州国民警卫队帮助管理监狱。在疫情之下，外国监狱乱象重重，工作人员与囚犯相互传染，囚犯骚乱、劫持人质、越狱逃跑；同时，释放犯人增加了社会的安全危险系数，增加了社会传染扩散疫情可能性。

2. 我国监狱众志成城防疫

相比之下，我国监狱是真正的"硬核"防疫，疫情爆发伊始即启动了应急措施，自 2020 年 1 月 26 开始，全国监狱系统普遍执行封闭执勤、隔离备勤模式，监狱各级领导和广大民警义无反顾、逆流而上，坚决实施司法部"三个三分之一"要求，确保警察"三班两运转"值班备勤模式，开启全封闭管理，夜以继日地奋战在抗疫第一线。由于发生前述几起突发情况，监狱疫情防控遂成为社会关注热点，针对疫情控制发展的新情况、新问题，司法部迅速采取补齐治理短板，各项疫情防控方面的严格规定及措施相继出台，各省司法厅、监狱局、各监狱均严格贯彻执行。

全国监狱系统疫情防控取得了昂著成效，在关押 160 多万罪犯的 683 所监狱中有 678 所没有发生疫情，占比高达 99.3%，如果除去重灾区湖北的 3 所监狱，更是高达 99.7%，为打赢这场疫情防控的人民战争、总体战、阻击战，维护国家安全稳定贡献了力量！随着疫情的控制，监狱系统已进入疫情防控的常态化模式，在不放松现有防控措施的前提下，根据疫情发展态势随时调整应对等级和模式。

（三）监狱防疫存在立法依据短板

1. 相关立法防疫空缺

社会疫情传入监狱，引发监狱疫情防控工作。不论是社会疫情还是监狱疫情，均属于突发公共卫生事件，基本均为特别重大的公共卫生事件，来势凶猛，波及面广，危害惨烈，必须有足够的制度性准备，必须未雨绸缪，有充分周密详尽的预案。而现行《传染病防治法》《中华人民共和国突发事件应对法》（以下简称《突发事件应对法》）、《中华人民共和国传染病防治法实施办法》及《突发性公共卫生事件应急条例》涉及突发性传染病事件应急防控方面的法律条文过于原则和抽象，针对人员密集的单位仅明确规定了学校和军队，却忽视或遗漏了不同于学校和军队的监狱。

2. 立法短板导致监狱防疫风险增大

监狱作为行业、机关、单位、建筑、场所，具有人员密集聚集的特性，并且与社会具有不可断绝的联系,社会疫情传进监狱存在极大的可能性,既要防止疫情输入监狱,又要防止监狱输出疫情,但缺乏监狱防疫的立法依据,导致了疫情发生时监狱操作防疫、社会联动防疫得不到配合,从而存在极大的隐患。

关于抗击疫情过程中一些严肃而重要的法律问题,诸如对公民个人行为自由予以限制使之积极配合即不作为的问题,对场地和物资征用的程序问题,对刚需的防护物资的调拨分配问题,对特殊行业人员甚至普通公民特别的协作配合义务问题,均没有明确规定。同样,对于监狱防控突发疫情也缺乏可直接参照适用的法律规定,难以充分反映面对暴发性、流行性传染病应急处理的特殊规律、特殊矛盾和特殊规范要求。这恰恰是实践指导价值所需要的,需要通过监狱立法补齐这一短板。

二、监狱立法增设防疫规定的必要性

疫情期间,监狱囚犯不能停止服刑,监狱警察不能停止工作,监狱不仅照常运行且须具体落实防疫工作,通过前面特殊性论述也可以看到监狱立法增设防疫事项规定的必要性、重要性。《监狱法》只有第54条粗略规定了罪犯的医疗保健列入监狱所在地区的卫生、防疫计划,远远不能满足监狱防疫工作的需要,因而有必要增设防疫事项的规定。

(一)确保疫情期间的监狱依法行刑工作

实践证明,疫情期间监狱行刑防疫,不是单靠司法部、各省司法厅、中央及省市区监狱管理局、各个监狱所能决定的,应当在监狱立法上进行规范设计。在疫情期间,监狱行刑防疫,要解决实际操作问题,就应有法可依,就必须在监狱立法上作出切实可行的规定,才能提供操作依据。

为确保监狱立法规范防疫事项的可行性,应深入监狱基层开展立法调查研究,精准了解监狱行刑管理的疫情隐患所在及其应对举措、刑满释放的疫情隐患及其应对举措,才能确保立法有的放矢,进而达到良法善治的综合效果。仅仅靠临时的口头或书面通知而缺乏法律效力,或对部分工作提出要求而导致指导不全面、不接地气,均属于缺乏疫情前的充分准备,致使监狱防疫仓促应对而难以落实。因此,监狱行刑防疫工作,需要监狱立法规定防疫事项,以便全社会一体遵循，因为监狱防疫与社会防疫是同步的且需要全社会的支持配合。

（二）确保疫情期间监狱警察依法履职

监狱与社会相对隔离，监狱以高墙封禁罪恶，监狱警察用寂寞守护平安，正是因为监狱行业的隔离性和监狱警察职业的封闭性，导致监狱和监狱警察基本上被社会所遗忘，但新冠肺炎疫情发生后，监狱被推到了风口浪尖成为众矢之的，监狱警察遭谴责、被追责。

监狱警察之所以被追责，与《监狱法》缺乏具体明确的规定有一定关联，面对突如其来的疫情，监狱警察既是社会秩序的安全卫士也是疫情的安全卫士，但必须客观实际地对待疫情紧急状态下监狱警察依法履职的防疫工作，无论是要求监狱警察"应当认识"或者"推定认识"，都是强人所难，不符合刑事立法和司法解释的宗旨，否则主观上的"非难程度"远远超出监狱警察依法履职的底线。

武汉的这场疫情，由社会传入监狱，这与疫情晚报、晚公布有直接关联，因而对监狱领导、警察的处罚、追责甚至判刑均应谨慎对待。对于实践中发生的问题应具体分析，在法律和政策规定范围内，有过错的则坚决处理，无过错的则绝不冤枉。否则，不管出现什么问题都由监狱警察承担责任，明显违背责任自负的法治原则。所以，监狱立法明确规定防疫事项，才能确保监狱警察特殊防控期间无后顾之忧地依法履职。

（三）确保疫情过后监狱依法防疫科学发展

通过监狱立法规范增设防疫事项，将充分体现监狱卫生防疫工作的预控性、应急性、科学性，是党和国家对监狱行刑工作中监管教育改造工作方针政策的具体体现，是监狱行刑工作不断进步和发展的水平体现。监狱立法规范增设防疫，将更好彰显社会主义制度下监狱行刑改造囚犯工作的优越性和人性化监管理念，也将持续推进监狱行刑囚犯生活卫生条件改善，对进一步打造平安、法治、文明、和谐的新型现代化文明监狱，推进监狱治理体系和治理能力现代化具有重大和深远意义。

三、监狱立法增设防疫规定的法律依据

疫情事关人的生命健康，涉及国计民生，属于国家必须应对的大事，故有

诸多法律涉及疫情。单从监狱来讲，这些法律主要有《宪法》《传染病防治法》《国家安全法》《突发事件应对法》，在防疫期间国务院及其应对新型冠状病毒肺炎疫情联防联控机制综合组印发了相关方法以及政策和指南，为《监狱法》增设疫情事项提供了法律依据和政策依据。

（一）监狱立法传统的借鉴

在中国监狱立法历史上始终有关于防治传染病的规定，清朝1910年《监狱律草案》以八个条文规定了传染病的防治措施，民国北京政府1913年《监狱规则》用三个条文规定了传染病的防治措施，南京国民政府1928年《监狱规则》以四个条文规定了传染病的防治措施，1935年《监狱法草案》用七个条文规定了传染病的防治措施，1946年《监狱行刑法》以四个条文规定了传染病的防治措施。综合来看，监狱立法关于传染病防治的规定，基本上包括四点内容，即传染病的分类、传染病的预防、传染病预防措施的定性和针对传染病患者的应对措施。

在监狱层面上，传染病分为急性、慢性两种，急性传染病的种类以命令决定，预防方法有隔离、消毒等，这些措施属于权宜方法。传染病预防措施的对象无疑是来自或经过流行地的入监者，在急性传染病流行时，应严格预防，至少一星期以上与他人隔离，其携带物品必须消毒。急性传染病流行时期，出于预防必要，应严格限制出入监狱的人员及寄送给在监人员的物品。监狱涉及的传染病患者有两种情形：一是在监者患急性传染病，二是患急性传染病者入监。针对传染病患者的应对措施有隔离和消毒。在监者患急性传染病或患急性传染病者入监，必须即行离隔、严格消毒，将其情形向上级管理机关报告，并向监狱所在地的警察官署通报。传染病者须严行隔离，不得接近健康者及其他病者，但看护的徒刑囚不在此限。针对监狱不能施以适当疗治的传染病患者，根据其具体情况，经上级机关批准，应交付于其亲族或移送到社会上的医院治疗。

这些都是基于监狱法中当时最新的法理而规定的。由于监狱本质上不是医院，虽然配置有狱医，但其设备断然不如普通医院完全，且事实上也没有完全必要，因此遇有治疗不愈的情况，应许可患者出狱就医，这是符合人道主义要求的措施。不论措施是留监防治还是出监防治，都属于明确的监狱防治传染病的规定，值得我们借鉴。

（二）根本大法的依据

1982年《宪法》是我国的根本大法，具有最高法律效力。《宪法》第21条规定，国家发展医疗卫生事业，保护人民健康。国家发展医疗卫生事业，细化为全国各地的医疗卫生机构或单位，均应该以保护人民健康为宗旨。《宪法》第28条规定，国家维护社会秩序，惩办和改造犯罪分子。国家维护社会秩序细化为各级各类国家机关，惩办和改造犯罪分子确定为国家的职责任务。《宪法》第45条规定，公民在疾病的情况下，有从国家和社会获得物质帮助的权利，国家发展为公民享受健康权所需要的医疗卫生事业。国家保障公民身体健康权，发展医疗卫生事业。

（三）专门法律的依据

1989年《传染病防治法》、2007年《突发事件应对法》、2015年《国家安全法》是我国的专门法律，分别针对传染病防治、突发事件应对和国家安全作了全面规定，其有关内容均涉及监狱。这些法律的规定，应为监狱和社会单位应对疫情配合监狱工作提供法律依据，也为疫情防控纳入监狱立法提供了法律依据。

医疗事业最需要应对的，对公民身体健康危害较大的，无疑是传染病，因此《传染病防治法》明确规定了预防、控制和消除传染病的发生与流行以保障人体健康和公共卫生的行为规范。根据该法的规定，任何单位和个人不得歧视传染病病人、病原携带者和疑似传染病病人。监狱执行刑罚，关押监禁服刑罪犯，需要做好卫生防疫工作；监狱所在地区的政府，设计本地区的卫生、防疫计划时，应将该监狱警察和罪犯的防疫工作列入，并且真正落实到位。

疫情属于《突发事件应对法》规定的公共卫生事件，该法从突发事件及其应对措施的行为规范方面做了规定。例如，《突发事件应对法》第47条规定，国家建立健全突发事件预警制度，可以预警的自然灾害、事故灾难和公共卫生事件的预警级别，按照突发事件发生的紧急程度、发展势态和可能造成的危害程度分为一级、二级、三级和四级，分别用红色、橙色、黄色和蓝色标示，一级为最高级别。紧急应对级别的划分，为监狱应对紧急状态的等级划分奠定了专门法律依据。

不论是犯罪还是疫情,不仅是监狱需要关注的工作,而且属于安全事项,成为《国家安全法》必不可少的规范内容。《国家安全法》第29条规定,国家健全有效预防和化解社会矛盾的体制机制,健全公共安全体系,妥善处置公共卫生、社会安全等影响国家安全和社会稳定的突发事件,促进社会和谐,维护公共安全和社会安定。按照《国家安全法》这一规定的要求,疫情无疑属于突发事件,妥善应对并处理疫情,才能真正确保公共卫生、维护公共安全,这应该考虑监狱的因素,而不应把监狱排除在外,因为监狱本身就是社会的一个单元且聚集了监狱警察和犯罪服刑人。

(四)相关防疫政策

除监狱系统自身相关防疫工作规定和针对此次抗击新冠肺炎疫情出台的一系列监狱管理规定外,2020年4月6日,国务院应对新型冠状病毒感染肺炎疫情联防联控机制下发《关于进一步做好重点场所重点单位重点人群新冠肺炎疫情防控相关工作的通知》。该通知第2项中关于特殊单位场所的防控建议指出:对于养老机构、儿童福利院、监狱、精神卫生医疗机构等特殊单位,低风险地区要做好风险防范,加强人员防护、消毒等日常防控工作;中、高风险地区要制定应急预案,严格落实防控措施监管,有条件的组织开展全面排查和核酸筛查。

2020年4月8日,国务院应对新型冠状病毒肺炎疫情联防联控机制综合组在征求了联防联控机制成员单位意见的情况下,印发了《重点场所重点单位重点人群新冠肺炎疫情防控技术指南》。该指南将监狱列在"单位篇"第31项,按照低风险地区和中、高风险地区划分,给出了19条防控指南建议。该通知所列防控建议只是一种参考意见,没有很强的实践操作性,需要结合各监狱实际情况进一步理解完善和运用落实。

四、监狱立法增设防疫规定的建议

监狱防疫绝非简单易事,要做到与地方防疫同步,必须在立法上确认,以便于全国各单位一体遵行并配合监狱。监狱立法增设防疫事项的内容包括防疫资金、防疫物资、防疫设施、检测器材、防疫专业人员以及平时的防疫与疫情暴发流行时的防治等,防疫事项可写入卫生管理章节中,有关具体事项则应分散在有关章节中。下面,笔者着重阐述政府支持、专家指导、监狱医院救治、管控措施、刑满释放等应明确规定之内容。

(一)明确规定监狱防疫纳入地方疫情防控体系

传染病的爆发流行有自身的规律和特点,实践证明,监狱行刑疫情防控,必须从宏观决策、顶层设计的高度,自觉把监狱纳入所在地疫情防控统筹管理。地方党委和政府尤其是卫生防疫部门要切实加强领导、指导、帮助和支持,特别是面对全社会爆发流行的大瘟大疫,更要把监狱纳入地方一揽子防范管理控制,甚至可以研究确定,监狱疫情防控高于地方一级,并通过补充立法和司法解释进一步明确双方权责。立法实践中,《传染病防治法》《突发事件应对法》《国家安全法》都没有具体明确规定监狱发生疫情事件的应对处理,而《监狱法》仅一条的规定形同虚设。至于监狱如何处置,如何与地方卫生防疫部门衔接,怎样配合,现行《监狱法》存在明显短板——没有具体细化规定,一旦发生疫情,监狱只能孤立无援。因此,如何畅通监狱与地方的防疫工作,应是监狱立法规定的内容。

疫情期间,所有的医院都有可能人满为患,极难轮到监狱里的人。监狱是人口高度密集的场所,其防疫保障、救治工作,需要地方政府的大力支持。尽管监狱防疫按属地原则归属地方政府指导,但一旦监狱发生疫情,由于大量的专用医疗物品只供于医院,监狱筹集物资的能力和渠道非常有限,需要地方政府的医疗支持,包括防护物资、药品、消杀物资、医疗保障等,特别是社会上的酒店早期即被地方政府征用,监狱也无可能调剂到社会上的医学隔离场所。监狱自己筹建方仓医院需要时间,防疫指导、场地布置、防疫物资等,以及协调地方的方仓医院,样样都必须得到地方政府强有力的支持。

总之,没有政府的大力支持,监狱防疫工作寸步难行,监狱立法应增设监狱疫情防控纳入地方疫情防控和应急体系的相关条款,以全国人大常委会立法解释的方式或以其他方式把需要修改的内容纳入对应扩充性解释的规定之中,明确联防联控基本网格结构和基本单元及其工作方式、信息平台及信息通报传接方式等内容,共同构建联防联治、群防群治的严密防线。

(二) 明确规定专家第一时间进驻指导监狱防疫

监狱防疫工作需要科学和专业指导，因为防疫知识的科学应用实践，需要科学、专业的指导。监狱是专门执行刑罚的行政机关，实行垂直管理模式，工作内容相对单一，工作环境相对封闭，与地方部门的联系很少，防疫专业知识有限。虽然防疫工作以属地管理为原则，但是监狱自身的地位所决定协调地方部门的能力极其有限，往往需要上级管理机关和领导机关出面协调联系。

在疫情爆发初期，地方都是慌乱不堪，人员和物资紧缺，缺乏医护人员、医疗设施、防疫指导、医疗药品和防护物品等，任凭监狱求助，地方均以地方自身的问题都无法解决为由，根本无暇顾及监狱。尤其是发生疫情的监狱更是孤立无援，既防警察感染又防囚犯感染，难免一时紧张混乱。要避免和解决这些问题，必须由上级领导部门横向纵向地积极协调地方相关部门，及时请地方防疫部门专家进驻监狱，明晰权责，及时进行防疫指导。

(三) 明确规定设置监狱医院及时进行收治

实践证明，疫情期间监狱警察和囚犯都有可能感染，救治场所无非就是地方医院收治与监狱医院收治两种模式。地方医院收治当然是最佳选择，但实际上根本办不到。一是所有的医院可能会人满为患，社会上的病人都是一床难求。二是诸多问题难以解决。例如，安全如何保障？如果刑期未满的服刑人脱逃、死亡，如何向社会交代？如何承担责任？所以，只能是监狱医院收治，这是最实际的办法，也最易办到。

监狱普遍人口高度密集，特别是某些超押的监狱，一般都是大监号，一个监号十几人，有的甚至几十人，基本没有可以调剂的医学隔离空间场所。为了防止疫情扩散，把感染囚犯转押至监狱医院，无疑是最安全有效的措施。但是，这势必导致监狱医院不仅囚满为患，而且疫情传播危险增大。办法只能是扩大监狱医院的容量。更好的办法是未雨绸缪，根据本省区的客观实际情况，以便于监狱行刑工作为出发点，将常态与疫情时期相结合。可考虑在交通便利地区的监狱筹建适当规模的监狱医院，常态时治疗社会公民、监狱警察、服刑囚犯，疫情时可用以专门收治监狱警察及其家属、服刑囚犯，发挥外防输入、内防扩散的重大作用。此外，监狱关押囚犯人数规模应予以立法限制，这样才能确保游刃有余，常态时保持良性运行，疫情时也可有余地实施医学隔离。

（四）明确规定防疫期间的管控工作措施

重大防疫期，应在立法中补充监狱严格执行最高等级封闭管理措施的相关规定，同时通过相关司法解释和管理制度明确管理具体要求和内容。例如，对警察备勤区（含生活区）、行政办公区、监管区 AB 门实行全封闭式管理；制定严格的人员和车辆进出监管理规定，采取发放通行证、逐人逐车检测审批、排班值守、带队巡查等方式，对进监车辆换驾转运，生产物资实行严格隔离措施，生活物资严格消毒，切实做到"把好门""看好人"，外防输入，内防扩散、输出；严格罪犯管理，做到"八个暂停"：暂停罪犯转押收押、面对面会见探视、提审、亲情帮教和警示教育等活动，暂停监舍以上罪犯集中就餐，暂停狱内跨监区以上集体活动，暂停外协人员进入监狱，等等。

（五）明确规定疫情期间刑释人员的安置

自武汉女监刑释人员黄某某进京事件后，司法部明确了疫情期间刑释人员隔离管控和衔接释放的相关规定，全国大多数监狱采取了临时措施：第一是严守出口关，确保"零输出"，严格按照上级文件关于罪犯刑满释放前必须隔离 14 天的规定，认真做好即将刑释人员的教育引导和隔离工作。第二是全面摸排监测，确保"零扩散"。第三是强化临时管理，确保"零感染"。认真做好疫情防控期间临释人员的健康监测工作，及时组织开展危险性评估、体检、核酸检测、CT 等检查，告知服刑人员疫情防疫现状及要求，指导临释人员做好个人疫情防护，发放《疫情防控知识手册》和口罩。第四是实现无缝对接，确保"零失联"。认真做好刑释人员信息核对及衔接工作，对刑释罪犯的返程时间、乘坐交通工具、行程信息以及家属联系方式等详细登记记录，并将返程信息及时通报罪犯户籍地或居住地安置帮教部门，无缝对接并书面告知相关情况，进一步彰显监狱作为国家机关的社会责任，也确保疫情防控期间安全稳定。

全国监狱每天都有刑释人员出狱回归社会，一座监狱每月几十人刑满释放，累积几个月就是几百人。那么，疫情期间监狱可以不释放刑期届满的服刑人吗？在法治建设日益完善的今天，在公民法治意识日益提高的今天，在强调维护人权的今天，疫情期间监狱对于刑期届满的人不宜延期释放。一是具有在监狱内被传染或传染他人的可能,二是有可能因为超期羁押或感染而遭遇巨额索赔,三是可能导致在国际司法人权斗争中处于被动的境地。

因此,监狱立法应专门规定疫情期间的刑满释放。根据《监狱法》的规定,服刑罪犯刑期届满,监狱必须依法释放,否则违法且侵犯人权。但具体办理释放前事务,须按照《传染病防治法》的有关规定,进行疫情测试,做好防疫工作。同时,须符合疫情应对政策的要求,不论释放人感染疫情与否,需报经当地疾病预防控制机构决定释放人的防疫和安置事宜。以监狱疫情和地方疫情为基础,以释放人是否感染为标准,具体释放防疫可分为感染释放和无感染释放两种,被释放人感染疫情,经其本人同意,既可在监狱医院医治,也可安排到疫区地医院医治,还可回原籍地医院医治;释放人没有感染疫情的,一律回原籍地。

(六)"战时"称谓应改为"紧急状态"

在国家机关的公务范畴内,不论是书面语言还是口头语言,传达交流客观信息,应以准确为宗旨。具体在立法用词表述上,应该名副其实。疫情时期的应对称为战时不妥:其一,事实根源不符。武汉暴发的是新冠肺炎疫情而不是战争,这是最简单、最明显、最有力的根据。其二,决定机关不符。根据现行《宪法》规定,全国人大决定战争和和平的问题,而没有此项权力的司法部在和平时期作出战时的宣称明显欠妥。

应对疫情时期应称为紧急状态。当前的实情是疫情,武汉暴发新冠肺炎属于疫情现象。顾名思义,疫情是指传染病病发生和发展情况,而不属于诸如地震、海啸、台风、冰雹、暴雨之类的自然灾害,更不属于战时。根据实践和法律相关规定来看,疫情属于公共卫生事件,而公共卫生事件属于紧急事件,故疫情属于紧急事件。因此,应对紧急事件的时期即紧急状态。根据《突发事件应对法》应对紧急事件程度共分四级的规定,结合监狱常态的实践情况,应严格监狱行刑监管,从而决定紧急状态下监狱行刑警戒或戒备级别。

实践证明,监狱行刑疫情防控,不仅是监狱的大事,更是社会的大事。应该重点围绕将监狱防疫纳入地方疫情防控体系进行研究,明确相关法律条款和补充相关司法解释,确保防疫期间的监狱依法科学行刑和有效管控。

参考文献
Reference

胡文华主编:《狱政管理理论与应用》,中国法制出版社2014年版。
鲁加伦主编:《中国监狱法概论》,中国人民公安大学出版社1995年版。
山东省劳改局编:《民国监狱法规选编》,中国书店1990年版。
孙平主编:《狱政管理》,中国政法大学出版社2005年版。
夏宗素主编:《监狱学基础理论》,法律出版社1998年版。
肖光辉主编:《法理学》(第二版),中国政法大学出版社2015年版。
薛梅卿等辑:《清末民初监狱法制辑录》,中国政法大学出版社2017年版。
杨殿升主编:《监狱法学》,北京大学出版社1997年版。
杨仁忠、王志亮主编:《中国监狱新论》,中国人民公安大学出版社1999年版。
姚建宗主编:《法理学》,科学出版社2010年版。
岳平主编:《特殊类型罪犯矫治》,中国法制出版社2012年版。
张文显主编:《法理学》,法律出版社1997年版。
中华人民共和国司法部编:《中国监狱史料汇编》(上·下册),群众出版社1988年版。